GATT und WTO
im Recht der USA

Studien zum Öffentlichen Recht, Völker- und Europarecht

Herausgegeben von Prof. Dr. Eckart Klein

Band 5

PETER LANG
Frankfurt am Main · Berlin · Bern · Bruxelles · New York · Oxford · Wien

Heiner Baab

GATT und WTO im Recht der USA

Die Integration des Völkervertragsrechts in die Rechtsordnung der USA am Beispiel der GATT-Abkommen und der WTO-Übereinkommen

PETER LANG
Europäischer Verlag der Wissenschaften

Die Deutsche Bibliothek - CIP-Einheitsaufnahme

Baab, Heiner:

GATT und WTO im Recht der USA : die Integration des Völkervertragsrechts in die Rechtsordnung der USA am Beispiel der GATT-Abkommen und der WTO-Übereinkommen / Heiner Baab. - Frankfurt am Main ; Berlin ; Bern ; Bruxelles ; New York ; Oxford ; Wien : Lang, 2001

(Studien zum Öffentlichen Recht, Völker- und Europarecht ; Bd. 5)

Zugl.: Mainz, Univ., Diss., 2000

ISBN 3-631-37394-5

D 77

ISSN 1437-2037

ISBN 3-631-37394-5

www.peterlang.de

Inhaltsverzeichnis

Literaturverzeichnis

Ackerman, Bruce / Glove, David, Is NAFTA Constitutional?, 108 Harvard L. R. 1995,799-929.

American Law Institute, Restatement of the Law, The Foreign Relations Law of the United States, 3. Auflage, Volume I und II, St. Paul, Minn. 1987; zitiert: Restatement.

Backes, Peter, Die neuen Streitbeilegungsregeln der Welthandelsorganisation (WTO), Zu den Auswirkungen im nationalen Recht der USA, RIW 1995,916-919.

Barth, Dietrich, Das Allgemeine Übereinkommen über den internationalen Dienstleistungshandel (GATS), EuZW 1994,455-460.

Barth, Dietrich, Die Handelsregeln der neuen Welthandelsorganisation, NJW 1994,2811-2812.

Barton, John H. / Fisher, Bart S., International Trade Investment Regulating International Business, Boston und Toronto 1986.

Benedek, Wolfgang, Die neue Welthandelsorganisation (WTO) und ihre internationale Stellung, VN 1995,13-19.

Benedek, Wolfgang, Die Rechtsordnung des GATT aus völkerrechtlicher Sicht, Berlin, Heidelberg, New York, London, Paris, Tokio, Hong Kong und Barcelona 1990.

Bilder, Richard B., The Role of States and Cities in foreign Relations, 83 AJIL 1989,821-831.

Blankart, Franz, Das Ergebnis der Uruguay-Runde: Ein historischer Markenstein, Schlussstein oder Startblock?, Aussenwirtschaft 1994,17-29.

Bleckmann, Albert, Begriff und Kriterien der innerstaatlichen Anwendbarkeit völkerrechtlicher Verträge, Versuch einer allgemeinen Theorie des self-executing treaty auf rechtsvergleichender Grundlage, Berlin 1970.

Blumenwitz, Dieter, Einführung in das anglo-amerikanische Recht, 5. Auflage, München 1994.

Borchmann, Michael, GATT-Auftakt zu einer neuen Welthandelsrunde, RIW 1987,444-448.

Borchmann, Michael, GATT: Uruguay-Runde in entscheidender Phase, EuZW 1990,339-341.

Bradley, Curtis A. / Goldsmith, Jack L., Customary International Law as Federal Common Law: A Critique of the Modern Position, 110 Harvard L.R. 1997,816-876.

Bradley, Curtis A. / Goldsmith, Jack L., Federal Courts and the Incorporation of International Law, 111 Harvard L.R. 1998,2260-2275.

Brand, Roland A., The Status of the General Agreement on Tariffs and Trade in United States Domestic Law, Stanford J.Int.'l Law 1990,479-508, zitiert: GATT in US Law.

Brilmayer, Lea, International Law in American Courts: A Modest Proposal, 100 Yale L.J. 1991,2277-2314.

Brößkamp, Marcus, Meistbegünstigung und Gegenseitigkeit im GATT, Köln, Berlin, Bonn und München 1990.

Brownlie, Ian, Principles of Public International Law, 3. Auflage, Oxford 1979.

Brugger, Winfried, Einführung in das öffentliche Recht der USA, München 1993.

Buchs, Gabi, Das Phänomen der unmittelbaren Anwendbarkeit völkerrechtlicher Vertragsbestimmungen in der Rechtsprechung der Gerichte Deutschlands, Österreichs, der Schweiz und der Vereinigten Staaten von Amerika, Baden-Baden 1993.

Buergenthal, Thomas, Entwicklung in der Menschenrechtspolitik der USA, EuGRZ 1989,149-157.

Bungert, Hartwin, Einwirkung und Rang von Völkerrecht im innerstaatlichen Rechtsraum - Ein Vergleich des deutschen mit dem US-amerikanischen Recht, DöV 1994,797-806.

Byrd, Elbert M., Treaties and Executive Agreements in the United States, Their separate roles and limitations, Den Haag 1960.

Charney, Jonathan I. / Reisman, Michael W., Agora: Breard, The Facts, 92 AJIL 1998,666-675.

Charnovitz, Steve, No time for NEPA: Trade Agreements on a Fast Track, 3 Minne. J. Global Trade 1994,195-230.

Chayes, Abram / Ehrlich, Thomas / Lowenfeld, Andres F., International Legal Process: Materials for an Introductory Course, Band I, Boston 1969.

Choper, Jesse H., Judicial Review and the National Political Process: a functional reconsideration of the role of the Supreme Court, Chicago 1980.

Currie, David P., Die Verfassung der Vereinigten Staaten von Amerika, Frankfurt a.M. 1988.

Damrosch, Lori Fisler, The Justiciability of Paraguay's Claim of Treaty Violation, 92 AJIL 1998,697-704.

Davey, William J., Dispute Settlement in GATT, 11 Fordham Int.L.J. 1987, 51-109.

DeBernardi, Beth, Congressional Intend and Conflicting Treaty Obligations: United States v. Palestine Liberation Organization, 23 Cornell Int.'l L.J. 1990,83-105.

Dickson, Paul / Clancy, Paul, The Congress Dictionary, The Ways and Meanings of Capitol Hill, New York, Chichester, Brisbane, Toronto und Singapore 1993.

Dörr, Dieter, Die "Indian Nations and Tribes" in Nordamerika und das Völkerrecht, Ein Beitrag zum Problem der Rechtsfähigkeit, 36 JöR1987, 489-505.

Dörr, Dieter, Die Wilden und das Völkerrecht, Verfassung und Recht in Übersee 1992,372-392.

Eichmann, Erwin P., / Horlick, Gary N., Political Questions in International Trade: Judicial Review of Section 301?, 10 Michigan J. Int.'l Law 1989,735-764.

Eitel, Tono, Eine Konvention zur friedlichen Nutzung der Meere, das Seerechtsübereinkommen der Vereinten Nationen, EA 1994,701-708.

Engdahl, David E., Characterization of Interstate Arrangements: When is a Compact not a Compact?, 64 Michigan L.R. 1965,63-104.

Errens, Martina, Auswirkungen des GATS-Abkommens auf den Beruf des Rechtsanwaltes, EuZW 1994,460-464.

Field, Oliver P., The Doctrine of Political Questions in the Federal Courts, 8 Minnesota L.Rev. 1924,485-513.

Fletcher, William A., The Structure of Standing, 98 Yale L.J. 1988,221-291.

France, Thomas William, The Domestic Legal Status of the GATT: The Need for Clarification, 51 Wash. & Lee L.Rev. 1994,1480-1518.

Garner, Bryan A. (Hg.), Black's Law Dictionary, 7. Auflage, St. Paul, Minn. 1999, zitiert: Black's Law Dictionary.

Geck, Wilhelm Karl, Die völkerrechtlichen Wirkungen verfassungswidriger Verträge, Zugleich ein Beitrag zum Vertragsschluß im Verfassungsrecht der Staatenwelt, Köln und Berlin 1963.

Glennon, Michael J., Constitutional Diplomacy, Princeton N.J. 1990.

Glennon, Michael J., Foreign Affairs and the Political Question Doctrine, 83 AJIL 1989, 814-821.

Glennon, Michael J., The Senate Role in Treaty Ratification, 77 AJIL 1983, 257-280, zitiert: Senate Role.

Grabitz, Eberhard / Hilf, Meinhard (Hg.), Kommentar zur Europäischen Union, München, 14. Ergänzungslieferung Oktober 1999.

Greene, Thurston, The Language of the Constitution, A Sourcebook and Guide to the Ideas, Terms, and Vocabulary Used by the Framers of the United States Constitution, New York, Westport (Connecticut), London 1991.

Groß, Thomas, Internationale und zwischenstaatliche Verträge im föderalistischen System der USA, AVR 1993,409-428.

Hahn, Michael J., Die einseitige Aussetzung von GATT-Verpflichtungen als Repressalie, Berlin, Heidelberg, New York, Barcelona, Budapest, Hongkong, London, Mailand, Paris, Santa Clara, Singapur und Tokio 1996.

Hamilton, Alexander / Madison, James / Jay, John, The Federalist Papers, New York 1964.

Hauser, Heinz / Schanz, Kai-Uwe, Das neue GATT, Die Welthandelsordnung nach Abschluß der Uruguay Runde, München und Wien 1995.

Heller, Francis H., USA - Verfassung und Politik, Wien und Köln 1987.

Helm-Busch, Franziska, Executive Agreements im US-amerikanischen Verfassungsrecht, Weite Präsidialkompetenzen in der auswärtigen Gewalt, Köln, Berlin, Bonn und München 1995.

Henkin, Louis, Constitutionalism, Democracy, and Foreign Affairs, Oxford, New York 1990, zitiert: Constitutionalism.

Henkin, Louis, Foreign Affairs and the Constitution, 2. Auflage, New York 1996, zitiert: Foreign Affairs.

Henkin, Louis / Glennon, Michael J. / Rogers, William D. (Hg.), Foreign Affairs and the U.S. Constitution, Ardsley-on-Hudson, New York, 1990.

Henkin, Louis, International Law as Law in the United States, 82 Michigan L. R. 1984,1555-1569.

Henkin, Louis, Is There a "Political Question" Doctrine?, 85 Yale L.J. 1976, 597-625.

Henkin, Louis, Provisional Measures, U.S. Treaty Obligations, and the States, 92 AJIL 1998,679-683.

Henkin, Louis, The Constitution and United States Sovereignty: A Century of *Chinese Exclusion* and its Progeny, 100 Harvard L.R., 1987,852-886, zitiert: Chinese Exclusion.

Henkin, Louis, U.S. Ratification of Human Rights Conventions: The Ghost of Senator Bricker, 89 AJIL 1995,341,346-350.

Hilf, Meinhard / Jacobs, Francis G. / Petersmann, Ernst-Ulrich, The European Community, Antwerpen 1986.

Horne, Andrew R., United States v. Palestine Liberation Organization: Continued Confusion in Congressional Intend and the Hierarchy of Norms, 10 Michigan J. Int.'l Law 1989,935-956.

Ingersoll, Shaun A., Current Efficacy of the GATT Dispute Settlement Process, Texas Int.L.J. 22 (1987) 87-108.

Ipsen, Knut / Haltern, Ulrich, Rule of Law in den internationalen Wirtschaftsbeziehungen: Die Welthandelsorganisation, RIW 1994,717-723.

Ipsen, Knut, Völkerrecht, 3. Auflage, München 1990.

Jackson, John H. / Sykes, Alan O., (Hg.), Implementing the Uruguay Round, Oxford 1997.

Jackson, John H. / Davey, William J. / Sykes, Alan O. Jr., International Economic Relations, Cases Materials and Text on The National and International Regulation of Transnational Economic Relations, 3. Auflage, St. Paul, 1995.

Jackson, John H., Observations Sur Les Resultats Du Cycle De L'Uruguay, RGDIP 1994/3,675-688.

Jackson, John H., Restructing the GATT System, London 1990.

Jackson, John H., Status of Treaties in Domestic Legal Systems: A Policy Analysis, AJIL 1992,310-340.

Jackson, John H., The General Agreement on Tarifffs and Trade in United States Domestic Law, 66 Michigan L.R. 1967,250-332, zitiert: GATT in US Law.

Jackson, John H., The Great 1994 Sovereignty Debate: United States Acceptance and Implementation of the Uruguay Round Results, 36 Columbia Journal of Transnational Law 1997,157-188.

Jackson, John H., The World Trading System, Law and Policy of International Economic Relations, Cambridge MA und London 1989.

Jackson, John H., World Trade and the Law of GATT, Indianapolis, Kansas City, New York 1969, zitiert: World Trade.

Jacobs, Francis G., / Roberts, Shelley, (Hg.), The Effect of Treaties in Domestic Law, London 1987.

Jakob, Dominique, Die Zukunft US-amerikanischer unilateraler Section 301-Maßnahmen, Zugleich: Bericht über den Report des WTO-Streitschlichtungs-Panels vom 22. Dezember 1999 (WT/DS152/R), GRUR Int. 2000,715-723.

Jäger, Thomas, Streitbeilegung und Überwachung als Mittel zur Durchführung des GATT, Basel und Frankfurt a.M. 1992.

Jansen, Bernhard, Die neue Welthandelsorganisation (World Trade Organization - WTO), EuZW 1994,333-337.

Jarass, Hans / Pieroth, Bodo, Grundgesetz für die Bundesrepublik Deutschland, 4. Auflage, München 1997.

Jensen, Merrill, The Articles of Confederation, An Interpretation of the Social-Constitutional History of the American Revolution 1774-1781, 2. Auflage, University of Wisconsin 1948.

Kirgis, Frederic L., Zschernig v. Miller and the Breard Matter, 92 AJIL 1998,704-708.

Klein, Eckart, Das richterliche Prüfungsrecht in den Vereinigten Staaten zu Beginn des vorigen Jahrhunderts, Zur Auslegung von Art. VI Abs. 2 US-Verfassung, ZaöRV 1974,83-111.

Knobl, Peter F., GATT Application: The Grandfather is Still Alive, 25/4 JWT (1991) 101-118.

Koh, Harald Hongju, Is International Law Really State Law?, 111 Harvard L.R. 1998,1824-1861.

Kopke, Alexander, Rechtsbeachtung und -durchsetzung in GATT und WTO: der Klärungsbeitrag der Ökonomik zu internationalen Rechts- und Politikprozessen, eine neue Synthese mit der Theorie des kommunikativen Handelns von Habermas, (Dissertation 1995), Berlin 1997.

Krück, Hans, Völkerrechtliche Verträge im Recht der Europäischen Gemeinschaften, Berlin, Heidelberg und New York 1977.

Kühner, Rolf, Executive Agreements im Verfassungsrecht der Vereinigten Staaten, 35 JöR 1986,365-397.

Levy, Leonard W. / Karst, Kenneth L. / Mahoney, Dennis J., (Hg.), Encyclopedia of the American Constitution, New York und London 1990.

Levy, Leonard W., Original Intent and the Framers' Constitution, New York und London 1988.

Long, Julie, Ratcheting Up Federalism: A Supremacy Clause Analysis of NAFTA and the Uruguay Round, 80 Minnesota Law Review, 1995, 231-265.

Lundmark, Thomas, Feuerwaffen und Föderalismus, Eine Bewertung von Lopez v. U.S., DAJV-NEWSLETTER 1995,110-115.

Maunz, Theodor / Dürig, Günter / Herzog, Roman, Grundgesetz Kommentar, München 1991.

McDougal, Myres S. / Lans, Asher, Treaties and Congressional-Executive or Presidential Agreements: Interchangeable Instruments of National Policy, 54 Yale Law Journal 1944,181-351 und 534-664.

McGovern, Edmond, International Trade Regulations: GATT, the United States and the European Community, 2. Auflage, Globfield 1986.

McNair, Lord, The Law of Treaties, Oxford 1961.

Maier, Harold G., Preemption of State Law: A Recommended Analysis, 83 AJIL 1989,823-839.

Martens, Georg Friedrich, Prècis du Droit des Gens modern de l'Europe: fondé sur les Traités et l'Usage, Göttingen 1789.

McDonald, Kevin M., Die (Nicht-)Umsetzung von Panel-Beschlüssen der WTO im Recht der USA und der EU, ZEUS 1999,249-270.

Millett, Stephen M., The Constitutionality of Executive Agreements, An Analysis of United States v. Belmont, New York und London 1990.

Moore, Patrick M., The Decisions Bridging the GATT 1947 and the WTO Agreement, 90 AJIL 1996 317-329.

Oehmichen, Alexander, Die unmittelbare Anwendbarkeit der völkerrechtlichen Verträge der EG, Die EG-Freihandels- und Assoziierungsverträge und andere Gemeinschaftsabkommen im Spannungsfeld von Völkerrecht, Gemeinschaftsrecht und nationalem Recht, Frankfurt a.M., Berlin, Bern, New York, Paris und Wien 1992.

Ohlhoff, Stefan, Beteiligung von Verbänden und Unternehmen in WTO-Streitbeilegungsverfahren, EuZW 1999,139-144.

Ott, Andrea, GATT und WTO im Gemeinschaftsrecht, Die Integration des Völkervertragsrechts in die Europäische Gemeinschaftsordnung am Beispiel des GATT-Vertrages und der WTO-Übereinkünfte, Köln, Berlin, Bonn und München 1997.

Parry, Clive (Hg.), The Consolidated Treaty Series, Band 46 (1775-1778) bis Band 50 (1786-1790), New York 1969.

Paust, Jordan J., Bread and Treaty-Based Rights under the Consular Convention, 92 AJIL 1998,691-697.

Paust, Jordan J., Self-Executing Treaties, 82 AJIL 1988,760-783.

Pescatore, Pierre / Davey, William J. / Lowenfeld, Andreas F., Handbook of WTO/GATT Dispute Settlement, Band 1 und 2, Den Haag, 1995, Lose Blattsammlung.

Petersmann, Ernst-Ulrich / Jaenicke, Günther, Adjudication of International Trade Disputes in International and National Economic Law, Fribourg 1992.

Petersmann, Ernst-Ulrich / Hilf, Meinhard, The New GATT Round of Multilateral Trade Negotiations, 2. Auflage, Deventer und Boston 1991.

Pfeil, Andreas, Abschied von der "schnellen Schiene"? NAFTA, GATT und die Ratifizierung von Handelsabkommen in den USA, 1974-1999, Berlin 2000.

Porges, Amelia, General Agreement on Tariffs and Trade: Multilateral Trade Negotiations Final Act embodying the Results of the Uruguay Round of Trade Negotiations, Introductory Note, ILM 1994,1125-1131.

Puckett, A. Lynne / Reynolds, William L., Rules, Sanctions and Enforcement under Section 301: At Odds with the WTO?, 90 AJIL 1996,675-689.

Reisman, Michael W. An International Farce: The Sad Case of the PLO Mission, 14 Yale Journal of Int.'l Law 1989,412-432.

Richter, Stefan, Die Assoziierung osteuropäischer Staaten durch die Europäischen Gemeinschaften, Eine Untersuchung der rechtlichen Grundlagen der Vertragsgestaltung zwischen den Europäischen Gemeinschaften und Polen, Ungarn und der Tschechoslowakei, Berlin, Heidelberg, New York, London, Paris, Tokio, Hong Kong, Barcelona und Budapest 1993.

Rönnefarth, Helmut K.G. / Euler, Heinrich, Konferenzen und Verträge, Vertrags-Ploetz, Teil II, Würzburg 1959.

Rudolf, Walter, Völkerrecht und deutsches Recht, Tübingen 1967.

Schermers, Henry G. / Blokker, Niels M., International Institutional Law, 3. Auflage, Den Haag, London und Boston 1995.

Scoles, Eugene F. / Hay, Peter, Conflicts of Law, Hornbook Series, 2. Auflage, St. Paul, Minnesota 1992.

Seidl-Hohenveldern, Ignaz / Loibl, Gerhard, Das Recht der Internationalen Organisationen einschließlich der Supranationalen Gemeinschaften, 6. Auflage, Köln, Berlin, Bonn und München 1996.

Seidl-Hohenveldern, Ignaz (Hg.), Lexikon des Rechts, Band Völkerrecht, 2. Auflage, Neuwied, Kriftel und Berlin 1992.

Senti, Richard, GATT: Allgemeines Zoll- und Handelsabkommen, Zürich 1986.

Silbey, Joel H. (Hg.), Encyclopedia of the American Legislative System, New York, Toronto, Oxford, Singapore und Sydney 1994.

Sinclair, Ian, The Vienna Convention on the Law of Treaties, 2. Auflage, Manchester 1984.

Steiner, Henry J. / Vagts, Detlev F. / Koh, Harald Hongju, Transnational Legal Problems, Materials and Text, 4. Auflage, Westbury N.Y. 1994.

Stoll, Peter-Tobias, Die WTO: Neue Welthandelsorganisation, neue Welthandelsordnung, Ergebnisse der Uruguay-Runde des GATT, ZaöRV 1994,242-339.

Stone, Goeffrey R. / Seidman, Louis M. / Sunstein, Cass R. / Tushnet, Mark V., Constitutional Law, Boston und Toronto 1986.

Story, Joseph, Commentaries on the Constitution of the United States, (1. Auflage 1833) New York 1970.

Strupp, Karl / Schlochauer, Hans-Jürgen, Wörterbuch des Völkerrechts, Berlin, Band 1, 1960, Band 2, 1961.

Tate, Cheryl, The Constitutionality of State Attempts to Regulate Foreign Investment, 99 Yale L.J. 1990,2023-2042.

Thomas, M.A., When the Guests Move In: Permanent Observers to the United Nations Gain the Right to Establish Permanent Missions in the United States, 78 Cal. L.R. 1990 I S. 197-246.

Tribe, Laurence H., American Constitutional Law, 2. Auflage, Mineola, New York, 1988.

USTR, Uruguay Round of Multilateral Trade Negotiations, General Agreement on Tariffs and Trade, Washington, DC, 1994, ISBN 0-16-045022-5, erhältlich im GPO, SSOP, Washington, DC 20402-9328.

Vagts, Detlev F., International Agreements, the Senate and the Constitution, 36 Columbia Journal of Transnational Law 1997,143-155.

Vagts, Detlev F., The Exclusive Treaty Power Revisited, 89 AJIL 1995,40-42.

Vázquez, Carlos Manuel, Breard and the Federal Power to Require Compliance with ICJ Orders of Provisional Measures, 92 AJIL 1998,683-691.

Vázquez, Carlos Manuel, Treaty-Based Rights and Remedies of Individuals, 92 Columbia L.Rev. 1992,1082-1163.

Vázquez, Carlos Manuel, The Four Doctrines of Self-Executing Treaties, 89 AJIL 1995,695-723.

Verdross, Alfred / Simma, Bruno, Universelles Völkerrecht, Theorie und Praxis, 3. Auflage, Berlin 1984.

Vitzthum, Wolfgang Graf (Hg.), Völkerrecht, Berlin und New York 1997.

Walker, Herman Jr., Modern Treaties of Friendship, Commerce and Navigation, 42 Minnesota L.Rev. 1958,805-824.

Wartenweiler, Roland, Ein Markenstein der Weltwirtschaftsgeschichte, Zum Verhandlungsabschluß der Uruguay-Runde, VN 1994,87-92.

Wechsler, Herbert, Toward Neutral Principles of Constitutional Law, 73 Harvard L.R. 1959,1-35.

Weinfeld, Abraham C., What did the Framers of the Federal Constitution mean by "Agreements or Compacts"?, 3 Chicago Law Review 1936, 453-469.

Wheaton, Henry / Phillipson, Coleman, Elements of International Law, 5. Auflage (1. Auflage 1836), London und New York 1916.

Wiese, Walter, Der Kampf um das Bricker Amendment, Eine Studie über Abschluß und Stellung völkerrechtlicher Abkommen im Verfassungssystem der Vereinigten Staaten, Hamburg 1965.

Wilkinson, Charles F., American Indians, Time and the Law: Native Societies in a Modern Constitutional Democracy, New Haven 1987.

Williams-Vedder, Petra, Die Rechtsstellung der eingeborenen Völker in den USA und Kanada nach nationalem Recht und Völkerrecht, Frankfurt a.M., Berlin, Bern, New York, Paris und Wien 1995.

Wright, Quincy, The Control of American Foreign Relations, New York 1922.

Wuestenfeld, Ingo, Die Bananenmarktordnung der EG und der Handel mit Drittstaaten, Insbesondere zur Rechtmäßigkeit von Titel IV EG-VO 404/93 und zu den Auswirkungen von völkerrechtswidrigem sekundären Gemeinschaftsrecht, Frankfurt a.M. 1997.

Abkürzungen

a.A. / A.A.	andere Ansicht
a.M.	am Main
Abs.	Absatz
AJIL	The American Journal of International Law
Amend.	Amendment
Art.	Artikel
Ass'n	Association
AVR	Archiv des Völkerrechts
BGBl.	Bundesgesetzblatt
BISD	Basic Instruments and Selected Documents
BNA ITRD	Bureau of National Affairs International Trade Reporter - Decisions
C.A.	Compania Anonima
Cal.	Supreme Court (Kalifornien)
Cal.2d	California Reports (Supreme Court)
Cal. App.	California Appellate Reports
Cal. L.R.	California Law Review
Cal. West. Int.'l L.J.	California Western International Law Journal
C.C.	Customs Court
C.C.P.A.	Court of Customs and Patent Appeals
C.D.Cal.	District Court, Central District of California
cert. denied	certiorari denied (Revision durch den US Supreme Court abgelehnt)
ch.	chapter
Cir.	Circuit Court
cl.	Clause
Co.	Company
Columbia L.Rev.	Columbia Law Review
Cong.	Congress
Cong. Rec.	Congressional Record
Const.	Constitution
Cornell Int.'l L.J.	Cornell International Law Journal
Corp.	Corporation

CSSR	Czech and Slovakia Socialist Republik
Ct.Cl.	Court of Claims
CVN	Charta der Vereinten Nationen
Dall.	Dallas
D.C.	District Court, District of Columbia
D.C.Cir.	Court of Appeals, District of Columbia Circuit
D.C.E.D.N.Y.	District Court, East District of New York
D.C.E.D.Pa.	District Court, Eastern District of Pennsylvania
D.Conn.	District Court, District of Connecticut
D.D.C.	District Court, District of Columbia
Dept.	Department
ders.	derselbe
Doc.	Document
DÖV	Die Öffentliche Verwaltung
d.h.	das heißt
DSU	Dispute Settlement Understanding
EA	Europa-Archiv
ECOSOC	Economic and Social Council
E.D.Va.	District Court, Eastern District of Virginia
EEC	European Economic Communities
EG	Europäische Gemeinschaft
EuGH	Gerichtshof der Europäischen Gemeinschaften
EuZW	Europäische Zeitschrift für Wirtschaftsrecht
EWG	Europäische Wirtschaftsgemeinschaft
Ex. D.	Exchequer (Exchequer Division)
f	und folgende Seite / Section
F.2d	Federal Reporter (Court of Appeals)
FAZ	Frankfurter Allgemeine Zeitung
Fed.Cir.	Court of Appeals, Federal Circuit
ff	fort folgende
Fordham Int.L.J.	Fordham International Law Journal
FN	Foodnote im Restatement
Fn	Fußnote
F.R.	Federal Register
F.Supp.	Federal Supplement (District Courts)
GATS	General Agreement on Trade in Services
GATT	General Agreement on Tariffs and Trade
GG	Grundgesetz

GOP	Government Printing Office
GRUR Int.	Gewerblicher Rechtsschutz und Urheberrecht Internationaler Teil
Harv.Int'l L.J.	Harvard International Law Journal
Havard L.R.	Harvard Law Review
Hg.	Herausgeber
How.	Howard
H.R.	House Resolution
HTS	Harmonized Tariff Schedule
HZA	Hauptzollamt
ICITO	Interim Commission for the International Trade Organization
ICJ	International Court of Justice
IGH	Internationaler Gerichtshof
IGH-ST	Statut des Internationalen Gerichtshofes
ILM	International Legal Materials
ILO	International Labor Organization
I.L.Q.	International Law Quaterly
IWF	Internationaler Währungsfond
Inc.	Incorporated
INS	Immigration & Naturalization Service
i.S.d.	im Sinne der
ITO	International Trade Organization
i.V.m.	in Verbindung mit
JöR	Jahrbuch des öffentlichen Rechts
JWT	Journal of World Trade
KSZE	Konferenz für Sicherheit und Zusammenarbeit in Europa
Ltd.	Limited
MA	Massachusettes
MFN	Most-Favored-Nation treatment
Michigan J. Int.'l Law	Michigan Journal of International Law
Michigan L.R.	Michigan Law Review
Minne. J. Global Trade	Minnesota Journal of Global Trade
Minnesota L.R.	Minnesota Law Review
m.w.N.	mit weiteren Nachweisen
NAFTA	North America Free Trade Area
N.D.Cal.	District Court, Northern District of California

NEPA	National Environmental Policy Act
NGOs	None Governmental Organizations
N.J.	New Jersey Reports
NJW	Neue Juristische Wochenzeitschrift
No.	Numero
Nr. / Nrn.	Nummer / Nummern
Org. / Orgs.	Organization / Organizations
OTC	Organization for Trade Cooperation
P.2d	Pacific Reporter
Pa.	Pensylvania
PCWTO	Preparatory Committee for the World Trade Organization
Pet.	Peters
PPA	Protokoll über die Provisorische Anwendung
Proc.	Proclamation
Pub.L.	Public Law
RIW	Recht der Internationalen Wirtschaft
RGDIP	Revue Génerale de Droit International Public
Rn	Randnummer
RN	Reporters' Note
Rs.	Rechtssache
pts.	parts
S.	Seite(n) / Senate Resolution
S.A.	Societé Anonyme
SAA	Statement of Administrative Action
S.D.Fla.	District Court, Southern District of Florida
S.D.N.Y.	District Court, Southern District of New York
S.Ct.	Supreme Court Reporter
sec.	Section
SeeRÜ	Seerechtsübereinkommen
Sess.	Session
Slg.	Sammlung der Rechtsprechung des Gerichtshofes [EuGH] und des Gerichts erster Instanz
S.Rep.	Senate Report
Stanford J.Int.'l Law	Stanford Journal of International Law
Stat.	United States Statutes at Large
StIGH	Ständiger Internationale Gerichtshof
Texas Int.L.J.	Texas International Law Journal

T.I.A.S.	Treaties and Other International Agreements Series
TRIPS	Trade-Related Intellectual Property Rights
Tz	Teilziffern
u.a.	und andere
UNCTE	United Nation's Conference on Trade and Employment
U.N.T.S.	United Nations Treaty Series
URAA	Uruguay Round Agreements Act
US / U.S.	United States of America
U.S.	United States Reports (US Supreme Court)
USA	United States of America
U.S.C.	United States Code
U.S.C.A.	United States Code Anotated
USCCAN	US Code Congressional and Administrative News
USSR	Union of Socialist Soviet Republics
U.S.T.	United States Treaties and Other International Agreements
USTR	United States Trade Representative
v.	versus (gegen)
vgl.	vergleiche
VN	Vereinte Nationen
Wall.	Wallace
Wash. & Lee L.Rev.	Washington and Lee Law Review
Wheat.	Wheaton
WIPO	World Intellectual Property Organization
WÜRV	Wiener Übereinkommen über das Recht der Verträge
WTO	World Trade Organization
WWW	World Wide Web
Yale Journal of Int.'l Law	Yale Journal of International Law
Yale L.J.	Yale Law Journal
ZaöRV	Zeitschrift für ausländisches und öffentliches Recht
z.B.	zum Beispiel
ZEUS	Zeitschrift für europarechtliche Studien

1. Einleitung

Die vorliegende Untersuchung beschäftigt sich mit der Integration des Völkervertragsrechtes in die Rechtsordnung der Vereinigten Staaten von Amerika (USA) am Beispiel des Allgemeinen Zoll- und Handelsabkommens von 1947, seiner Nebenabkommen und der WTO-Übereinkommen von 1994. Während über die Wirkung von völkerrechtlichen Vereinbarungen in der Rechtsordnung der Europäischen Gemeinschaften (EG) schon einige Untersuchungen erschienen sind,[1] gibt es über deren Wirkung im Recht der USA bislang wenig. Dies entspricht der amerikanischen Neigung, sich über Rechtsfragen erst Gedanken zu machen, wenn ein konkreter Fall vorliegt. Eine besondere Rolle bei den Rechtsbetrachtungen spielt die Rechtsprechung des Supreme Court, dessen Rechtserkenntnis Bindungswirkung für die eigene Rechtsordnung entfaltet. Da die USA eine wichtige Handelsmacht mit der ältesten Verfassung (1789) der Welt sind, ist ein Blick in ihr Verfassungsgefüge als Handlungsrahmen für ihre Haltung in den internationalen Handelsbeziehungen auch außerhalb ihrer Grenzen von allergrößtem praktischen Interesse. Das GATT-System bestand aus dem zugrundeliegenden völkerrechtlichen Vertrag und der darauf aufgebauten Organisation. Um beide voneinander zu unterscheiden, wird die Organisation als GATT, der Vertrag als das Allgemeine Abkommen und beides zusammen als GATT 1947 bezeichnet.

Zunächst wird die Entwicklung vom GATT 1947 zur WTO dargelegt, um später zu untersuchen, ob beide unterschiedliche innerstaatliche Wirkungen im Recht der USA entfalten. Die innerstaatlichen Betrachtungen beginnen mit der Kompetenzverteilung im Außenhandel und erörtern die bestehenden Kompetenzen des Präsidenten, des Kongresses und der Gerichte im Zusammenhang mit dem GATT 1947 und der WTO. Zwar vertritt der Präsident die USA nach außen, jedoch obliegt nach der Handelsklausel in der Verfassung die Regelung des Handels mit anderen Staaten dem Kongreß. Dieses Problem kann durch

---

[1] *Ott*, GATT und WTO im Gemeinschaftsrecht, Köln u.a. 1997; *Wuestenfeld*, Die Bananenmarktordnung der EG und der Handel mit Drittstaaten, Frankfurt a.M. 1997; *Krück*, Völkerrechtliche Verträge im Recht der Europäischen Gemeinschaften, Berlin u.a. 1977; *Oehmichen*, Die unmittelbare Anwendbarkeit der völkerrechtlichen Verträge der EG, Frankfurt a.M. u.a. 1992; *Richter*, Die Assoziierung osteuropäischer Staaten durch die Europäischen Gemeinschaften, Berlin u.a. 1993.

sog. legislative Delegation gelöst werden, indem der Kongreß den Präsidenten mit bestimmten Vorgaben zu Verhandlungen, zum Abschluß und zur Verkündung von Handelsabkommen ermächtigt. Diese Ermächtigung ist für das GATT 1947 zweifelhaft. Beim Abschluß der WTO-Übereinkommen wählte der Kongreß das sog. *"fast track"*-Mandat, das ihm erlaubt, die innerstaatlichen Wirkungen einfachgesetzlich auszugestalten.

Obwohl die US-Verfassung Regelungen für Verträge vorsieht, gelten diese hingegen nicht für sog. Regierungsabkommen. Der Supreme Court hat mehrfach Gelegenheit gehabt, sich zur Abschlußbefugnis für Regierungsabkommen und zu ihrer innerstaatlichen Integration zu äußern. Die Rechtserkenntnis des Gerichts entfaltet zwar Bindungswirkung für die eigene Rechtsordnung, jedoch ist der Supreme Court selbst nicht daran gebunden. Von Bedeutung ist ferner die Proklamation der völkerrechtlichen Vereinbarung durch den Präsidenten sowie ihre amtliche Veröffentlichung, die in bezug auf die WTO-Übereinkommen nicht vollständig erfolgte.

Für den Bürger und die Unternehmer ist die wichtigste Frage, ob die völkerrechtliche Vereinbarung vor Behörden und Gerichten unmittelbare Anwendbarkeit entfaltet. Dabei ist fraglich, welchen Raum der Kongreß den WTO-Übereinkommen noch gelassen hat und ob von Gerichten in bezug auf das GATT 1947 entwickelte Grundsätze auf die WTO-Übereinkommen übertragen werden können. Entscheidend ist dann die Rangwirkung von völkerrechtlichen Vereinbarungen in der innerstaatlichen Normenhierarchie.

Da die USA ein föderal aufgebauter Bundesstaat sind, wird die den Außenhandel betreffende Rolle der einzelnen Gliedstaaten im Verhältnis zur Bundesgewalt ebenfalls beleuchtet. Die Verfassung enthält dazu einige ausdrückliche Bestimmungen, legt den Gliedstaaten aber auch aus dem Verfassungsgefüge heraus Beschränkungen auf (z.B. Dormant Commerce Clause). Die Gliedstaaten sahen in den WTO-Übereinkommen eine Gefahr für den Föderalismus, weshalb sie in die nationalen Entscheidungsprozesse bezüglich der WTO einbezogen werden wollten.

2. Vom GATT 1947 zur WTO

Mit der Gründung der Welthandelsorganisation WTO (World Trade Organization) zum 1.1.1995 wurde ein neues Forum für die Regulierung des internationalen Handels sowie für die Beilegung von Handelsstreitigkeiten zwischen den Mitgliedstaaten geschaffen. Dieser Organisation liegen mehrere völkerrechtliche Verträge zugrunde mit einem Gesamtumfang von über 26.000 Seiten. Vor ihrer Errichtung erfüllte die Funktion der WTO das "Allgemeine Zoll- und Handelsabkommen" von 1947 (GATT 1947). Um die WTO besser zu verstehen, soll zunächst ein kurzer historischer Überblick über die Entwicklung des GATT 1947 gegeben werden.

2.1. Historischer Überblick über das GATT 1947

Für die Zeit nach dem Zweiten Weltkrieg wollten viele Staaten den Welthandel liberal - unter Vermeidung des Protektionismus der Vorkriegszeit - reorganisieren. Auf Grund der Erfahrungen mit der Ordnung nach dem Ersten Weltkrieg setzte sich die Erkenntnis durch, daß Frieden und Wohlstand nur durch wirtschaftliche Entwicklung in den einzelnen Staaten zu gewährleisten ist. Deshalb wurde von den USA im Rahmen der Vereinten Nationen (VN) die Gründung einer Organisation für den Welthandel vorgeschlagen.[2] Die USA waren bei der Schaffung der heutigen Nachkriegsordnung federführend, verfügten sie doch nach dem Zweiten Weltkrieg im Gegensatz zu Europa über eine intakte Wirtschaftsstruktur und mußten aus diesem Grunde darauf bedacht sein, ihre exportorientierte Wirtschaft mit den nötigen Aufträgen zu versorgen. Eine Liberalisierung des Welthandels durch die Öffnung der Märkte konnte für sie nur förderlich sein.[3] Zugleich war die Außenhandelspolitik ein wichtiger Eckpfeiler der amerikanischen Außen- und Sicherheitspolitik. Aus Sicht der

---

[2] *Benedek*, Die Rechtsordnung des GATT aus völkerrechtlicher Sicht, Berlin u.a. 1990, S. 28, 47 und 76.

[3] *Benedek*, Fn 2, S. 32 ff; *Brößkamp*, Meistbegünstigung und Gegenseitigkeit im GATT, Köln u.a. 1990, S. 74.

USA trug die Prosperität in anderen Staaten, insbesonder in Asien und Mitteleuropa, zur Eindämmung des kommunistischen Machtbereichs bei.[4]

(a) Von der *Atlantik Charta* zur *Havanna Charta*

In der *Atlantik Charta* vom 14.8.1941 setzten die USA in Punkt 4 durch, daß "alle[n] Staaten, Sieger oder Besiegte, ... zu gleichen Bedingungen Zugang zum Welthandel und zu den Rohstoffen der Welt haben [sollten], die zu ihrem wirtschaftlichen Gedeihen notwendig sind."[5] Auf der Konferenz der Finanzminister von Bretton Woods im Jahre 1944 wurde die Satzung des Internationalen Währungsfonds (IWF) und der Weltbank zur Neuordnung der Weltwirtschaft beschlossen.[6] Der Gedanke des heutigen Welthandelssystems geht zurück auf die Diskussion über *Art. VII des Lend-Lease-Agreement* zwischen den USA und Großbritannien von 23.2.1942. Dieser sah Verhandlungen zwischen beiden Regierungen mit dem Ziel einer weltweiten Konvention über den zwischenstaatlichen Handel vor, wobei das Konzept einer multilateralen Meistbegünstigung zwischen Staaten zurückreicht in die Zeit des Völkerbundes.[7] Das Prinzip der Meistbegünstigung entwickelte sich bereits im Mittelalter, als noch nicht die Staaten, sondern die Städte die handelsaktive Rolle spielten. Im Jahre 1226 traf der Nord-Deutsche-Städte-Verein eine ergänzende Vereinbarung, wonach insbesondere den Kaufleuten gegenseitig gleiche Behandlung zu gewähren war.[8]

---

4 *Pfeil*, Abschied von der "schnellen Schiene"? NAFTA, GATT und die Ratifizierung von Handelsabkommen in den USA, 1974-1999, Berlin 2000, S. 39.

5 AJIL, Doc. 1941, S. 191 f.; in deutscher Übersetzung *Rönnefarth/Euler*, Konferenzen und Verträge, Vertrags-Ploetz, Teil II, Würzburg 1959, S. 200; EA 1947, S. 343. *Klammerzusätze durch den Verfasser.*

6 Der IWF und die Weltbank sind internationale Organisationen auf genossenschaftlicher Basis, die an ihre Mitgliedstaaten unter individuellen Bedingungen zweckgebundene Kredite vergeben, die im Gegensatz zu anderen Krediten an Entwicklungsländer auf jeden Fall wieder zurück gezahlt werden müssen. Das Stimmengewicht und der mögliche Kreditumfang richten sich nach der Einlage, so daß die Entwicklungsländer wegen der Vorbedingungen und der Zweckgebundenheit der Kredite den Industriestaaten eine Einmischung in die inneren Angelegenheiten vorwerfen.

7 *Benedek*, Fn 2, S. 28 ff mit Hinweisen auf die Brüsseler Finanzkonferenz von 1920 sowie die österreichischen Vorschläge im Völkerbund.

8 *Brößkamp*, Fn 3, S. 30 f m.w.N.

Nach der Gründung der Vereinten Nationen in San Franzisco im Jahre 1945 und auf Initiative der USA berief der Wirtschafts- und Sozialrat (ECOSOC) der Vereinten Nationen im Frühjahr 1946 eine VN-Konferenz über Handel und Beschäftigung ein, die in Havanna im März 1948 die sog. *Havanna Charter* zur Gründung der International Trade Organization (ITO) mit eigener Gerichtsbarkeit für Handelsfragen verabschiedete.[9]

(b) Das Protokoll über die provisorische Anwendung

Parallel zu der 1947 in Genf stattfindenden Sitzung des Vorbereitungsausschusses (ICITO)[10] der VN-Konferenz für Handel und Beschäftigung und als Vorgriff auf die der ITO zugedachten Aufgaben wurden Verhandlungen über multilaterale Zollsenkungen durchgeführt. Als ein Ergebnis wurde das "Allgemeine Zoll- und Handelsabkommen"[11] unterzeichnet, das auf Grund des *"Protokolls über die Provisorische Anwendung vom 30. Oktober 1947"*[12] (PPA) am 1. Januar 1948 in Kraft trat. Das Allgemeine Abkommen sollte die materiellen Handelsregeln des Kapitel IV. der Havanna Charter vorab in Anwendung bringen, bis die ITO gegründet würde.[13]

Die Internationale Handelsorganisation scheiterte letztlich am Widerstand des US-Kongresses, dem die amerikanische Regierung den Vertrag wegen der protektionistischen Stimmung im Kongress erst gar nicht vorlegte.[14] Das Allgemeine Zoll- und Handelsabkommen von 1947 wurde nur von Haiti und Liberia

---

9 Havanna Charter der United Nation's Conference on Trade and Employment (UNCTE) über die International Trade Organization (ITO) abgedruckt in 2 I.L.Q. 1948,283 ff, in deutscher Sprache in Deutsches Handels-Archiv 1948-50 II, S. 31 ff.

10 Interim Commission for the International Trade Organization.

11 General Agreement on Tariffs and Trade (GATT), 55 U.N.T.S. 187 ff (1947); Teil IV (1966) über den Handel mit den Entwicklungsländern, BISD 13 S/1. Die Deutsche Fassung ist abgedruckt in *Liebich*, Das GATT als Zentrum der internationalen Handelspolitik, Baden-Baden 1971, S. 69-125.

12 Protocol of Provisional Application of October 30, 1947, 55 U.N.T.S. 308 ff (1947); deutsche Fassung abgedruckt in *Liebich*, Fn 11, S. 159 f.

13 *Ingersoll*, Current Efficacy of the GATT Dispute Settlement Process, 22 Tex.Int.L.J. 1986,87,89 f; *Jackson*, World Trade and the Law of GATT, Indianapolis, Kansas City und New York 1969, S. 35-37, zitiert: World Trade.

14 *Chayes/Ehrlich/Lowenfeld*, International Legal Process: Materials for an Introductory Course, Band I, 1969, S. 250 f; *Jackson*, World Trade, Fn 13, S. 50 ff.

nach Art. XXVI ratifiziert, wobei Liberia wieder ausgetreten ist.[15] Die Staaten wandten es deshalb nicht unmittelbar an, sondern die 23 Gründerstaaten - die damals zusammen mehr als Zweidrittel des Welthandels umfaßten[16] - über das PPA, die später beigetretenen Staaten über die nach Art. XXXIII ausgehandelten inhaltsähnlichen Beitrittsprotokolle und die unabhängig gewordenen Kolonien über eine Nachfolgeerklärung gemäß Art. XXVI:5(c), wonach sie den Status des Mutterlandes erlangten.[17] Soweit die Beitrittsprotokolle keine Sonderbestimmungen enthalten,[18] stellt der Inhalt der Regelungen des PPA die rechtliche Grundlage für die Mitgliedschaft sämtlicher Vertragsparteien im GATT 1947 dar.

In Abweichung vom Allgemeinen Abkommen erlaubt das PPA neben einer unbedeutenden kürzeren Kündigungsmöglichkeit von nur zwei statt sechs Monaten[19] vor allem die Beibehaltung von im Zeitpunkt des Beitritts bestehenden nationalen GATT-widrigen Gesetzen[20] (sog. Großvaterklausel),[21] damit es keiner Zustimmung sowie Anpassung des nationalen Rechts durch die nationalen Parlamente bedurfte.[22] An die Stelle der Vielzahl von bilateralen Handelsabkom-

---

[15] *McGovern*, International Trade Regulations: GATT, the United States and the European Community, 2. Auflage, Globfield 1986, S. 15.

[16] *Benedek*, Fn 2, S. 187: "Die *'23 Ur-Mitglieder des GATT'* waren Australien, Belgien, Brasilien, Birma, Kanada, Ceylon (Sri Lanka), Chile, China, Kuba, CSSR, Frankreich, Indien, Libanon, Luxemburg, Niederlande, Neuseeland, Norwegen, Pakistan, Südrhodesien, Syrien, Südafrika, Großbritannien und USA. Chile unterzeichnete wegen Fristüberschreitung 1949 ein eigenes Protokoll, zählt jedoch als Urmitglied."

[17] *McGovern*, Fn 15, S. 15 ff; *Benedek*, Fn 2, S. 100 ff; *Jäger*, Streitbeilegung und Überwachung als Mittel zur Durchführung des GATT, Basel und Frankfurt a.M. 1992, S. 82.

[18] *Jäger*, Fn 17, S. 82 nennt z.B. Sonderbestimmungen über die Landwirtschaft im Beitrittsprotokoll der Schweiz.

[19] Punkt 5. PPA.

[20] Dabei muß es sich um Gesetze im formellen Sinn zeitlich vor dem Protokoll handeln, die für die Regierung eine zwingende Regelung enthalten. Ist der Regierung jedoch Ermessen eröffnet, muß sie sich GATT-konform verhalten. Gesetzesänderungen von betroffenen Bestimmungen fallen ebenfalls unter die Großvaterklausel, sofern sie den Umfang der ursprünglichen Abweichung vom GATT nicht vergrößern. *Knobl*, GATT Application: The Grandfather is Still Alive, Recent Panel Recognitions and Amendment Intentions, 25/4 JWT 1991,101,106 ff.

[21] "Grandfather's Clause" oder "the existing legislation clause", Punkt 1.(a) PPA. *Knobl*, Fn 20, 25/4 JWT 1991,101,102 ff m.w.N.

[22] Vgl. *Benedek*, Fn 2, S. 30f; *Knobl*, Fn 20, 25/4 JWT 1991,101,102 ff; *France*, The Domestic Legal Status of the GATT: the Need for Clarification, 51 Wash. & Lee L. Rev. 1994,1480,1493 f; *Stoll*, Die WTO: Neue Welthandelsorganisation, neue Welthandels-

men trat nun erstmals ein multilaterales Handelsabkommen, das deshalb auch das "Allgemeine Abkommen" genannt wurden.[23]

Im Jahre 1955 wurde ein zweiter Versuch unternommen, eine weltweite Handelsorganisation unter der Bezeichnung "Organization for Trade Cooperation" (OTC) ins Leben zu rufen. Aber auch dieser Versuch scheiterte am US Kongreß, der dem ihm vorgelegten Abkommen nicht zustimmte.[24] Damit ist das GATT 1947 als provisorische Zwischenlösung bis zur Errichtung der WTO die völkervertragliche Rahmenregelung des internationalen Handels geblieben.

(c) Der Status des GATT 1947

Fraglich ist, welchen völkerrechtlichen Status das GATT 1947 hat, ob es auch eine internationale Organisation mit partieller Völkerrechtssubjektivität darstellt. Eine internationale Organisation ist ein auf völkerrechtlicher Vereinbarung beruhender mitgliedschaftlich strukturierter Zusammenschluß von zwei oder mehreren Völkerrechtssubjekten, der mit eigenen Organen Angelegenheiten von gemeinsamen Interesse besorgt.[25] Völkerrechtsfähigkeit bedeutet, Träger von völkerrechtlichen Rechten und Pflichten zu sein. Die durch Willenseinigung von Völkerrechtssubjekten geschaffene internationale Organisation erhält eine partielle Völkerrechtssubjektivität, wenn ihr diese im Gründungsvertrag oder durch spätere Vertragsänderungen verliehen wurde. Neben die ausdrücklich verliehenen Kompetenzen treten die sog. "implied powers"

---

ordnung, Ergebnisse der Uruguay-Runde des GATT, ZaöRV 1994,242, 266. Da aber auch schon die völkervertragliche Bindung auf den status quo eine Einschränkung des nationalen Gesetzgebers bedeutet, hätte das Allgemeine Abkommen das Zustimmungserfordernis der nationalen Parlamente auslösen müssen. Handelsabkommen werden jedoch traditionell als Regierungsabkommen ohne parlamentarische Zustimmung geschlossen. In der Bundesrepublik Deutschland werden Handelsverträge nur in besonderen Fällen als "politisch" i.S.d. Art. 59 II GG angesehen, da sie die politischen Beziehungen nur berühren, aber nicht regeln. Siehe *Maunz* in Maunz/Dürig/Herzog, Grundgesetz Kommentar, München 1991, Art. 59 Rn 15.

[23] *Benedek*, Fn 2, S. 30.

[24] *Jackson*, Restructuring the GATT System, London 1990, S. 9 ff; *Seidl-Hohenveldern/Loibl*, Das Recht der Internationalen Organisationen einschließlich der Supranationalen Gemeinschaften, 6. Auflage, Köln u.a. 1996, Rn 3001.

[25] *Klein, Eckart*, Die Internationalen und Supranationalen Organisationen als Völkerrechtssubjekte, in Vitzthum (Hg.), Völkerrecht, Berlin und New York 1997, S. 278 und *Schermers/Blokker*, International Institutional Law, Den Haag u.a. 1995, §§ 32 ff.

aus der funktionalen Rechtspersönlichkeit.[26] Das Allgemeine Abkommen entbehrt in seinem Wortlaut einer ausdrücklichen Ermächtigung. Aus den Umständen der Vertragsverhandlungen läßt sich auch kein Wille der Beteiligten hierauf entnehmen. Die Vertragsparteien des Allgemeinen Abkommens mußten vielmehr auf den Präsidenten der USA Rücksicht nehmen, der als Vertreter der größten Handelsnation unter der *Trade Agreements Extension Act (1945)* nicht ermächtigt war, eine internationale Organisation auszuhandeln.[27] Im Rahmen einer teleologischen Auslegung ist zusätzlich zu berücksichtigen, daß das Allgemeine Abkommen nur eine zeitlich befristete Zwischenlösung bis zur Errichtung der Internationalen Handelsorganisation mit ihrem organisatorischen Rahmen und ihren materiellen Regeln sein sollte.

Grundsätzlich ist es jedoch möglich, daß sich ein völkerrechtlicher Vertrag ohne eine ursprüngliche organisatorische Struktur durch gewohnheitsrechtliche Rechtsfortbildung zu einer internationalen Organisation mit partieller Völkerrechtssubjektivität entwickelt.[28] Da eine Organisation durch ihre Organe handelt, bedarf es, um ein Rechtsgebilde als internationale Organisation mit partieller Völkerrechtssubjektivität zu qualifizieren, zumindest eines selbständigen Organs, das einen eigenen Willen unabhängig vom Willen der einzelnen Mitglieder der Organisation zu vertreten berechtigt ist.[29] Damit das GATT als eine solche internationale Organisation anzusehen wäre, müßte es mindestens über ein selbständiges Organ verfügen, das unabhängig von den Vertragsparteien handelt. Das Allgemeine Abkommen hatte als Provisorium in Art. XXV:1 GATT nur ein Minimum an organisatorischen Vorkehrungen in Form der

---

[26] *Verdross/Simma*, Universelles Völkerrecht, Theorie und Praxis, 3. Auflage, Berlin 1984, §§ 415 und 679 m.w.N.

[27] *Jackson*, Fn 24, S. 16; *Senti*, GATT: Allgemeines Zoll- und Handelsabkommen, Zürich 1986, S. 20 f; vgl. *Secretary Dulles*, in den Hearings on H.R. 1 Before the Senate Finance Comm., 84th Cong., 1st Sess. 1254 (1955) benutzte den Begriff "organization" in der Beschreibung von GATT, führte jedoch dazu aus, daß "it provides primarily a forum or a place for carrying on multilateral negotiations ...".

[28] Grundlegend zur Völkerrechtssubjektivität des GATT 1947 *Benedek*, Fn 2, S. 248 ff hier 249, der als Beispiel den Nordischen Rat gibt, der nunmehr durch den Beitritt von Finnland und Schweden zur Europäischen Union an Bedeutung verloren hat.

[29] *Brownlie*, Principles of Public International Law, 3. Auflage, Oxford 1979, S. 679; *Schermers/Blokker*, Fn 25, §§ 33 und 44; *Seidl/Hohenveldern*, Fn 24, Rn 0105, S. 4; *Benedek*, Fn 2, S. 261; a.A. *Klein*, Fn 25, S. 322, der regelmäßig mindestens zwei Organe als erforderlich ansieht - das Organ, in dem sämtliche Mitglieder vertreten sind (Versammlung) und das Organ, das die laufende Verwaltungsarbeit erledigt (Sekretariat).

VERTRAGSPARTEIEN, die aus den kollektiv handelnden einzelnen Vertragsparteien besteht. Im Laufe ihrer Arbeit haben die VERTRAGSPARTEIEN durch Beschluß weitere Organe geschaffen, so den GATT-Rat (1960), Ausschüsse, Arbeitsgruppen und Panels sowie den Generaldirektor.[30]

Das Sekretariat gehört formal nicht zum GATT, sondern findet seine Grundlage im Interimsausschuß für eine Internationale Handelsorganisation (ICITO) und leistet nur Unterstützungshandlungen für die Organe des GATT 1947.[31] Die VERTRAGSPARTEIEN haben keinen von den einzelnen Vertragsparteien unabhängigen Willen, sind sie doch nur die kollektiv handelnden einzelnen Vertragsparteien. Das Sekretariat selbst sah das GATT 1947 nicht als internationale Organisation an, wenn es 1994 anläßlich der Gründung der WTO in der von ihr herausgegebenen Zeitschrift FOCUS formulierte: "Formally, the GATT is a multilateral treaty administered by an Interim Committee."[32]

Der Generaldirektor hat auch das Sitzabkommen mit der Schweiz nicht als Generaldirektor der ICITO oder des GATT, sondern als Vertreter der VERTRAGSPARTEIEN geschlossen.[33] In der Literatur wird teilweise vertreten, daß sich die Völkerrechtssubjektivität aus der quasi-gerichtlichen Funktion des Streitbeilegungsverfahrens ergibt, in welchem die VERTRAGSPARTEIEN, der GATT-Rat - durch Annahme der Berichte der Arbeitsgruppen und Panels - das Allgemeine Abkommen rechtlich interpretieren.[34] Der GATT-Rat trifft seine Beschlüsse im Namen der VERTRAGSPARTEIEN bzw. legt sie diesen formal anläßlich der Jahrestagung zur Bestätigung vor.[35] Letztlich leitet sich jede Entscheidung im GATT 1947 von den VERTRAGSPARTEIEN ab, die als kollektiv handelnde einzelne Vertragsparteien keinen selbständigen Willen

---

[30] Einen Überblick über das GATT 1947 geben *Barton/Fisher*, International Trade Investment Regulating International Business, Boston, Toronto (1986), S. 153 f und *Senti*, Fn 27, S. 44-56.

[31] *Ipsen/Haltern*, Rule of Law in den internationalen Wirtschaftbeziehungen: Die Welthandelsorganisation, RIW 1994,717,721. *Seidl-Hohenveldern*, Fn 24, Rn 3002 auf S. 320, sieht ohne weitere Begründung im Sekretariat das selbständige Organ, welches das GATT 1947 zur internationalen Organisation qualifiziert.

[32] FOCUS (GATT Newsletter) No. 107 (Special Issue), Mai 1994, S. 11.

[33] *Benedek*, Fn 2, S. 267.

[34] *Brownlie*, Fn 29, S. 681; *Long*, Law and its Limitations in the GATT Multilateral Trade System, Dodrecht u.a. 1985, S. 45.

[35] *Benedek*, Fn 2, S. 263, der im GATT-Rat das selbständige Organ sieht, um das GATT 1947 als internationale Organisation zu qualifizieren.

unabhängig vom Willen der Vertragsparteien haben. Für seine Arbeit ist es aber auch nicht entscheidend, ob das GATT 1947 eine internationale Organisation geworden ist oder nicht. Es ist keine Organisation mit eigener juristischer Persönlichkeit, sondern ein völkerrechtlicher Vertrag, auf Grund dessen sich eine ständige Staatenkonferenz errichtet hat, die "im Laufe der Zeit die Arbeitsformen einer internationalen Organisation angenommen" hat.[36]

(d) Handelsrunden und Nebenabkommen

Das Welthandelssystem des GATT 1947 hat einen erheblichen Beitrag zur weltwirtschaftlichen Prosperität der Nachkriegszeit geleistet. Es ermöglichte eine massive Reduzierung der Einfuhrzölle auf industrielle Produkte und bot Berechenbarkeit der wirtschaftlichen Entwicklung auf der Grundlage von Transparenz und Nichtdiskriminierung. Im Rahmen des GATT wurden in periodischen Abständen weitere multilaterale Handelsrunden durchgeführt.[37] Zunächst standen Zollsenkungen im Vordergrund der Verhandlungen,[38] ab der Tokyo-Runde (1973-79) aber auch die nichttarifären Handelshemmnisse wie etwa mengenmäßige Beschränkungen, Subventionen inländischer Produkte, Antidumpingmaßnahmen oder technische Handelshemmnisse sowie Verhandlungen über Bestimmungen zugunsten der Entwicklungsländer.[39] Da die erforderliche Zweidrittelmehrheit für eine Änderung des GATT 1947 nicht erreichbar war,[40] wurden die in den Handelsrunden getroffenen handelspolitischen Vereinbarungen jeweils in rechtlich neben dem GATT stehenden Handelsabkommen geregelt, die nur die Vertragsparteien dieser sog. Nebenabkommen bzw. GATT-Codices banden. Dadurch entstand ein "GATT à la carte",[41] in dem sich die einzelnen Vertragsparteien dasjenige heraussuchen konnten, was ihnen vorteilhaft erschien. Es waren vor allem die Industriestaaten, die den Nebenabkommen beitraten, während die Entwicklungsländer sich überwiegend zurückhielten. Der daraus resultierende unterschiedliche Verpflichtungsgrad

---

[36] *Liebich*, Fn 11, S. 17.

[37] Frühere Handelsrunden waren Genf 1947, Annecy 1949, Torquay 1951, Review Session 1955, Dillon-Runde 1960-62, Kennedy-Runde 1964-67, Tokio-Runde 1973-79 und zuletzt die Uruguay-Runde 1986-94.

[38] *Borchmann*, GATT: Uruguay-Runde in entscheidender Phase, EuZW 1990,339.

[39] *Borchmann*, GATT-Auftakt zu einer neuen Welthandelsrunde, RIW 1987,444,445.

[40] Art. XXX:2 GATT 1947.

[41] *Jackson*, The World Trading System, Cambridge (USA) und London 1989, S. 52 spricht sogar von einer "Balkanization" des GATT-Systems.

der Vertragsparteien beeinträchtigte die Transparenz der Regeln des Welthandels und führte aufgrund der Vielzahl von freien Entscheidungen der Vertragsparteien über den Beitritt zu den Nebenabkommen nicht zu der gewünschten Weiterentwicklung der rechtlichen Rahmenverpflichtungen des Welthandels. Das GATT-System konnte deshalb die aufkommenden Probleme nicht lösen, wozu die sog. Grauzonenmaßnahmen (Selbstbeschränkungsabkommen), weltweiter Subventionswettlauf, einseitige Maßnahmen großer Handelsmächte, die Schwerfälligkeit der Streitbeilegung sowie die fehlende Einbeziehung des Handels mit Dienstleistungen und den Schutz geistigen Eigentums zählten. Vor diesem Hintergrund fand die Uruguay-Runde (1986-94) statt, benannt nach dem Land, in dem die achte Handelsrunde eröffnet wurde.[42]

(f) Der Unterschied zwischen GATT 1947 und WTO

Das GATT-System war seit seiner Gründung im Jahre 1947 auf den Handel mit Waren beschränkt und die Streitbeilegung konnte in jeder Phase angesichts des Konsensprinzips von der angegriffenen Vertragspartei verzögert oder gar verhindert werden. Mit dem Ergebnis der Uruguay-Runde beschritten die Vertragsparteien des GATT 1947 einen neuen Weg durch die Gründung der Welthandelsorganisation und den Abschluß von 17 Nebenabkommen (Multilaterale Übereinkommen), die Bestandteil der WTO und damit für alle Mitglieder verpflichtend sind, sowie vier Nebenabkommen (Plurilaterale Übereinkommen), denen die Mitglieder freiwillig beitreten können.[43] Die WTO errichtet somit im Vergleich zum GATT 1947 einen erhöhten einheitlichen Verpflichtungsgrad für ihre Mitglieder, wobei die wichtigsten Neuerungen die Erweiterung des bisherigen Welthandels von Waren[44] auf Dienstleistungen,[45] der Schutz geistigen Eigentums[46] und die Absicherung des erhöhten Normbestands durch eine einheitliche Streitschlichtung sind. Im Unterschied zum GATT 1947 sorgt nunmehr ein fester Zeitplan und die *umgekehrte bzw. negative Konsensentscheidung* dafür, daß ein betroffenes Mitglied die eingeleitete Streitschlichtung

---

[42] Punta del Este-Deklaration, Dokument GATT/1395 vom 25.9.1986.

[43] Vgl. Art. II Abs. 2 und 3 WTOÜ.

[44] Art. I und III GATT 1947.

[45] Art. II Abs. 2 WTOÜ i.V.m. Anlage 1B.

[46] Art. II Abs. 2 WTOÜ i.V.m. Anlage 1C.

nicht mehr verzögern oder aufhalten kann.[47] Zugleich wurde mit der Überwachung der nationalen Handelspolitiken ein das Streitbeilegungsverfahren ergänzender Überwachungsmechanismus (TPRM) geschaffen, welcher der Gefahr der Hinnahme eines Verstoßes aus politischer Rücksichtnahme begegnet, indem er Verstöße in periodischen Abständen eigenständig aufzeigt und dadurch die Mitglieder zur Einhaltung der Handelsregeln anhalten soll. Staaten, welche die Vorteile der neuen Entwicklungsstufe des Welthandels in Anspruch nehmen wollen, können die WTO und ihre inkorporierten Nebenabkommen nur en bloc akzeptieren. Im Gegensatz zum GATT 1947 gibt es keine sog. Großvaterklausel mehr, so daß die Mitglieder verpflichtet sind, ihr nationales Recht vollständig in Einklang mit den WTO-Übereinkommen zu bringen.[48] Im Vergleich zur geplanten ITO der Havanna Charter von 1948 hat die WTO keine Kompetenzen im Bereich von Rohstoffabkommen und internationalen Wettbewerb.

Die neue Welthandelsordnung knüpft insgesamt an das GATT 1947 an und reflektiert weiterhin auf Wachstum als Garanten für eine allgemeine Wohlstandsmehrung in allen Mitgliedstaaten. Die WTO entstand in einer Zeit, in der auch der Generalsekretär der VN eine Agenda für Entwicklung (Agenda for Development)[49] vorlegte, worin er das wirtschaftliche Wachstum als den wichtigsten Motor der Entwicklung[50] und diese als ein grundlegendes Menschenrecht und die sicherste Grundlage für den Frieden hält.[51] Nach Schätzung der Vereinten Nationen sollte der Umfang des Welthandels infolge des Ergebnisses der Uruguay-Runde um bis zu 50 Milliarden US Dollar zunehmen.[52]

---

47 Art. 6 Abs. 1 DSU: "Falls die beschwerdeführende Partei dies beantragt, wird ein Panel ... eingesetzt, ... sofern das DSB auf dieser Sitzung nicht durch Konsens beschließt, kein Panel einzusetzen." Vgl. für die Annahme des Panel-Berichts Art. 16 Abs. 4 und Annahme des Panel-Berichts des Berufungsgremiums Art. 17 Abs. 14 DSU; *Jackson*, Observations Sur Les Resultats Du Cycle De L'Uruguay, RGDIP 1994,675,686: "consensus négatif".

48 Art. XVI Abs. 4 WTOÜ.

49 Agenda für Entwicklung, deutsche Übersetzung der Vereinten Nationen, Generalversammlung A/48/935 vom 6. Mai 1994.

50 Agenda für Entwicklung, Fn 49, Ziffern 41 bis 67.

51 Agenda für Entwicklung, Fn 49, Ziffern 3.

52 Agenda für Entwicklung, Fn 49, Ziffern 186.

2.2. Die Welthandelsorganisation (WTO)

Die Welthandelsorganisation (WTO) erhält durch Art. VIII Abs. 1 WTOÜ[53] den Status einer internationalen Organisation mit eigener Rechtspersönlichkeit. Als partielles Völkerrechtssubjekt ist sie Träger von Rechten und Pflichten, soweit dies zur Erfüllung ihrer Aufgaben notwendig ist. Die WTO bildet den *"gemeinsamen institutionellen Rahmen"* für die Wahrnehmung der zwischenstaatlichen Handelsbeziehungen ihrer Mitglieder in Angelegenheiten im Zusammenhang mit den in den Anlagen des WTO-Übereinkommens enthaltenen Übereinkommen und dazugehörigen Rechtsinstrumenten.[54] Ihre vier satzungsgemäßen Aufgaben sind: die Betreuung der in Anlage zum WTO-Übereinkommen befindlichen Multilateralen und Plurilateralen Handelsübereinkommen, die Funktion eines Forums für Verhandlungen und künftige Handelsrunden zwischen den Mitgliedern über deren multilaterale Handelsbeziehungen, die Streitschlichtung (DSU) sowie die Durchführung des Verfahrens zur Überprüfung der Handelspolitiken (TPRM).[55]

Die sog. Multilateralen Handelsübereinkommen in den Anlagen 1, 2 und 3 sind Bestandteil des WTO-Übereinkommens und für alle Mitglieder der WTO verbindlich.[56] In diesen Anlagen befinden sich die Übereinkommen zu drei Handelsbereichen: dem Warenhandel, dem Dienstleistungshandel sowie dem Schutz geistigen Eigentums. Die sog. Plurilateralen Handelsabkommen in Anlage 4 sind nur für jene Mitglieder Bestandteil des WTO-Übereinkommens und verbindlich, die sie angenommen haben.[57] Diese sind: das Übereinkommen über den Handel mit Zivilluftfahrzeugen, das Übereinkommen über das öffentliche Beschaffungswesen, die internationale Übereinkunft über Milcherzeugnisse sowie die Internationale Übereinkunft über Rindfleisch.

---

[53] Gesetz zu dem Übereinkommen vom 15. April zur Errichtung der Welthandelsorganisation und zu Änderung anderer Gesetze, BGBl. II 1994,1438 ff. Der deutsche Bundestag hat am 29.6.1994 den Gesetzentwurf der Bundesregierung zu dem Übereinkommen von Marrakesch über die Errichtung der WTO angenommen und die nichtratifizierungsbedürftigen Teile des Abkommens zur Kenntnis genommen. Vgl. Woche im Bundestag (wib) Nr. 14/1994, S. 45.

[54] Art. II Abs. 1 WTOÜ.

[55] Art. III Abs. 1 bis 4 WTOÜ.

[56] Art. II Abs. 2 WTOÜ.

[57] Art. II Abs. 3 WTOÜ.

Die WTO ist somit ein Regierungsforum für Handelsfragen mit einem gegenüber dem GATT 1947 erhöhten gemeinsamen Mindestverpflichtungsgrad ihrer Mitglieder, der durch einen Überwachungsmechanismus und ein einheitliches Streitbeilegungsverfahren abgesichert wird. Die Bündelung aller Handelsabkommen unter dem Dach einer neuen Welthandelsorganisation ist eine institutionelle Stärkung des multilateralen Handelssystems, was ein wichtiges Ziel der Uruguay-Runde war. Durch die Verwaltung von allen Übereinkommen durch dieselben Organe soll der innere Zusammenhang zwischen allen Texten gewahrt bleiben.[58] Gerade die Rechte auch der kleineren Handelspartner, insbesondere der Entwicklungsländer, werden damit formell gestärkt. Die organisatorische Stärkung des Welthandelssystems sowie die Erhöhung des Verpflichtungsgrades seiner Mitglieder fördert die Rechtssicherheit im zwischenstaatlichen Handel durch die Herstellung von Vorhersehbarkeit und Begrenzung von nationalstaatlicher Macht und Willkür in den Außenhandelsbeziehungen. Wie zuvor das GATT 1947 bildet nun die WTO den Ordnungsrahmen für die kontinuierliche Anpassung an neue Bedürfnisse des Welthandels als Voraussetzung eines geordneten und friedlichen Wandels. Dieser kollektiven Rechtsfortbildungsfunktion der Mitglieder kommt neben der Schutzfunktion eine wachsende Bedeutung zu.[59]

Im Gegensatz zu den Europäischen Gemeinschaften verfügt die WTO über kein eigenes dynamisches Instrumentarium, wie z.B. Verordnungen und Entscheidungen, das unmittelbar in den Mitgliedstaaten eine Rechtsänderung gegenüber dem Bürger bewirken kann. Die WTO besitzt weder das Initiativrecht auf Eröffnung von Verhandlungen für neue multilaterale Handelsabkommen, noch zur Einleitung eines Streitbeilegungsverfahrens wegen Verstößen gegen die Regeln der von ihr verwalteten Handelsübereinkommen. Genau wie im GATT 1947 kann auch in der WTO ein Streitbeilegungsverfahren nur auf Antrag eines Mitgliedes eingeleitet wird. Es ist also weiterhin der Beurteilung und der Initiative der Mitglieder überlassen, ob es zur Feststellung eines Pflichtverstoßes kommt.[60]

---

[58] *Jansen*, Die neue Welthandelsorganisation (World Trade Organization - WTO), EuZW 1994,333,334.

[59] *Benedek*, Fn 2, S. 77 ff zum GATT.

[60] *Jansen*, Fn 58, EuZW 1994,333,335. Zur Zulässigkeit von einseitigen Handelssanktionen nach Sektion 301 *Trade Akt (1974)* siehe Abschnitt 3.1.1.(d).

(a) Die Multilateralen Handelsübereinkommen

Die Welthandelsorganisation verwaltet nach Art. II WTOÜ die in Anlage befindlichen 17 Multilateralen Handelsübereinkommen, die für alle Mitglieder der WTO verbindlich sind. Dazu gehören: (1.) die Übereinkommen über den Handel mit Waren[61] - insbesondere das GATT 1994 -, (2.) das Allgemeine Übereinkommen über den Handel mit Dienstleistungen (GATS)[62] samt Anlagen, (3.) das Übereinkommen über handelsbezogene Aspekte der Rechte geistigen Eigentums (TRIPS),[63] (4.) die Absicherung aller Übereinkommen durch die Vereinbarung über Regeln und Verfahren zur Beilegung von Streitigkeiten (DSU)[64] sowie (5.) das Verfahren zur Überprüfung der Handelspolitiken (TPRM).[65]

(aa) Die Warenabkommen, insbes. das GATT 1994

Von den 13 Übereinkommen über den Handel mit Waren[66] ist das Allgemeine Zoll- und Handelsabkommen von 1994 (GATT 1994)[67] das bekannteste. Das GATT 1994 ist kein neues Abkommen mit einem neuen Text, sondern besteht nach Anlage 1A des WTO-Übereinkommens aus vier Teilen: (1.) dem Allge-

---

61 Multilateral Agreements on Trade in Goods, Anlage 1A zum WTO-Übereinkommen.

62 General Agreement on Trade in Services (GATS) Anlage 1B zum WTO-Übereinkommen, in englischer Orginalfassung, BGBl. II 1994,1473 ff, in deutscher Übersetzung BGBl. II 1994,1643 ff.

63 Agreement on Trade-Related Aspects of Intellectual Property Rights (TRIPS), Anlage 1C zum WTO-Übereinkommen, in englischer Orginalfassung, BGBl. II 1994,1565 ff, in deutscher Übersetzung BGBl. II 1994,1730 ff.

64 Understanding on Rules and Procedures Governing the Settlement of Disputes, auch bezeichnet als Dispute Settlement Understanding (DSU), Anlage 2 zum WTO-Übereinkommen, in englischer Orginalfassung, BGBl. II 1994,1598 ff, in deutscher Übersetzung BGBl. II 1994,1749 ff.

65 Trade Policy Review Mechanism (TPRM), Anlage 3 zum WTO-Übereinkommen.

66 General Agreement on Tariffs and Trade 1994, Agreement on Agriculture, Agreement on the Application of Sanitary and Phytosanitary Measures, Agreement on Textiles and Clothing, Agreement on Technical Barriers to Trade, Agreement on Trade-Related Investment Measures, Agreement on Implementation of Article VI of the General Agreement on Tariffs and Trade 1994, Agreement on Implementation of Article VII of the General Agreement on Tariffs and Trade 1994, Agreement on Preshipment Inspection, Agreement on Rules of Origin, Agreement on Import Licensing Procedures, Agreement on Subsidies and Countervailing Measures, Agreement on Safeguards.

67 Abgedruckt in EuZW 1994,342.

meinen Zoll- und Handelsabkommen von 1947[68] in der zum Zeitpunkt der Errichtung der WTO geltenden Fassung, ohne Berücksichtigung des Protokolles über die provisorische Anwendung, (2.) den Rechtsinstrumenten, die unter dem GATT 1947 bis zur Errichtung der WTO in Kraft traten,[69] (3.) sechs Interpretationserklärungen zu Artikeln des Allgemeinen Abkommens[70] und (4.) dem Protokoll zu Marrakesch vom 15.4.1994, das in seiner Anlage die Zugeständnislisten der Uruguay-Runde in bezug auf den Warenhandel enthält. Der genaue Inhalt des GATT 1994 stand deshalb erst zum Zeitpunkt der Errichtung der WTO fest,[71] weil erst dann alle Rechtsinstrumente des GATT 1947 sowie die Zugeständnislisten der Gründungsmitglieder feststanden. Das GATT 1994 ist gemäß Art. II Abs. 4 WTOÜ rechtlich unabhängig ("legally distinct") vom GATT 1947. Aus der rechtlichen Selbständigkeit folgt, daß beiden konzeptionell ein unterschiedlicher Mitgliederkreis angehören kann.[72] Die Beibehaltung der überkommenen GATT-Praxis ist jedoch ausdrücklich in Art. XVI Abs. 1 WTOÜ vorgesehen. Da das GATT 1994 die inhaltlichen Bestimmungen des GATT 1947 inkorporiert und nur durch sechs Interpretationserklärungen modifiziert, besteht auch kein Anlaß, die bisherige GATT-Praxis zu ändern.

(bb) Das Dienstleistungsabkommen (GATS)

Während die Entwicklungsländer in Vorbereitung der Uruguay-Runde eine Kompetenz des GATT 1947 für Dienstleistungen ablehnten, glaubten die USA eine Zuständigkeit auf die Präambel in Verbindung mit Art. XXV stützen zu

---

[68] General Agreement on Tariffs and Trade vom 30.10.1947, Annex zur Final Act angenommen durch Beschluß auf der zweiten Sitzung des Preparatory Commitee der United Nations Conference on Trade and Employment.

[69] Protokolle und Listen von Zollkonzessionen, Beitrittsprotokolle, Ausnahmeentscheidungen nach Art. XXV und andere Entscheidungen der VERTRAGSPARTEIEN nach dem GATT 1947.

[70] Artt. II:1(b) Einbeziehung von nichttarifären Handelshemmnissen in die Zugeständnislisten, XVII Staatshandelsunternehmen, XII, XVIII:B (sowie Declaration on Trade Measures taken for Balance-of-Payments Purposes von 1979) Importbeschränkungen aus Zahlungsbilanzschwierigkeiten, XXIV Zollunionen und Freihandelszonen, XXV:5 Ausnahmen (*"waivers"*) sowie XXVIII Änderung von Zugeständnissen.

[71] *Porges*, General Agreement on Tariffs and Trade: Multilateral Trade Negotiations Final Act embodying the Results of the Uruguay Round of Trade Negotiations, Introductory Note, ILM 1994,1125,1127.

[72] *Ipsen/Haltern*, Fn 31, RIW 1994,717,719; *Jansen*, Fn 58, EuZW 1994,333,334; *Wartenweiler*, Ein Markstein der Weltwirtschaftsgeschichte, Zum Verhandlungsabschluß der Uruguay-Runde, VN 1994,87,88.

können. Als Kompromiß wurden die Verhandlungen über den Dienstleistungsbereich außerhalb des GATT parallel zu den Verhandlungen über den Warenbereich geführt,[73] damit eine Aufrechnung von Zugeständnissen zwischen den Bereichen Dienstleistungen und klassischer Güterhandel ausgeschlossen war.[74] Mit dem Allgemeinen Übereinkommen über den Handel mit Dienstleistungen (GATS) im Rahmen der WTO wird erstmals ein multilaterales Abkommen über Dienstleistungen abgeschlossen und die Regelung des Welthandels von Waren auf Dienstleistungen ausgedehnt. Der Handel mit Dienstleistungen erreichte 1992 mit einem Exportvolumen von 1 Billion US-Dollar einen Anteil von 22 % des Welthandels.[75]

Das Dienstleistungsabkommen besteht aus drei Teilen: einem Rahmenabkommen, Anlagen und Länderlisten. Das Rahmenabkommen enthält allgemeine Bestimmungen und Definitionen. Es erfaßt alle Dienstleistungen außer solchen in Ausübung öffentlicher Hoheitsgewalt und bezieht sich nur auf staatliche Maßnahmen.[76] Der zentrale Grundsatz der Meistbegünstigung gewährleistet dabei nur die Nichtdiskriminierung zwischen ausländischen Anbietern, erlaubt aber noch keinen Marktzugang.[77] Eine spezielle Anlage ermöglicht jedoch Länderlisten mit individuellen Abweichungen vom Gebot der Meistbegünstigung, wonach eine unterschiedliche Behandlung von ausländischen Anbietern bis längstens 10 Jahre aufrechterhalten werden kann.[78] Eine konkrete Verpflichtung zu Marktzugang und Inländergleichbehandlung[79] besteht nur für die von einem Mitglied in einer Länderliste ausgewählten Sektoren mit der Mög-

---

[73] *Benedek*, Fn 2, S. 273 f.

[74] *Borchmann*, Fn 39, RIW 1987,444,446.

[75] *Barth*, Das Allgemeine Übereinkommen über den internationalen Dienstleistungshandel (GATS), EuZW 1994,455 m.w.N. Deutschland hatte daran einen Anteil von 64 Milliarden US-Dollar (1992). Von den 7 Millionen Beschäftigten der deutschen Exportwirtschaft sind etwa 2,5 Millionen, d.h. etwa ein Drittel, im Dienstleistungssektor tätig.

[76] Art. I Abs. 1 und Abs. 3b GATS.

[77] Art. II Abs. 1 GATS.

[78] Art. II GATS und Punkt (6) Anlage zu Ausnahmen von Art. II GATS. Beantragte Ausnahmen nach Errichtung der WTO werden nach Art. IX Abs. 3 WTOÜ (*"waiver"*) behandelt. Vgl. *Hauser/Schanz*, Das neue GATT, Die Welthandelsordnung nach Abschluß der Uruguay Runde, München und Wien 1995, 196 ff; *Barth*, Fn 75, EuZW 1994,455,458 f.

[79] Art. XVII GATS.

lichkeit von sektorspezifischen Vorbehalten.[80] Es gibt somit zwei Arten von Länderlisten: zum einen die Ausnahmen von der Meistbegünstigung nach Art. II Abs. 2, zum anderen die konkreten Verpflichtungen auf Marktzugang mit Vorbehalten nach Art. XVI GATS. Sie alle werden Gegenstand künftiger Handelsrunden sein. Dabei wird nicht um Zollsätze, sondern um staatliche Regulierungen verhandelt werden. Das Dienstleistungsabkommen bietet somit erstmalig transparente Rahmenbedingungen und ein Forum zur schrittweisen Liberalisierung des Handels mit Dienstleistungen mit dem Ziel einer eine besseren Ausnutzung der weltweit vorhanden Wachstumspotentiale der Dienstleistungswirtschaft.

(cc) Das Abkommen zum Schutz geistigen Eigentums (TRIPS)

Gerade der Schutz geistigen Eigentums weltweit war nicht selbstverständlich, schützt er doch vordergründig zuerst die wirtschaftliche Position der Staaten, die derzeit über mehr Potenzen für Erfindungen verfügen. Während die Entwicklungsländer ein Interesse an einem freien Zugang zu allem Wissen haben, wollen die Industriestaaten die Forschungskosten als Teil der Investitionskosten ihrer Unternehmen im weltweiten Wettbewerb durch den Schutz geistigen Eigentums absichern. Als die Entwicklungsländer mit ihrer Stimmenmehrheit beim Entwurf des Seerechtsübereinkommen der Vereinten Nationen (SeeRÜ) von 1982[81] bezüglich der Meeresbodennutzung eine Durchlöcherung des Schutzes geistigen Eigentums in Form des zwangsweisen Technologietransfers in die Dritte Welt durchsetzten,[82] hielt dies viele Industriestaaten von der Ratifikation ab.[83] Um doch noch eine Regelung der in absehbarer Zeit möglichen Meeresbodennutzung zu erreichen, einigte man sich in einem Durchführungsabkommen zum Teil XI des Seerechtsübereinkommens (Tiefseebergbau) von 1994,[84] die Technologietransferverpflichtung an die übrigen Vertragsnehmer

---

[80] Art. XVI GATS; vgl. die funktionale Darstellung von *Errens*, Auswirkungen des GATS-Abkommens auf den Beruf des Rechtsanwaltes, EuZW 1994,460 ff.

[81] BGBl. II 1994,1799 ff, am 16.11.1994 in Kraft getreten.

[82] Art. 144 Abs. 2 SeeRÜ.

[83] Vgl. *Eitel*, Eine Konvention zur friedlichen Nutzung der Meere, das Seerechtsübereinkommen der Vereinten Nationen, EA 1994,701,702.

[84] BGBl. II 1994,2566 ff; United Nations, General Assembly A/Res/48/236. Die Bundesregierung war nach Art. 2 des Zustimmungsgesetzes zum Seerechtsübereinkommen, BGBl. II 1994,1798, ermächtigt, durch Rechtsverordnung das Durchführungsabkommen in Kraft zu setzen, sofern es nach Zielsetzung, Inhalt und Art der Regelung dem Entwurf

auf die nicht am Markt erhältlich Technologie "im Einklang mit dem wirksamen Schutz der Rechte des geistigen Eigentums" zu beschränken.[85]

Das zu gleicher Zeit entstandene Übereinkommen zum Schutze des geistigen Eigentums (TRIPS) von 1994 im Rahmen der WTO sieht materielle Mindestnormen für den Schutz aller Formen geistiger Eigentumsrechte vor, u.a. für Patente (20 Jahre), Urheberrechte (50 Jahre), Marken (sieben Jahren mit unbefristeten Verlängerungsmöglichkeiten), Halbleiter-Topographien (10 Jahre). Das TRIPS-Abkommen beinhaltet die wesentlichen Regeln der von der Weltorganisation für geistiges Eigentum (WIPO)[86] ebenfalls in Genf verwalteten Pariser Konvention (1883)[87] und der Berner Konvention (1886),[88] enthält aber erstmals die Verpflichtung zur innerstaatlichen Durchsetzung dieser Rechte für die Mitglieder der WTO.[89] Hier haben die Industriestaaten im sog. "package-deal" einen Sieg davongetragen, der sie im Gegenzug zu Investitionen in den Entwicklungsländern ermutigen soll, da sie nach Umsetzung des normierten Schutzes keine Raubkopien mehr zu befürchten haben. Zudem kann heute niemand voraussehen, wo die Erfinder des nächsten Jahrhunderts zu finden sein werden.[90]

---

einer dem Bundestag vorgelegen Fassung (Bundestag-Drucksache 12/7829) entspricht. Die Rechtsverordnung findet sich in BGBl. II 1994,2565.

85 Art. 1 Durchführungsabkommen, Anlage Abschnitt 5 (1) (b). Zugleich finden nach Anlage 6 (1) (b) auf den Tiefseebergbau die Bestimmungen des GATT 1947 und der WTO mit ihren Nebenabkommen Anwendung. Die Produktionsbeschränkungen für den Tiefseebergbau zum Schutz der Landproduzenten - was überwiegend die Entwicklungsländer sind - wurden u.a. nach Anlage 6 (1) (c) durch das Verbot von GATT- bzw. WTO-widrigen Subventionen ersetzt. Bei einem Streit über die Verletzung dieser Regeln kann der benachteiligte Staat gemäß Anlage 6 (4) entweder nach Anlage 6 (1) (g) von dem Rat der Internationalen Meeresbodenbehörde geeignete Maßnahmen verlangen oder nach Anlage 6 (1) (f) ein Streitbeilegungsverfahren durchführen. Wenn alle beteiligten Vertragsparteien des SeeRÜ auch Vertragsparteien des GATT 1947 oder Mitglieder der WTO sind, sind deren Streitbeilegungsverfahren maßgebend. Andernfalls sind die Streitbeilegungsverfahren des SeeRÜ maßgebend.

86 World Intellecutal Property Organization (1970), September 2000: 175 Mitglieder.

87 Pariser Verbandsübereinkunft zum Schutze des gewerblichen Eigentums (1883), letztmals revidiert (1967).

88 Berner Übereinkunft zum Schutze von Werken der Literatur und Kunst (1886), letztmals revidiert (1991).

89 Teil III, Artt. 41 ff TRIPS-Abkommen; *Barth*, Die Handelsregeln der neuen Welthandelsorganisation, NJW 1994,2811,2812; *Wartenweiler*, Fn 72, VN 1994,87,91 f.

90 *Wartenweiler*, Fn 72, VN 1994,87,91.

(b) Die Grundprinzipien des Welthandels

Das WTO-Übereinkommen enthält im Unterschied zur gescheiterten ITO keine materiellen Handelsregeln. Die materiellen Regeln des Welthandels sind in den Multilateralen und Plurilateralen Handelsübereinkommen enthalten. Der Welthandel beruht danach auf den beiden Grundsätzen der Nichtdiskriminierung und der Reziprozität.

Das Gebot der *Nichtdiskriminierung* besitzt zwei Ausprägungen, die Meistbegünstigung beim Grenzübertritt und die Inländergleichbehandlung nach dem Überschreiten der Zollgrenze. *Meistbegünstigung* (Most-Favored-Nations Treatment, MFN) verlangt, daß eine zwischen zwei Mitgliedern der WTO vereinbarte Handelsvergünstigung auch allen anderen Mitgliedern bedingungslos gewährt wird.[91] Handelsvergünstigungen (concessions) sind vor allem ausgehandelte Zölle, die ein Mitglied der WTO nach ihrer Reduzierung und Festlegung in sog. GATT-Listen bzw. GATS-Listen (schedules) nicht mehr einseitig ändern darf.[92] Inzwischen haben die USA wie auch die EG über 90% ihrer Zolltarife gebunden[93]. Dies bedeutet jedoch nicht, daß der Einfuhrzoll für eine bestimmte Ware von allen Mitgliedern der WTO gleich sein muß. Jedes Mitglied muß seinen individuellen Zoll nur gleichmäßig gegenüber allen anderen Mitgliedern anwenden.

Die WTO-Übereinkommen (und das GATT 1947) errichten jedoch keine absolut einheitliche Ordnung, sondern beide erlauben eine Menge abweichender Ausnahmen von der Meistbegünstigung in Form von historischen Präferenzen,[94] Notstandsregeln,[95] Freihandelszonen und Zollunionen,[96] zugestandene Ausnahmen[97] sowie Präferenzen zugunsten der Entwicklungsländer.[98] Die als

[91] Art. I Abs. 1 GATT und Art II Abs. 1 GATS. Vgl. *Barton/Fisher*, Fn 30, S. 144.

[92] Vgl. Art. II Abs. 1 (b) GATT.

[93] *v. Bogdandy*, Eine Ordnung für das GATT, RIW 1991,55,57.

[94] Artt. I und XIV:5b GATT zugunsten des British Commonwealth.

[95] Zahlungsschwierigkeiten Art. XIV, unvorhersehbare Warenflut Art. XIX, Allgemeine Ausnahmen u.a. zum Schutze der Gesundheit und Umwelt Art. XX, nationale Sicherheit Art. XXI und Suspension von Zugeständnissen aufgrund einer Streitbeilegung Art. XXIII GATT bzw. DSU.

[96] Art. XXIV GATT.

[97] Art. IX Abs. 3 und 4 WTO, Art. XXV:5 GATT 1947.

[98] Artt. XXXVI und XXXVII GATT.

Ausnahmevorschriften eng auszulegenden Durchbrechungen der Meistbegünstigung dienen der Grundintention, den zwischenstaatlichen Handel trotz sich wandelnder Umstände weiterhin zu ermöglichen.[99] Das Gebot der *Inländergleichbehandlung* verlangt, daß die ausländischen Waren bzw. Dienstleistungen hinsichtlich der absatzrelevanten Rechtsvorschriften nicht schlechter gestellt werden dürfen als gleichartige Waren bzw. Dienstleistungen inländischer Herkunft.[100]

Reziprozität begehrt "auf der Grundlage der Gegenseitigkeit und zum gemeinsamen Nutzen" eine Gegenleistung für ein Handelszugeständnis.[101] Im englischen Originaltext heißt es dazu: "on a reciprocal and mutually advantageous basis". Da "mutual" eher mit "wechselseitig" zu übersetzen ist, sind die Verhandlungen auf der Grundlage der Gegenseitigkeit und des wechselseitigen Vorteils zu führen. Die Reziprozität ist deshalb dahingehend zu verstehen, daß alle beteiligte Mitglieder aus dem Verhandlungsergebnis einen Vorteil ziehen sollten. Da kein Mitglied die eigenen handelsbeschränkenden Maßnahmen aus einer rein karitativer Gesinnung heraus verringert, um anderen Staaten ihren Handel zu erleichtern, bietet die Reziprozität einen Anreiz zum Abbau von Handelsschranken, denn die verhandelnden Gegenparteien müssen ebenfalls eine Handelserleichterung gewähren. Dabei sollten die von den einzelnen Mitgliedern eingeräumten Zugeständnisse gleichwertig zueinander sein.[102]

Die WTO und ihre Übereinkommen begründen keine Freihandelszone durch Beseitigung aller Zölle und nichttarifären Handelshemmnisse, sondern sie

---

[99] *Brößkamp*, Fn 3, S. 62.

[100] Art. III Abs. 4 GATT und Art. XVII Abs. 1 GATS.

[101] Vgl. Präambeln der WTO und des GATT 1947 sowie 1994, Art. XXVIII:2 und Art. XXVIII bis:1 GATT. Ein Ausdruck der Gegenseitigkeit ist auch die Zulassung von Gegenmaßnahmen gegen Schutzmaßnahmen nach Art. XIX GATT. Diese Vorschrift erlaubt einem Mitglied, das von Schutzmaßnahmen eines anderen Mitglieds gegen bestimmte Importwaren betroffenen ist, nach dem Scheitern von Verhandlungen die Zurücknahme von Zugeständnissen oder Verpflichtungen. Die Hinzufügung des Adjektivs "gleichwertiger" Zugeständnisse deutet daraufhin, daß es sich bei den Gegenmaßnahmen nicht um gleichartige Maßnahmen handeln muß. Vgl. *Brößkamp*, Fn 3, 63 ff. Art. XIX Abs. 1 Satz 3 GATS: "..., die Interessen aller Beteiligten auf der Grundlage des gemeinsamen Nutzens zu fördern und ein insgesamt ausgeglichenes Verhältnis von Rechten und Pflichten zu gewährleisten." und Art. XXI Abs. 2 Satz 2 GATS: "... bemühen sich die Mitglieder, ein allgemeines Maß gegenseitiger vorteilhafter Verpflichtungen aufrechtzuerhalten ..."

[102] *Brößkamp*, Fn 3, S. 66 ff und 85.

sichern nur einen gewissen Grad an Liberalisierung des Welthandels und stellen einen Rahmen für zukünftige Entwicklungen dar. Diesem angestrebten Prozeß liegt allerdings nicht eine reine Freihandelsphilosophie im Sinne eines *"laissez faire"* zugrunde, sondern die Vorstellung einer schrittweisen Liberalisierung, soweit dies für die einzelnen Volkswirtschaften verkraftbar ist.[103] Wesensmerkmal des Welthandelssystems ist, daß die "Spielregeln" des zwischenstaatlichen Handels in sog. Handelsrunden ausgehandelt werden. Jeder neue Liberalisierungsschritt, betreffe er den Abbau von Zöllen oder nichttarifären Handelshemmnissen oder aber die Ausdehnung des Welthandels auf neue Gebiete, muß von dem Konsens aller teilnehmenden Staaten getragen werden. Ziel ist die Schaffung möglichst fairer Wettbewerbsbedingungen auf den Weltmärkten zum Nutzen aller teilnehmenden Staaten. Es ist nicht die Aufgabe des Welthandelssystems, bestimmte Handelsanteile zu sichern, sondern Handelschancen auf der Grundlage gleichwertiger Vorteil zu wahren.[104] In diesem Sinne sichert auch das Streitbeilegungsverfahren der WTO (und des GATT 1947) das ausbalancierte Verhältnis von Handelszugeständnissen in einem geordneten Verfahren.[105]

Die Veränderung der zwischenstaatlichen Handelsregeln kann durchaus Auswirkungen auf die wirtschaftlichen Chancen einzelner Unternehmer und ganzer Industriezweige haben. Billige Importprodukte können Inlandsprodukte verdrängen und die Öffnung von Märkten kann zwar die eigene Exportindustrie fördern, zugleich aber auch deren Produkte in anderen Staaten der Konkurrenz von billigeren Exportprodukten aus Drittstaaten aussetzen. Dabei unterliegt kein Mitgliedstaat einer Handelsregel, der er nicht zuvor zugestimmt hat. Dies

---

[103] *Blankart*, Das Ergebnis der Uruguay-Runde: Ein historischer Markstein, Schlussstein oder Startblock?, Aussenwirtschaft 1994,17,22.

[104] *Benedek*, Fn 2, S. 82 f.

[105] Vgl. Art. 3 Abs. 3 DSU: "Die sofortige Klärung von Situationen, in denen ein Mitglied der Auffassung ist, daß Vorteile, die sich für das Mitglied mittelbar oder unmittelbar aufgrund der unter die Vereinbarung fallenden Übereinkommen ergeben, durch Maßnahmen eines anderen Mitglieds geschmälert werden, trägt wesentlich zum wirksamen Funktionieren der WTO und zur Erhaltung eines ausgewogenen Verhältnisses zwischen den Rechten und Pflichten der Mitglieder bei" und Art. 26 DSU sowie zur Einleitung eines Streitbeilegungsverfahrens nach Art. XXIII:1 GATT: "Ist eine Vertragspartei der Auffassung, daß Zugeständnisse oder sonstige Vorteile, die sich mittelbar oder unmittelbar auf Grund dieses Abkommens für sie ergeben, zunichte gemacht oder geschmälert werden, ..." Vgl. *Benedek*, Fn 2, S. 80 ff zur Streitbeilegung nach Art. XXIII GATT 1947.

entspricht sowohl dem Begriff der Souveränität - nach dem ein souveräner Staat keiner anderen Macht unterworfen ist - als auch dem Wesen des Völkerrechts als Koordinationsrechts. Die Festlegung von Handelsregeln auf völkerrechtlicher Ebene beschränkt dabei die Gestaltungsfreiheit der Regierungen bei der inländischen Wirtschaftspolitik zugunsten der Sicherung eines weltweiten Wettbewerbs.[106] Die Regierung kann zwar weiterhin innerstaatlich und im zwischenstaatlichen Verhalten gegen die Verpflichtungen verstoßen, setzt sich damit jedoch der Sanktion der öffentlichen Feststellung der Pflichtverletzung im Rahmen des Überwachungsmechanismus (TPRM) und dem Streitbeilegungsverfahren (DSU) mit dem Risiko des Verlusts eigener Handelsvorteile aus.

(c) Mitgliedschaft und Beitritt

Die WTO nahm 1994 mit 85 Gründungsmitgliedern ihre Arbeit auf, mittlerweile sind es 138 Mitglieder und 34 Regierungen haben Beobachterstatus.[107] Mitglieder der WTO können nur Staaten, die Europäischen Gemeinschaften sowie gesonderte Zollgebiete sein.[108] Die Schlußakte (Final Act) sieht vor, daß alle Teilnehmer der Uruguay-Runde Mitglied werden können.[109] Die Vertragsparteien des GATT 1947 und die Europäischen Gemeinschaften werden gemäß Art. XI WTOÜ Gründungsmitglieder ("original members") der WTO, sofern ihre Listen über Zugeständnisse und Verpflichtungen zum GATT 1994 (Waren) und GATS (Dienstleistungen) akzeptiert werden. Art. XIV:1 WTOÜ räumt ihnen einen Zeitraum von bis zu zwei Jahren nach Errichtung der Organisation ein, um ihre innerstaatlichen Zustimmungsverfahren für die Ratifikation der WTO-Übereinkommen zu vollziehen und ihren Beitritt ohne Nachverhandlungen zu erklären.[110] Nach Ablauf dieser Schonfrist müssen sie wie alle anderen Staaten und gesonderten Zollgebiete nach Art. XII WTOÜ neue Verhandlungen über den Beitritt führen,[111] in denen Neumitgliedern für die Einräumung der Meistbegünstigung nach dem Prinzip der Reziprozität eine Gegenleistung zur Handelsliberalisierung abverlangt werden kann.[112]

---

[106] *Wartenweiler*, Fn 72, VN 1994,87.

[107] Stand September 2000, Internet (WWW) : "www.wto.org".

[108] Artt. XI (ursprüngliche Mitglieder) und XII WTOÜ (Beitritt).

[109] Punkt 4 Schlußakte der Uruguay-Runde.

[110] *Moore*, The Decisions Bridging the GATT 1947 and the WTO Agreement, 90 AJIL 1996,317,324.

[111] Art. XII Abs. 1 WTOÜ entspricht Art. XXXIII GATT 1947.

[112] *Brößkamp*, Fn 3, S. 74.

Teilnehmer und Nichtteilnehmer der Uruguay-Runde, die noch nicht Vertragspartei des GATT 1947 sind, müssen zuerst diesem beitreten, bevor sie der WTO beitreten können.[113] Beim Beitritt zum GATT 1947 und zur WTO können ihnen jeweils Handelszugeständnisse als "Eintrittsgeld" abverlangt werden. In diesem zweistufigen Beitritt zeigt sich die konzeptionelle Parallelität von GATT 1947 und WTO.

---

[113] Für Teilnehmer ergibt sich dies aus Punkt 5 Schlußakte der Uruguay-Runde und für Nichtteilnehmer aus Punkt 1 Schlußakte der Uruguay Runde, der auf die in Anlage befindlichen Ministerentscheidungen verweise, hierzu Decision on Acceptance of and Accession to the Agreement Establishing the World Trade Organization of 14.4.1994, abgedruckt in ILM 1994,1265-1267. Diese Ministerentscheidung enthält auch Sonderregeln für Teilnehmer der Uruguay-Runde, welche die Voraussetzungen einer Mitgliedschaft nicht ohne weiteres erfüllen, vgl. dazu näher *Ipsen/Haltern,* Fn 31, RIW 1994, 718,721 und *Porges*, Fn 71, ILM 1994,1125,1130 f.

2.3. Der Übergang vom GATT 1947 zur WTO

Die Schlußakte der Uruguay-Runde (Final Act) vom 15.12.1993 enthält weder einen definitiven Zeitpunkt für die Errichtung der WTO noch Bestimmungen für den Übergang vom GATT 1947 zur WTO. In Punkt 5 wird es für wünschenswert gehalten, daß das Übereinkommen zur Errichtung der WTO "am 1.1.95 oder so früh wie möglich danach in Kraft tritt." Aus dieser Formulierung wird deutlich, daß die Teilnehmer zum Zeitpunkt des Abschlusses der Verhandlungsrunde weder das genaue Datum der Errichtung festlegen noch die Errichtung von einer bestimmten Anzahl von Ratifikationsurkunden abhängig machen wollten. Vielmehr sollte die WTO erst ins Leben gerufen werden, wenn ein hinreichend repräsentatives Handelsvolumen durch die bereits ratifiziert habenden Mitglieder vorhanden ist. Im Vergleich dazu sollte das Handels- und Zollabkommen von 1947 erst in Kraft treten, nachdem es von einer Anzahl von Staaten und Gebieten angenommen wurde, die 85 % des Handelsvolumens aller zur Annahme berechtigten Staaten und Gebiete repräsentierten.[114] Da die Entwicklungsländer eine vergleichbare Formel für die WTO nicht akzeptieren wollten, blieb es einer für Ende 1994 vorgesehenen Ministerkonferenz vorbehalten, darüber zu befinden, ob die Anzahl der Ratifikationen als ausreichend anzusehen ist, um das kritische Handelsvolumen für ihre Errichtung zu erreichen.[115] Entsprechend einer internen Absprache sollte das WTO-Übereinkommen erst in Kraft treten, wenn eine repräsentative Teilnahme aus allen Wirtschaftsregionen mit einem Welthandelsanteil von mindestens zwei Drittel erreicht war.

Die Teilnehmer der Uruguay-Runde beschlossen auf der Implementierungskonferenz ein Jahr nach Abschluß der Uruguay-Runde am 8.12.1994, die neue Welthandelsorganisation am 1.1.1995 zu errichten,[116] wobei die Staaten, die das WTO-Übereinkommen bereits ratifiziert hatten, über 90% des Welthandels repräsentierten.[117] Um einen geregelten Übergang vom GATT 1947 zur WTO

---

[114] Art. XXVI Abs. 6 und Anlage H GATT 1947.

[115] Vgl. Satz 2 von Punkt 5 der Schlußakte und *Jansen*, Fn 58, EuZW 1994,333,335 f.

[116] FAZ 9.12.94, S. 1.

[117] *Benedek*, Die neue Welthandelsorganisation (WTO) und ihre internationale Stellung, VN 1995,13 ff.

zu gewährleisten, wurde ein Vorbereitungsausschuß für die WTO (PCWTO)[118] unter Vorsitz des damaligen GATT-Generaldirektors *Peter Sutherland* eingesetzt,[119] dessen Unterausschuß für Haushalt, Finanzen und Verwaltung für die Übertragung des Eigentums des ICITO/GATT auf die WTO verantwortlich war.[120] Das Sekretariat der WTO besteht weitgehend aus dem bisherigen GATT-Sekretariat, das seine Rechtsgrundlage in der Interimkommission für die Internationale Handelsorganisation (ICITO) der Havanna-Charter fand.[121] Die ICITO hielt am 8.12.94 ihr letztes Treffen ab und wurde zum 30.6.95 aufgelöst.[122] Das Sekretariat findet von diesem Zeitpunkt an seine Rechtsgrundlage allein in Art. VI WTOÜ.

Von der konzeptionellen Veranlagung könnten die WTO und das GATT 1947 parallel nebeneinander mit unterschiedlichem Mitgliederkreis und unterschiedlichem Verpflichtungsstand existieren.[123] Den Vertragsparteien des GATT 1947 eröffnete sich damit eine Wahlmöglichkeit, ob sie weiterhin auf dem bisherigen Niveau Handel treiben oder den erhöhten Verpflichtungsgrad der WTO akzeptieren wollen. Zwischen den Mitgliedern der WTO würden beide Regelwerke parallel gelten, wobei im Kollisionsfalle nach der völkergewohnheitsrechtlichen "lex posterior"-Grundsatz zwischen den Parteien beider Regelwerke die Regeln der WTO Vorrang vor den Regeln des GATT 1947 beanspruchen.[124] Im Verhältnis von Mitgliedern der WTO und noch nicht beigetretenen Vertragsparteien gilt das GATT 1947 weiter, da beide Parteien diesem

---

118 Preparatory Committee for the World Trade Organization.

119 Decision on the Establishment of the Preparatory Committee for the World Trade Organization of 14.4.1994, ILM 1994,1270-1272.

120 Er ist u.a. verantwortlich für die Übertragung des Eigentums des "ICITO/GATT" nach Punkt 8 (a) (iv) auf die WTO. Die ICITO war die Interimskommission für die Internationale Handelsorganisation (ITO) der Havanna-Charter, die Rechtsgrundlage für den Aufbau des GATT-Sekretariats wurde. Vgl. dazu *Benedek*, Fn 2, S. 211 f und *Senti*, Fn 27, S. 17 und 49. Näher zur Arbeit des PCWTO siehe *Ipsen/Haltern*, Fn 31, RIW 1994,717, 721.

121 Art. XVI Abs. 2 WTOÜ; Siehe näher *Benedek*, Fn 2, S. 74 und 212, *Senti*, Fn 27, S. 49, und *Stoll*, Fn 22, ZaöRV 1994,241,260 f.

122 *Benedek*, Fn 117, VN 1995,13,14.

123 Art. II Abs. 4 WTOÜ ("legally distinct"), siehe Abschnitt 2.2.(a).(aa). sowie das Erfordernis für Nichtvertragsparteien des GATT 1947, zu erst diesem beizutreten, bevor ein Beitritt zur WTO möglich ist nach Punkt 1 Schlußakte der Uruguay-Runde i.V.m. der Ministerentscheidung über die Annahme und Beitritt zum Übereinkommen über die Errichtung der WTO vom 14.4.1994 sowie Punkt 5 Schlußakte der Uruguay-Runde.

124 Vgl. Art. 30 IV a WÜRV.

Vertrag angehören.[125] Jedoch stellte sich hier für die Mitglieder der WTO die Frage, ob sie ihre Zugeständnisse aus den Vereinbarungen der WTO über Waren nach der Meistbegünstigung (MFN) des Art. I:1 GATT 1947 auch jenen Vertragsparteien zukommen lassen müssen, die nicht Mitglied der WTO sind. Auf diesem Wege könnten Vertragsparteien des GATT 1947 als Trittbrettfahrer an Vergünstigungen im Rahmen der WTO partizipieren, ohne eigene Zugeständnisse für einen Beitritt gemacht zu haben und die Mitglieder der WTO würden zusätzliche Verpflichtungen übernehmen, die sich nicht aus den WTO-Übereinkommen ergeben.[126]

Die EG und die USA hinterlegten frühzeitig beim GATT-Sekretariat Erklärungen, daß sie das GATT 1947 nach Errichtung der WTO nicht mehr anwenden wollen.[127] Sobald aber die großen Handelsnationen das GATT 1947 kündigen, sind dessen verbleibende Vertragsparteien faktisch gezwungen, der WTO mit ihren Nebenabkommen beizutreten, um weiterhin Handel auf der Grundlage der Meistbegünstigung betreiben zu können. In dieser Situation einigten sich die VERTRAGSPARTEIEN auf der Implementierungskonferenz im Dezember 1994 in drei Übergangsentscheidungen darauf,[128] die Zugeständnisse der Uruguay-Runde nicht an jene Vertragsparteien des GATT 1947 zu gewähren, die noch nicht der WTO beigetreten sind sowie protektionistische Maßnahmen aufgrund der Regeln der WTO ungeachtet des GATT 1947 zu dulden,[129] im Falle

---

[125] Vgl. Art. 30 IV b WÜRV.

[126] Näher dazu *Moore*, Fn 110, 90 AJIL 1996,317,320 unter Hinweis auf Art. 30 WÜRV.

[127] FOCUS (GATT newsletter) No. 107 (Special Issue), Mai 1994, S. 12.

[128] Decision on Transitional Co-Existence of the GATT 1947 and the WTO Agreement, adopted Dec. 8, 1994, GATT Doc. PC/12-L/7583 (final), abgedruckt in GATT, FOCUS (GATT newsletter), Dec. 1994, S. 4; Decision on Transitional Co-Existence of the Agreement on Implementation of Article VI of the General Agreement on Tarrifs and Trade and the Marrakesh Agreement Establishing the World Trade Organization, adopted Dec. 8, 1994, GATT Doc. PC/13-L/7584 (final) und Decision on Transitional Co-Existence of the Agreement on Interpretation and Application of Articles VI, XVI, and XXIII of the General Agreement on Tariffs and Trade and the Marrakesh Agreement Establishing the World Trade Organization, adopted Dec. 8, 1994 GATT Doc. PC/16-L/7587 (final), auszugsweise abgedruckt und kommentiert in *Moore*, Fn 110, 90 AJIL 1996,317,319 ff.

[129] § 1 der Koexistenzentscheidung, Fn 128: "The contracting parties that are Members of the WTO may, notwithstanding the provisions of the GATT 1947,

(a) accord to products originating in or destined for a Member of the WTO the benefits to be accorded to such products solely as a result of concessions, commitments or other obligations assumed under the WTO Agreement without according such benefits to

einer Verletzung der Bestimmungen des GATT 1947 und des GATT 1994 der Streitbeilegung der WTO jederzeit den Vorrang einzuräumen[130] und das GATT 1947 nur noch ein Jahr oder bei Vorliegen besonderer Umstände zwei Jahre weiter anzuwenden.[131] Da keine Verlängerungsentscheidung wegen besonderer Umstände gefaßt wurde, endete das GATT 1947 mit Ablauf des Jahres 1995.[132]

Die Koexistenzentscheidung ist deshalb zugleich ein gemeinsamer Aufhebungsvertrag ("termination") der kollektiv handelnden Vertragsparteien in Form einer Entscheidung der VERTRAGSPARTEIEN des GATT 1947. Da das GATT 1947 keine internationale Organisation mit eigener Rechtspersönlichkeit darstellt, ist die gemeinsame Entscheidung der VERTRAGSPARTEIEN den einzelnen Vertragsparteien zuzurechnen. Die drohende Kündigung des GATT 1947 seitens der EG und USA eliminierte die konzeptionelle Wahlmöglichkeit zwischen dem Entwicklungsstand des GATT 1947 und der WTO. Diese unerwartete Entwicklung spornte die noch nicht beigetretenen Vertragsparteien des GATT 1947 an, sich mit ihrem Beitritt zur WTO zu beeilen, wenn sie weiterhin (nach 1995) auf der Grundlage der Meistbegünstigung und mit Präferenzen für die Entwicklungsländer Handel treiben wollten.

---

products originating in or destined for a contracting party that has not yet become a Member of the WTO; and

(b) maintain or adopt any measure consistent with the provisions of the WTO Agreement."

130 § 2 der Koexistenzentscheidung, Fn 128: "The provisions of Article XXIII of the GATT 1947 shall not apply:

(a) to disputes brought against a contracting party which is a Member of the WTO if the dispute concerns a measure that is identified as a specific measure at issue in a request for the establishment of a panel made in accordance with Article 6 of the Understanding on Rules and Procedures Governing the Settlement of Disputes in Annex 2 of the WTO Agreement [Dispute Settlement Understanding] and the dispute settlement proceedings following that request are beeing pursued or are completed; and

(b) in respect of measures covered by paragraph 1 above."

131 § 3 der Koexistenzentscheidung, Fn 128: "The legal instruments through which the contracting parties apply the GATT 1947 are herewith terminated one year after the date of entry into force of the WTO Agreement. In the light of unforeseen circum-stances, the CONTRACTING PARTIES may decide to postpone the date of termination by no more than one year."

132 Eine Sonderregelung bis Ende 1996 besteht nur für die Weitergeltung von Streitbeilegungsverfahren des Anti-Dumping- und des Beihilfe-Nebenabkommens der Tokio-Runde, siehe dazu näher *Moore*, Fn 110, 90 AJIL 1996,317,323 ff.

3. Die Außenhandelsverfassung der USA

Gegenstand der Untersuchung sind die Kompetenzverteilung im Außenhandel der USA (Präsident, Kongreß und Gerichte), die Kompetenzen zum Abschluß von völkerrechtlichen Vereinbarungen, insbesondere des GATT 1947 und der WTO-Übereinkommen, deren innerstaatliche Geltung, die unmittelbare Anwendbarkeit, ihr Rang in der Normenhierarchie sowie die Rolle der Gliedstaaten.

3.1. Die Kompetenzverteilung im Außenhandel

Die Vorgaben der Verfassung der USA von 1789 im Bereich des Außenhandels betreffen alle drei Gewalten auf Bundesebene: die Exekutive, die Legislative und die Judikative. Während die Verfassung dem Präsidenten das Abschlußrecht von völkerrechtlichen Verträgen mit Zustimmung des Senats zuweist,[133] gibt sie dem Kongreß die Kompetenz zur Regulierung des Handels mit anderen Nationen[134] und den Gerichten die Jurisdiktion über Streitigkeiten aus völkerrechtlichen Verträgen.[135] Neben den ausdrücklich in der Verfassung zugewiesenen Kompetenzen besitzen die Bundesorgane zusätzlich noch ungenannte Kompetenzen. Während die sog. *implied powers* die einem Bundesorgan ausdrücklich zugewiesenen Kompetenzen ergänzen, um die beabsichtigten Ziele wirksam zu erreichen, sind die sog. *inherent powers* unabhängig von den zugewiesenen Kompetenzen der Natur der Bundesgewalt und des Bundesorgans kraft Amtes eigen.[136] Gerade für den Bereich der auswärtigen Angelegenheiten hat der Supreme Court weite "inherent powers" der Bundesgewalt und der Bundesorgane angenommen.

---

[133] Art. II sec. 2 cl. 2 US-Verfassung; Abschnitt 3.3.1.

[134] Art. I sec. 8 cl. 3 US-Verfassung; Abschnitt 3.3.2.

[135] Art. III sec 2. cl. 1 US-Verfassung; Abschnitt 3.3.3.

[136] Garner, Black's Law Dictionary, 7. Auflage, St. Paul, Minn. 1999, zitiert: Black's Law Dictionary, siehe "power"; vgl. zu "implied powers": McCulloch v. Maryland, 17 U.S. (4 Wheat.) 316,321 (1819); Mackenzie v. Hare, 239 U.S. 299,311 (1915); zu "inherent powers": Myers v. US, 272 U.S. 51, 118 (1926).

Bereits in der Entscheidung *Chinese Exclusion Case* (1889) wird die Regelung der auswärtigen Angelegenheiten als eine souveräne Kompetenz eines unabhängigen Staates angesehen, die in ihrer Ausübung nur durch die Verfassung und politische Erwägungen beschränkt wird.[137] Diese Auffassung wurde in der Entscheidung *US v. Curtiss-Wright Export Corp.* (1936) weiter konkretisiert. Obwohl es darin nicht um eine völkerrechtliche Vereinbarung ging, sondern um die umstrittene Konkretheit eines Ermächtigungsgesetzes des Kongresses für den Erlaß eines Waffenembargos im Gran-Chaco-Krieg (1932-35) in Südamerika durch Präsident *Roosevelt*, erlangte die Urteilsbegründung wegweisende Bedeutung für die über den Verfassungstext hinausgehende auswärtige Gewalt und die in ihm nicht genannten Regierungsabkommen. Die Kompetenzen der Bundesgewalt für innerstaatliche und auswärtige Angelegenheiten sind zwei ihrer Herkunft und ihrer Natur nach unterschiedliche Gewalten. Während die Befugnisse für die innerstaatlichen Angelegenheiten aus der abschließenden Aufzählung in der Verfassung stammen (Enumerationsprinzip), fließen die Kompetenzen in auswärtigen Angelegenheiten unabhängig von der Verfassung aus der souveränen Staatlichkeit ("nationality"), wobei die Ausübung dieser Kompetenzen nur durch die Verfassung beschränkt wird.[138] Im Bereich der

---

[137] Chae Chan Ping v. US, "The Chinese Exclusion Case", 130 U.S. 581,604 (und S. 606) (1889): "While under our Constitution and form of government ... the United States, in their relation to foreign countries ... are one nation, invested with powers which belong to independent nations, the exercise of which can be invoked for the maintenance of its absolute independence and security throughout its entire territory. The powers to declare war, make treaties, ... regulate foreign commerce ... are all sovereign powers, restricted in their exercise only by the Constitution itself and considerations of public policy and justice which control, more or less the conduct of all civilized nations." *Henkin*, Foreign Affairs and the Constitution, 2. Auflage, New York 1996, S. 16 ff, zitiert: Foreign Affairs.

[138] US v. Curtiss-Wright Export Corp., 299 U.S. 304,315 ff (1936): "The broad statement that the federal government can exercise no powers except those specifically enumerated in the Constitution, and such implied powers as are necessary and proper to carry into effect the enumerated powers, is categorically true only in respect of our internal affairs. In that field, the primary purpose of the Constitution was to carve from the general mass of legislative powers *then possessed by the states* such portions as it was thought desirable to vest in the Federal government, leaving those not included in the enumeration still in the states ... [S. 318:] It results that the investment of the federal government with the powers of external sovereignty did not depend upon the affirmative grants of the Constitution. The powers to declare and wage war, to conclude peace, to make treaties, to maintain diplomatic relations with other sovereignties, if they had never been mentioned in the Constitution, would have vested in the federal government as necessary concomitants of nationality ... [S. 320:] but which, of course, like every other

innerstaatlichen Angelegenheiten, deren Regelungskompetenz zuvor allein bei den Gliedstaaten lag, wollte die Verfassung die Kompetenzen zwischen der Bundesgewalt und den Gliedstaaten neu ordnen.[139] Auch wenn der Übergang der Souveränität in bezug auf die auswärtige Gewalt von der Britischen Krone unmittelbar auf die Bundesgewalt historisch zweifelhaft ist, ändert dies nichts an der innerstaatlichen Bindung der tragenden Gründe der Entscheidung.[140]

Die Verfassung gibt somit im Bereich der auswärtigen Angelegenheiten keine Befugniszuweisung für die Bundesgewalt, sondern nur Beschränkungen der Ausübung der auswärtigen Gewalt, die als der Souveränität des Staates immanent angenommen wird. Diese Ansicht stellt eine verfassungsergänzende Auslegung zu Art. X Zusatzartikel der US-Verfassung dar, wonach die Kompetenzen, die durch die Verfassung weder der Bundesgewalt zugewiesen noch den Gliedstaaten verboten sind, den Gliedstaaten oder dem Volke reserviert bleiben.[141]

Die Lokalisierung der auswärtigen Gewalt in der Bundesgewalt (Verbandskompetenz) sagt hingegen noch nichts über ihre Aufteilung zwischen den verschiedenen Bundesorganen (Organkompetenz), insbesondere den sog. "political departments", dem Kongreß und dem Präsidenten. Beide sind nach ameri-

---

governmental power, must be exercised in subordination to the applicable provisions of the Constitution." *Klammerzusätze durch den Verfasser*. Vgl. US v. Belmont, 301 U.S. 324,330 (1937); *Henkin*, The Constitution and United States Sovereignty: A Century of *Chinese Exclusion* and its Progeny, 100 Harvard L.R. 1987,853,858, zitiert: Chinese Exclusion.

[139] US v. Curtiss-Wright Export Corp., 299 U.S. 304,316 f (1936): "By the Declaration of Independence, 'the Representatives of the United States of America' declared the United (not the several) Colonies to be free and independent states, and as such to have 'full Power ... As a result of the separation from Great Britain by the colonies, acting as a unit, the powers of external sovereignty passed from the Crown not to the colonies severally, but to the colonies in their collective and corporate capacity as the United States of America ... [S. 317:] The Union existed before the Constitution, which was ordained and established among other things to form 'a more perfect Union.'" [*Klammerzusatz durch den Verfasser*.]

[140] *Tribe*, American Constitutional Law, 2. Auflage, Mineola, New York, 1988, § 4-3, S. 212 m.w.N.

[141] Art. X Amend. US-Verfassung: "The powers not delegated to the United States by the Constitution, nor prohibited by it to the states, are reserved to the states respectively, or to the people."

kanischem Verständnis gleichwertige Teile der "Regierung" (Government).[142] In dieser Arbeit wird mit (Bundes-) Regierung allerdings alleine die Exekutive bezeichnet.

Der Kongreß als Gesetzgebungsorgan auf Bundesebene mit seinen beiden Kammern - dem Repräsentantenhaus und dem Senat - und der Präsident als Chef der Exekutive haben im Bereich der auswärtigen Angelegenheiten Kompetenzen, die sich in Art und Umfang unterscheiden. Bezüglich der Aufteilung der Kompetenzen in auswärtigen Angelegenheiten zwischen dem Präsidenten und dem Kongreß existiert eine "Zone des Zwielichts" ("zone of twilight"), in der es oft keine scharfen Konturen der Gewaltentrennung (separation of powers) gibt.[143] Während ursprünglich die Kompetenz des Präsidenten angesichts eines schweigenden Kongresses umstritten war (Hamilton v. Madison), ist heute mehr der Allmachtanspruch des Kongresses in auswärtigen Angelegenheiten streitig ("imperial Congress").[144]

3.1.1. Der Präsident

Der Präsident ist die Personifikation der Exekutive.[145] Als Staatshaupt obliegt ihm die Vertretung der USA auf völkerrechtlicher Ebene. Deshalb verfügt er im Bereich der auswärtigen Angelegenheiten über ihm durch die Verfassung ausdrücklich zugewiesene Kompetenzen sowie über nicht ausdrücklich genannte Kompetenzen kraft seines Amtes. Die drei ausdrücklichen Kompetenzen des Präsidenten in äußeren Angelegenheiten sind: die Ernennung von Botschaftern in Beratung und mit Zustimmung des Senats,[146] der Empfang fremder

---

[142] *Pfeil*, Fn 4, S. 25 und 33.

[143] Youngstown Sheet & Tube Co. v. Sawyer, 343 U.S. 579,637 (1952).

[144] *Henkin*, Constitutionalism, Democracy, and Foreign Affairs, Oxford, New York 1990, S. 21 ff und 29 ff, zitiert: Constitutionalism; *Helm-Busch*, Executive Agreements im US-amerikanischen Verfassungsrecht, Köln u.a. 1995, S. 136 ff m.w.N.

[145] Art. II sec. 1 cl. 1 US-Verfassung: "The executive power shall be vested in a President of the United States of America."

[146] Art. II sec. 2 cl. 2 US-Verfassung: "...; and he shall nominate, and by and with the advice and consent of the Senate, shall appoint ambassadors, other public ministers and consuls, ..."

Botschafter[147] und der Abschluß von völkerrechtlichen Verträgen mit Zustimmung des Senates. Die Rechtsterminologie der USA differenziert den internationalen Begriff des völkerrechtlichen Vertrages in zwei nationale Begriffe: die in der Verfassung genannten sog. Verträge ("treaty" und "treaties")[148] und die dort für die Bundesgewalt nicht erwähnten sog. Regierungsabkommen (executive agreements).[149] Zuerst soll die verfassungsrechtliche Verankerung der ausdrücklich genannten Verträge, sodann jene der ungenannten Regierungsabkommen untersucht werden.

(a) Der Abschluß von Verträgen (*Treaty Making Clause*)

Der Präsident hat nach der Vertragsabschlußklausel (Treaty Making Clause) in Art. II Abs. 2 Nr. 2 US-Verfassung das Recht zum Abschluß von völkerrechtlichen Verträgen ("treaties") in Beratung und mit Zustimmung von zwei Drittel der anwesenden Mitglieder des Senats:

> Art. II sec. 2 cl. 2 US-Verfassung: "He shall have the power, by and with the advice and consent of the Senate, to make treaties, provided two-thirds of the Senators present concur; ..."[150]

Der Senat handelt dabei nicht als Teil der Legislative, sondern in einer besonderen Regierungsfunktion, indem er die Interessen der einzelnen Gliedstaaten repäsentiert und wahrt.[151] Die Mitwirkung des Senats ist ein Relikt der Articles of Confederation (1781-89), unter denen der Kongreß mit Zustimmung von

---

[147] Art. II sec. 3 US-Verfassung: "...; he shall receive ambassadors and other public [foreign] ministers; ..." *Klammerzusatz durch Verfasser.*

[148] Der Begriff der Verträge ("treaty" oder "treaties") kommt in der Verfassung viermal vor: Art. I sec. 10 (State Prohibitions), Art. II sec. 2 cl. 2 (Treaty Making Clause), Art. III sec. 2 cl. 1 (Judicial Power Clause), Art. VI cl. 2 US-Verfassung (Supremacy Clause); Vgl. American Law Institute, Restatement of the Law, The Foreign Relations Law of the United States, 3. Auflage, Volume I und II, St. Paul, Minn. 1987, § 303; zitiert: Restatement.

[149] Restatement § 303, Comment (a) benutzt als Oberbegriff für die verschiedenen Arten von Regierungsabkommen die Wendung "international agreements other than treaties".

[150] Übersetzung des Verfassers: "Er soll die Befugnis haben, in Beratung und mit Zustimmung des Senates Verträge zu schließen, sofern zwei Drittel der anwesenden Senatoren zustimmen;"

[151] *Henkin*, Constitutionalism, Fn 144, S. 49 und 59.

neun Gliedstaaten einen Vertrag abschließen konnte.[152] Die Senatoren werden erst seit 1913 unmittelbar gewählt; zuvor wurden sie von den Parlamenten der einzelnen Gliedstaaten (State Legislatures) ausgewählt.[153] Vorschläge für die Beteiligung des Repräsentantenhauses konnten sich in der Verfassungsgebung nicht durchsetzen.[154] Die Beschränkung der Abschlußkompetenz hatte ursprünglich weniger mit einer parlamentarischen Kontrolle zu tun. Der Leitgedanke war ein Minderheitenschutz für die Gliedstaaten und damit der Absicherung des Föderalismusprinzips durch die Rückkopplung an lokale Interessen.[155]

Während die meisten modernen Verfassungen nur die Zustimmung des Parlaments zu dem ausgehandelten Vertragsergebnis vorsehen, verlangt die Verfassung der USA Konsultationen zwischen dem Staatshaupt und dem Senat bereits vor und in der Phase der Aushandlung des Vertrages sowie seine Zustimmung zum Verhandlungsergebnis.[156] Nur vom ersten Präsidenten *George Washington* wird berichtet, daß er im direkten Gespräch mit den Senatoren versucht habe, einige Fragen zum ersten Vertrag der USA mit den Creek Indianern zu klären. Der Senat bestand allerdings darauf, die Angelegenheit in den Ausschüssen ohne den Präsidenten zu diskutieren.[157] In der Verfassungspraxis hat der Präsident den Senat nur wenige Male wegen der schwerfälligen parlamentarischen Einigungsweise schriftlich um Rat ersucht.[158]

Der Präsident hat andere Formen der Beteiligung des Senats in der Verhandlungsphase entwickelt. Um eine Ablehnung des Vertragsinhalts nach Abschluß der Verhandlungen zu verhindern, trifft er sich mit führenden Senatoren, dem Vorsitzenden und anderen Mitgliedern des Auswärtigen Ausschusses (Foreign

---

[152] Art. 9 sec. 1 und 5 Articles of Confederation; siehe Abschnitt 3.3.1.(b).(ee).

[153] Vgl. Art. I sec. 2 cl. 1 und Art. XVII Amend. US-Verfassung.

[154] Edwards v. Carter, 580 F.2d 1055,1060 (D.C.Cir.1978).

[155] *Groß*, Internationale und zwischenstaatliche Verträge im föderalistischen System der USA, AVR 1993,409,414 f m.w.N.

[156] Zur Bedeutung des Begriffs "by and with the Advice and Consent" im 18. Jh. siehe *Hamilton*, The Federalist Paper No. 69, in *Hamilton/Madison/Jay*, The Federalist Papers, New York 1964, S. 419 f; *Bestor*, *Arthur*, "Advice" from the Very Beginning, "Consent" When the End is Achieved, in *Henkin/Glennon/Rogers* (Hg.), Foreign Affairs and the U.S. Constitution, Ardsley-on-Hudson, N.Y. 1990, S. 6,13 f; *Greene*, The Language of the Constitution, New York u.a. 1991, S. 9 ff.

[157] *Henkin*, Foreign Affairs, Fn 137, S. 177 f; *Ackerman/Glove*, Is NAFTA Constitutional?, 108 Harvard L.R. 1995,799,870.

[158] *Henkin*, Foreign Affairs, Fn 137, S. 177 und 446 m.w.N.

Relations Committee) informell zum Gedankenaustausch oder ernennt Senatoren zu Mitglieder der Verhandlungsdelegation. Trotzdem kann die Zustimmung zu einem Vertrag im Senat von innenpolitischen Erwägungen abhängen, die nichts mit dem Vertragsinhalt selbst zu tun haben. Als Kompensation für die nicht stattfindende Beratung während der Verhandlungen kann der Senat seine Zustimmung von Bedingungen abhängig machen oder Interpretationserklärungen und Vorbehalte anfügen, die der Präsident auf völkerrechtlicher Ebene der Ratifikation beifügen muß.[159] Die Zustimmung des Senats ist die Ermächtigung für den Präsidenten, aber keine Verpflichtung, den Vertrag auf völkerrechtlicher Ebene zu ratifizieren.[160]

Die Vertragsabschlußklausel beinhaltet nach dem Konzept der Verfassung eine selbständige Bundeskompetenz, die gleichwertig neben den anderen Bundeskompetenzen - auch den Gesetzgebungsbefugnissen des Kongresses - steht.[161] In einem Vertrag können deshalb grundsätzlich auch Materien aus dem Bereich der Gesetzgebungsbefugnisse des Kongresses unter Ausschluß des Repräsentantenhauses geregelt werden. Seine Beteiligung ist beim Abschluß von völkerrechtlichen Verträgen ("treaties") von der Verfassung nicht vorgesehen. Häufig ist jedoch eine Zweidrittelmehrheit im Senat nicht absehbar oder der Präsident möchte zumindest aus politischer Rücksichtnahme beide Häuser des Kongresses einbeziehen, um die finanziellen Mittel für die Durchführung einer völkerrechtlichen Vereinbarung zu erhalten. In einem solchen Falle wird er frühzeitig auch die Abstimmung mit den Führern des Repräsentantenhauses suchen.[162] Ein Vertrag kann auch über Materien geschlossen werden, für die dem Bund ansonsten keine Kompetenzen zustehen, oder er kann den Kongreß zur

---

[159] *Glennon*, The Senate Role in Treaty Ratification, 77 AJIL 1983,257,263 ff, zitiert: Senate Role; *Henkin*, Constitutionalism, Fn 144, S. 55; Restatement § 314. Die Forderung nach einer Bedingung kommt einem neuen Angebot gleich, Vorbehalte können nur bei multilateralen Verträgen gemacht werden.

[160] Restatement § 303, Comment (d). *Henkin*, Foreign Affairs, Fn 137, S. 184 m.w.N.

[161] Restatement § 302, Comment (d), (e). *Henkin*, Foreign Affairs, Fn 137, S. 188 ff; *Tribe*, Fn 140, § 4-5, S. 227. Vgl. Geofroy v. Riggs, 133 U.S. 258,267 (1890); Edwards v. Carter, 580 F.2d 1055,1058 f (D.C.Cir.1978), cert. denied 326 U.S. 907 (1978).

[162] *Henkin*, Foreign Affairs, Fn 137, S. 195; vgl. Art. I sec. 7 US-Verfassung.

weiteren Gesetzgebung in solchen Bereichen ermächtigen, in denen ihm ansonsten keine Kompetenzen zustehen.[163]

Einschränkend hat der Supreme Court in *Geofroy v. Riggs* (1890) angedeutet, daß ein Vertrag nicht etwas erlauben kann, was die Verfassung verbietet. Über einen Vertrag kann nicht die Regierungsform geändert oder Land ohne die Zustimmung des betroffenen Gliedstaates abgetreten werden.[164] Darüber hinaus wird teilweise vertreten, daß über bestimmte Bereiche der Natur der Sache nach keine unmittelbar anwendbaren völkerrechtlichen Vereinbarungen geschlossen werden können (inherently non self-executing). Diese Annahme impliziert eine Beschränkung der Abschlußkompetenz von Verträgen, jedoch wird dies in der Literatur regelmäßig erst im Rahmen der Frage nach der unmittelbaren Anwendbarkeit diskutiert.[165]

Weder das Allgemeine Handels- und Zollabkommen (1947) noch die WTO-Übereinkommen (1994) wurden im Rahmen der Vertragsabschlußklausel geschlossen, sondern als Regierungsabkommen, deren genaue verfassungsrechtliche Ermächtigung umstritten ist. Während das GATT 1947 dem Kongreß wegen dessen protektionistischen Haltung seinerzeit nicht vorgelegt wurde, erhielten die WTO-Übereinkommen eine parteiübergreifende Mehrheit in beiden Häusern des Kongresses. Die Zustimmung von Demokraten und Republikanern im Senat mit 76 zu 24 Stimmen hätte auch für die erforderliche Zweidrittelmehrheit zu einem Vertrag aufgrund der Vertragsabschlußklausel gereicht.[166] Demgegenüber wäre die Zustimmung zum NAFTA-Abkommen (1993) im Senat mit 61 zu 38 Stimmen dafür nicht ausreichend gewesen.[167]

---

[163] Missouri v. Holland, 252 U.S. 416,432 (1920); Zschernig v. Miller, 389 U.S. 429,441 (1968). Restatement § 302, Comment (d) und § 303, Comment (c). *Henkin*, Foreign Affairs, Fn 137, S. 189 ff. Siehe Abschnitt 3.4.

[164] Geofroy v. Riggs, 133 U.S. 258,267 (1890) obiter dictum m.w.N.; a.A. Edwards v. Carter, 580 F.2d 1055,1059 ff (D.C.Cir.1978) hielt die Abtretung der Panamakanalzone durch unmittelbar anwendbaren Vertrag i.S.d. Vertragsabschlußklausel für verfassungsgemäß.

[165] Siehe Abschnitt 3.3.2.(f).

[166] The New York Times, 2.12.1994, S. A1 und A22 mit namentlichem Abstimmungsergebnis im Senat: 77 Ja-Stimmen, davon 41 Demokraten und 35 Republikaner, 24 Nein-Stimmen, davon 13 Demokraten und 11 Republikaner; 30.11.1994, S. A1 und B10 mit namentlichem Abstimmungsergebnis im Repräsentantenhaus: 288 Ja-Stimmen und 146 Nein-Stimmen.

[167] *Helm-Busch*, Fn 144, S. 58.

(b) Der Abschluß von Regierungsabkommen

Der Präsident der USA hat von Anfang an auch völkerrechtliche Vereinbarungen außerhalb der Vertragsabschlußklausel und ohne Zustimmung des Senats abgeschlossen.[168] Die für die Bundesgewalt ungenannten Regierungsabkommen werden auf völkerrechtlicher Ebene ebenso wie die in der Verfassung genannten Verträge als verbindliche Verträge angesehen. Fraglich ist, woher die in der Verfassung nicht ausdrücklich genannte Kompetenz zum Abschluß von Regierungsabkommen stammt.

Den Verfassungsvätern war durchaus bewußt, daß es völkervertragliche Vereinbarungen zwischen Staaten gibt, die keine Verträge i.S.d. Vertragsabschlußklausel sind. Sie verboten den Gliedstaaten Verträge, Allianzen und Konföderationen ("treaty, alliance or confederation"), erlaubten jedoch andere Vereinbarungen ("any agreement or compact") mit ausländischen Staaten bei Zustimmung des Kongresses.[169] Diese Regelung enthält zwar nur eine Ermächtigung für die Gliedstaaten und nicht für die Bundesgewalt, jedoch wird der Abschluß solcher Vereinbarungen seitens der Bundesgewalt auch nirgends in der Verfassung ausdrücklich ausgeschlossen.

In *US v. Curtiss-Wright Export Corp.* (1936) bestätigt das Gericht die Kompetenz zum Abschluß von Regierungsabkommen als eine der Natur der Bundesgewalt in auswärtigen Angelegenheiten eigene Befugnis (inherent power), wonach die Kompetenz zum Abschluß von Regierungsabkommen unabhängig von der Verfassung aus der Staatlichkeit ("nationality") der USA entspringt.[170]

---

[168] *Byrd*, Treaties and Executive Agreements in the United States, Den Haag 1960, S. 53 f. Beispiele: Act of August 4, 1790, 1 Stat. 138 f, wonach der Präsident durch den Kongreß ermächtigt wird, im Ausland bis zu 12 Million US Dollar zu leihen; Act of February 20, 1792, ch. § 7, 1 Stat. 354,366, wonach der Postminister (Postmaster General) ermächtigt wird, mit ausländischen Staaten Abkommen ("arrangements") für die Postzustellung abzuschließen.

[169] Art. I sec. 10 cl. 1 und 3 (Compact Clause) US-Verfassung, vgl. Abschnitt 3.4.

[170] US v. Curtiss-Wright Export Corp., 299 U.S. 304,318 (1936): " ... the power to make such international agreements as do not constitute treaties in the constitutional sense ... none of which is expressly affirmed by the Constitution, nevertheless exist as inherently inseparable from the conception of nationality." Vgl. Chinese Exclusion Case, 130 U.S. 581,604 (1889); *Henkin*, Chinese Exclusion, Fn 138, 100 Harvard L.R. 1987,853,858; *Kühner*, Executive Agreements im Verfassungsrecht der Vereinigten Staaten, 35 JöR 1986,365,382 nimmt Verfassungsgewohnheitsrecht an.

Die Regierungsabkommen finden somit ihre verfassungsrechtliche Grundlage außerhalb des geschriebenen Verfassungstextes in der Souveränität der USA. Das Zustandekommen der Regierungsabkommen wird allein durch das Verhältnis der Verfassungsorgane auf Bundesebene zueinander bestimmt. Der Präsident besitzt das Verhandlungsmonopol für alle Arten von völkerrechtlichen Vereinbarungen. Er kann dabei drei Arten von Regierungsabkommen abschließen: mit vorheriger oder nachträglicher Zustimmung durch den Kongreß, aufgrund eines Vertrages i.S.d. Vertragsabschlußklausel oder allein kraft seines Amtes.

(aa) Abkommen mit parlamentarischer Zustimmung

Regierungsabkommen mit vorheriger Ermächtigung oder nachträglicher Zustimmung des Kongresses können zu den Bereichen geschlossen werden, die in die Gesetzgebungsbefugnisse des Kongresses oder die Präsidialbefugnisse kraft Amtes fallen (sog. congressional-executive agreements).[171] Wenn der Kongreß die innerstaatliche Gesetzgebungsbefungis hat, dann kann er mit seiner parlamentarischen Zustimmung diesen Bereich auch über eine völkerrechtliche Vereinbarung durch den Präsidenten regeln lassen, die anstelle eines Gesetzes innerstaatliche Geltung entfaltet.[172] Der Präsident kann im Bereich seiner Befugnisse kraft Amtes auch inhaltliche Vorgaben des Kongresses aus politischer Rücksichtnahme beachten, ist darauf aber als Ermächtigung für den Abschluß von Regierungsabkommen nicht angewiesen. In Bereichen, in denen die Abgrenzung der Kompetenzen des Kongresses und des Präsidenten nicht klar ist oder in denen eine Mischlage beider Kompetenzen vorliegt, kann ein gemeinsames Handeln im Wege der legislativen Delegation einem nachträglichen Streit über die Ermächtigungsgrundlage für den Abschluß eines Regierungsabkommens vorbeugen.[173] Die Zustimmung (approval) erfolgt durch ein Bundesgesetz (Act of Congress), das im Gesetzgebungsverfahren in Form eines Gesetzentwurfes (Bill) oder durch eine gemeinsame Entschließung (Joint Resolu-

---

[171] Restatement § 303 (2), Comment (e) und RN 7; *Weston*, Executive Agreement, in Levy/Karst/Mahoney (Hg.), Encyclopedia of the American Constitution, New York und London 1990, Band 1, S. 666,667; a.A. *Henkin*, Foreign Affairs, Fn 137, S. 216 f leitet aus der Souveränität eine unbeschränkte Abschlußkompetenz von Regierungsabkommen mit Zustimmung des Kongresses ab.

[172] *McDougal/Lans*, Treaties and Congressional-Executive or Presidential Agreements: Interchangeable Instruments of National Policy, 54 Yale Law Journal 1944,181,547 f.

[173] Siehe Abschnitt 3.1.1.(b).(cc).

tion) nacheinander in beiden Häusern des Kongresses mit einfacher Mehrheit beschlossen und dem Präsidenten zur Unterzeichung zugeleitet wird, die nach 10 Sitzungstagen als fingiert gilt.[174]

Eine kontrollierende Beteiligung des Kongresses am Abschluß völkerrechtlicher Vereinbarungen besteht auch in Form der Zustimmung zu Regierungsabkommen der Gliedstaaten ("agreements or compacts")[175] und reicht zurück auf die Articles of Confederation (1781-89), unter denen dem Kongreß das Abschlußrecht für Verträge zustand.[176] In der Praxis sind die Regierungsabkommen mit legislativer Delegation durch den Kongreß zum überwiegend gebräuchlichen Verfahren - insbesondere für Handelsabkommen - anstelle von Verträgen nach der Vertragsabschlußklausel geworden.[177] Der Senat gab seinen Widerstand gegen die verstärkte Nutzung der Möglichkeit von Regierungsabkommen mit Zustimmung durch einfache Mehrheiten der anwesenden Mitglieder in beiden Häusern des Kongresses während des New Deals 1946 angesichts einer drohenden Verfassungsänderung auf, wonach Verträge i.S.d. Vertragsabschlußklausel mit einfacher Mehrheit der absoluten Anzahl von Mitgliedern beider Häuser des Kongresses abgeschlossen werden sollten.[178]

---

[174] *Weston*, Fn 171, S. 666 f. Nach Immigration & Naturalization Service (INS) v. Chadha, 462 U.S. 919,946 und 952 ff (1983) muß der Kongreß im Bereich der Gesetzgebung, d.h. bei Maßnahmen mit Außenwirkung, wegen des Grundsatzes der Gewaltentrennung immer in Form eines formellen Bundesgesetzes handeln, vgl. Presentment Clause, Art. I sec. 7 cl. 3 und 2 US-Verfassung. Ein Veto des Präsidenten kann mit Zweidrittelmehrheit in beiden Häusern des Kongresses überstimmt werden; *Dickson/Clancy*, The Congress Dictionary, The Ways and Meanings of Capitol Hill, New York u.a. 1993, S. 3 und 179. *Mahoney*, Joint Resolutions, in Levy/Karst/Mahoney (Hg.), Encyclopedia of the American Constitution, Fn 171, Band 2, S. 1029; *Fisher*, The Legislative Veto, in Silbey (Hg.), Encyclopedia of the American Legislative System, New York u.a. 1994, Band 3, S. 1505 f; Bills und Joint Resolutions werden prozedural gleich gehandelt, haben als Recht dieselbe Wirkung und unterscheiden sich nur durch ihren Einleitungssatz.

[175] Art. 1 sec. 10 cl. 3 (Compact Clause) US-Verfassung; vgl. Abschnitt 3.4.

[176] Artt. 6 und 9 Articles of Confederation (1781-89); siehe Abschnitt 3.3.1.(b) und 3.4.

[177] McGovern, Fn 15, S. 69.

[178] S. Rep. No 1499, 79th Cong., 2d Sess. 9-10 (1946). *Ackerman/Glove*, Fn 157, 108 Harvard L.R. 1995,799,893 ff und 909 f. Nach Art. 5 US-Verfassung ist eine Verfassungsänderung auf zwei Wegen möglich: durch Änderungsgesetz mit Zweidrittelmehrheit in beiden Häusern des Kongresses oder durch die Einberufung eines Verfassungskonvents von Zweidrittel der Parlamente der Gliedstaaten.

Dem Präsidenten steht es nach seinem politischen Ermessen frei, ob er für eine vertragliche Vereinbarung die einfache Mehrheit in beiden Häusern des Kongresses oder die Zweidrittelmehrheit nur im Senat sucht. Das State Department hat dazu die innerdienstliche Weisung *Circular 175 Procedure* (1955) erlassen, welche Kriterien für die Auswahl der Vertragsart (Vertrag oder Regierungsabkommen) enthält.[179] Als Kriterien der Wahl werden u.a. die bisherige Praxis der USA, der Wunsch des Kongresses sowie die allgemeine Praxis im Völkerrecht genannt. Der Senat könnte allerdings eine gemeinsame Resolution des Kongresses verweigern und auf seiner alleinigen Zustimmung mit Zweidrittelmehrheit bestehen.[180] Versuche durch eine *Treaty Powers Resolution* (1976-78) im Senat selbst zu bestimmen, welche völkerrechtlichen Vereinbarungen als Verträge i.S.d. Vertragsabschlußklausel abgeschlossen werden, waren politisch nicht durchsetzbar.[181]

Ein Streit über die Wahl der Vertragsart und ihrer verfassungsrechtlichen Beschränkungen entbrannte auch in bezug auf den Abschluß der Uruguay-Runde, wobei die Tradition der Handelsabkommen bei der Festsetzung von Zöllen für ein Regierungsabkommen unter Beteiligung des Repräsentantenhauses sprach.[182] Der Vertragsabschluß des Präsidenten aufgrund einer gemeinsamen Resolution der beiden Häuser des Kongresses zielt auf eine größtmögliche parlamentarische Beteiligung im Vertragsabschlußverfahren und verhindert dadurch, daß sich das Repräsentantenhaus später bei der innerstaatlichen Umsetzung der völkerrechtlichen Verpflichtungen oder der Bereitstellung von finanziellen Mitteln verweigert.[183]

---

[179] Auszugsweise abgedruckt in *Helm-Bush*, Fn 144, S. 80 ff, 226 f und *Jackson/Davey/Sykes*, International Economic Relations, Cases Materials and Text on The National and International Regulation of Transnational Economic Relations, 3. Auflage, St. Paul, 1995, 3.3, S. 121 f; siehe Abschnitt 3.1.2.(c).

[180] *Henkin*, Constitutionalism, Fn 144, S. 61; Restatement § 303, Comment (e).

[181] *Ackerman/Glove*, Fn 157, 108 Harvard L.R. 1995,799,901 f.

[182] *Vagts*, The Exclusive Treaty Power Revisited, 89 AJIL 1995,40,41. Senator Helms nahm seinen Vorschlag zurück, die WTO-Übereinkommen als Verträge (treaties) im verfassungsrechtlichen Sinne abzuschließen - Helms Amendment No. 2458, 103rd Cong., 2d Sess., 140 Cong. Rec. S10574, S10582; Rücknahme 140 Cong. Rec. S10591.

[183] *Henkin*, Foreign Affairs, Fn 137, S. 217; vgl. Art. I sec. 7 US-Verfassung.

(bb) Abkommen aufgrund eines Vertrages

Der Präsident kann auch Regierungsabkommen aufgrund einer Ermächtigung in anderen völkerrechtlichen Verträgen abschließen (sog. treaty implementing agreements).[184] Diese Regierungsabkommen sind am wenigsten problematisch, da sie ihre Stütze mittelbar in der Vertragsabschlußklausel finden.

(cc) Präsidialabkommen

Ferner kann der Präsident in gewissen Bereichen auch Regierungsabkommen ohne parlamentarische Beteiligung allein aufgrund seiner Kompetenzen kraft Amtes abschließen (sog. sole executive agreements), die sich auf ausdrückliche Befugnisse, sog. *implied* oder *inherent powers* stützen.[185] Dazu gehören seine Kompetenzen als einzigem Organ für die Vertretung der USA in äußeren Angelegenheiten ("sole organ")[186] und als Oberkommandierendem der Streitkräfte.[187] Als einzigem Organ für die Vertretung in äußeren Angelegenheiten obliegt ihm die Kompetenz zur Bestimmung der Außenpolitik, zur Anerkennung von Staaten und Regierungen, zur Ausübung von diplomatischem Schutz zugunsten der eigenen Staatsangehörigen sowie die Vertretung und die Verhandlung im Namen der USA auf völkerrechtlicher Ebene gegenüber anderen Völkerrechtssubjekten, was zudem durch sein Recht, Botschafter zu ernennen und zu empfangen, ergänzt wird.[188]

---

[184] Wilson v. Girard, 354 U.S. 524 (1957), Restatement, § 303 (3) und RN 6.

[185] Restatement § 303 (4), Comment (g) ff und RN 6.

[186] US v. Curtiss-Wright Export Corp., 299 U.S. 304,320 (1936): "It is important to bear in mind that we are here dealing not alone with an authority vested in the President by an exertion of legislative power, but with such an authority plus the very delicate, plenary and exclusive power of the President as the sole organ of federal government in the field of international relations - a power which does not require as a basis for its exercise an act of Congress, but which, of course, like every other governmental power, must be exercised in subordination to the applicable provisions of the Constitution." Vgl. US v. Belmont, 301 U.S. 324,330 (1937).

[187] Tucker v. Alexandroff, 183 U.S. 424,434 f (1902).

[188] *Henkin*, Foreign Affairs, Fn 137, S. 83 ff. Vgl. US v. Curtiss-Wright Export Corp., 299 U.S. 304,319 (1936): "In the vast external realm ... the President alone has the power to speak or listen as a representative of the nation. He *makes* treaties with the advice and consent of the senate; but he alone negotiates. Into the field of negotiation the Senate cannot intrude; and Congress itself is powerless to invade it." US v. Belmont, 301 U.S. 327,330 (1937).

Daneben besteht auch noch die Möglichkeit einer Duldung von Handlungen des Präsidenten durch den Kongreß. In *Youngstown Sheet & Tube Co. v. Sawyer* (1952) gibt es dazu zwei Ansätze. Während nach *Justice Jackson* bei einer ungewissen Aufteilung von Kompetenzen ("zone of twilight") zwischen Präsident und Kongreß dessen Untätigkeit, Gleichgültigkeit oder Schweigen den Präsidenten zu eigenverantwortlichem Handeln ermächtigen kann,[189] sah *Justice Frankfurter* eine systematische, ununterbrochene Regierungshandlung, lange ausgeübt in Kenntnis des Kongresses und niemals von diesem in Frage gestellt, als Annex zur Exekutivgewalt im Präsidenten.[190] Im Bereich dieser "konkurrierenden Befugnisse" kann der Präsident nicht gegen den erklärten Willen des Kongresses handeln.[191] Als sog. "plurality opinion", in welcher die Mehrheit der Richter im Ergebnis übereinstimmen, aber in der Begründung voneinander abweichen, entfaltet diese Entscheidung keine Bindungswirkung nach der Stare Decisis Doktrin.

In *Dames & Moore v. Regan* (1981) folgt der Supreme Court der Auffassung von *Justice Frankfurter* in *Youngstown* und deutete die lang andauernde Praxis in Verbindung mit dem Schweigen in Kenntnis dieser Praxis als eine zu vermutende Zustimmung durch den Kongreß für die in Rede stehenden Handlungen des Präsidenten.[192] Durch eine solche Zustimmungsvermutung befindet

---

[189] Youngstown Sheet & Tube Co. v. Sawyer, 343 U.S. 579,637 (1952) concurring opinion, Justice Jackson: "When the President acts in absence of either a congressional grant or denial of authority, he can only rely upon his own independent powers, but there is a zone of twilight in which he and Congress may have concurrent authority, or in which its distribution is uncertain. Therefore, congressional inertia, indifference or quiescence may sometimes, at least as a practical matter, enable, if not invite, measures on independent presidential responsibility. In this area, any actual test of power is likely to depend on the imperatives of events and contemporary imponderables rather than on abstract theories of law." In dem Fall ging es um die Verstaatlichung der Stahlindustrie (*steel mill seizure* Fall) in einem Streik während des Koreakrieges durch Regierungsverfügung, die letztlich keine Stütze in den Kompetenzen des Präsidenten fand, da der Kongreß zuvor eine Ermächtigung zur Verstaatlichung in Arbeitskämpfen abgelehnt hatte.

[190] Youngstown Sheet & Tube Co. v. Sawyer, 343 U.S. 579,610 f (1952) concurring opinion, Justice Frankfurter: "In short, a systematic, unbroken, executive practice, long pursued to the knowledge of the congress and never before questioned, engaged in by Presidents ... may be treated as a gloss on 'executive Power' vested in the President by § 1 of Art. 2."

[191] *Henkin*, Foreign Affairs, Fn 137, S. 91 ff.

[192] Dames & Moore v. Regan, 454 U.S. 654,686 (1981): "Past practice does not, by itself, create power, but 'long-continued practice, known to and acquiesced in by Congress, would raise a presumption that the [action] had been [taken] in pursuance of its consent

sich ein derartiges Regierungsabkommen in einer Grauzone von Zustimmung durch den Kongreß und sog. *inherent powers* des Präsidenten, ohne daß die genaue Ermächtigung oder Kombination dazu immer lokalisiert werden kann.[193]

In der Literatur wird teilweise die eigenverantwortliche Inanspruchnahme der Abschlußbefugnis durch den Präsidenten und das Schweigen des Kongresses eher der Präsidialkompetenz kraft Amtes zugeordnet.[194] Dies mag dem Wortlaut in *Youngstown* korrespondieren, hingegen spricht der Supreme Court in *Dames & Moore v. Regan* eindeutig von einer Zustimmungsvermutung. Die Abschlußkompetenz des Präsidenten kann nur in Verbindung mit den Kompetenzen des Kongresses gesehen werden. Die gerichtliche Rechtserkenntnis erlaubt dem Präsidenten damit ein Handeln bei unklarer Abschlußkompetenz, wobei der Kongreß im Vorfeld die Möglichkeit gehabt hätte und für künftige Situationen noch innehat, durch seine Gesetzgebung eine eindeutige sog. legislative Delegation von Abschlußkompetenz vorzunehmen.

(c) Bindung und Kündigung

Fraglich ist, ob der Präsident innerstaatliche Maßnahmen mit Inhalten, die völkerrechtlichen Verpflichtungen der USA - wie z.B. aus der WTO - entgegenstehen, ergreifen kann. Hierzu ist die Doppelfunktion des Präsidenten zu beachten. Als Personifikation der Exekutive ist er nach Art. II Abs. 3 US-Verfassung verpflichtet, dafür Sorge zu tragen, daß die Gesetze gewissenhaft

...' United States v. Midwest Oil Co. 236 U.S. 459,474 ... (1915) ... Such practice is present here and such a presumption is also appropriate. In light of that fact that Congress may be considered to have consented to the President's action ..." In diesem Fall wurde eine Regierungsverfügung, die das iranische Vermögen infolge der Teheraner Botschaftsbesetzung einfror und alle Gerichtsverfahren gegen den Iran in den USA aussetzte, sowie der Abschluß eines Regierungsabkommens, wodurch das Iran-US Claims Tribunal errichtet wurde (Abkommen von Algier, ILM 1981,224 ff), für verfassungsmäßig gehalten. Kritisch dazu *Tribe*, Fn 140, § 4-8, S. 239 ff, der das System von "checks and balances" gefährdet sieht, da ein gesetzgeberisches Schweigen nicht Gegenstand eines Vetos des Präsidenten und der Kongreß nicht verantwortlich für eine Gesetzgebung durch Schweigen sein könne. Zur sog. legislativen Delegation siehe Abschnitt 3.1.2.(b).

[193] *Kühner*, Fn 170, 35 JöR 1986,365,388.

[194] *Henkin*, Foreign Affairs, Fn 137, S. 221 und 226.

vollzogen werden.[195] Soweit völkerrechtliche Verpflichtungen Bestandteil des innerstaatlichen Rechts der USA werden, ist der Präsident an diese Normen gebunden und zu ihrem Vollzug verpflichtet.[196] Soweit er hingegen eigene Rechtsetzungskompetenzen in bezug auf die auswärtige Gewalt kraft Amtes innehat (*inherent powers*) - z.B. als einziges Organ für die Vertretung der USA in äußeren Angelegenheiten ("sole organ") oder als Oberkommandierender der Streitkräfte - darf er innerstaatlich auch unter Verletzung der völkerrechtlichen Verpflichtungen der USA handeln.[197]

In diesem Bereich kann der Präsident aufgrund der eigenen Kompetenz kraft Amtes Recht schaffen, durch Abschluß eines Regierungsabkommens (executive agreement)[198] oder durch eine Regierungsverfügung (executive order).[199] Durch legislative Delegation kann der Präsident jedoch auch in anderen Bereichen ermächtigt werden, Maßnahmen zu ergreifen, die gegen völkerrechtliche Verpflichtungen verstoßen. Er leitet dabei seine Kompetenz zum innerstaatlichen Verstoß gegen die völkerrechtlichen Verpflichtungen aus der Kompetenz des Kongresses ab.[200] Der Präsident ist durch eine Vielzahl von gesetzlichen Bestimmungen ermächtigt zu Verhandlungen mit anderen Staaten und zur Ergreifung von handelspolitischen Maßnahmen.[201] Insbesondere gibt Sektion 301 der *Trade Act (1974)* dem Präsidenten einen weiten Ermessensspielraum, um Schutzmaßnahmen in der Verteidigung von Handelsinteressen der USA vorzunehmen.[202] In *US v. Yoshida International, Inc.* (1975)[203] erkannte das Gericht

---

[195] Art. 3 sec. 3 US-Verfassung: "He shall ... take care that the laws be faithfully executed, ..."

[196] Siehe Abschnitt 3.3.

[197] *Henkin*, Foreign Affairs, Fn 137, S. 52, 236 und 242 f.

[198] US v. Pink, 315 U.S. 203,229 (1942); US v. Belmont, 301 U.S. 324,330 (1937); Dames & Moore v. Regan, 453 U.S. 654,697-683, 686-688 (1981).

[199] Republic of Mexico v. Hoffman, 324 U.S. 30,35 f (1945); *Ex Parte* Republic of Peru, 318 U.S. 578,588 (1943).

[200] Siehe Abschnitt 3.1.2.

[201] Einen Überblick gibt *McGovern*, Fn 15, S. 24 ff.

[202] 19 U.S.C. 2411, 2412, 2413. Sektion 301 wurde in einer Panel-Entscheidung der WTO-Streibeilegung als WTO-konform befunden; United States - Sections 301-310 of the Trade Act of 1974, WT/DS152/R, 22.12.1999, S. 330 ff; Siehe *Jakob*, Die Zukunft US-amerikanischer unilateraler Section 301-Maßnahmen, GRUR Int. 2000,715,721; *Backes*, Die neuen Streitbeilegungsregeln der Welthandelsorganisation (WTO), zu den Auswirkungen im nationalen Recht der USA, RIW 1995,916,918 f; *Puckett/Reynolds*,

eine unbeschränkte Kompetenz des Präsidenten zur Beendigung (termination) einer Vergünstigung unter Sektion 350 an.[204] Beendigung bedeutet in diesem Zusammenhang die endgültige[205] Erhöhung des Tarifs auf das vor der Verkündung bestehende Niveau. Im Ergebnis ermächtigen die Außenhandelsbestimmungen der USA den Präsidenten nur, aber verpflichten ihn nicht, den Verpflichtungen aus der WTO nachzukommen.

Während die Verfassung in der Vertragsabschlußklausel die Verfassungsorgane (Präsident und Senat) nennt, die einen Vertrag abschließen dürfen ("to make treaties"), schweigt sie zu der Frage, wer einen völkerrechtlichen Vertrag kündigen oder suspendieren darf. Der Präsident ist als "sole organ" auch dazu berufen, einen Vertrag eigenmächtig zu kündigen oder zu suspendieren, wenn eine andere Vertragspartei den Vertrag verletzt hat.[206] Die Beschränkung der parlamentarischen Beteiligung auf den Vertragsabschluß entspricht dem heute nicht mehr zeitgemäßen Gedanken, daß die vertragliche Bindung in der Regel weitaus größere Folgen für den Staat hat als die Lösung von einem Vertrag. Der Präsident hat es damit selbst in der Hand, den Vertrag auf völkerrechtlicher Ebene zu kündigen, womit er den Rechtsgrund für die innerstaatliche Anwendung beseitigt. Solange die vertragliche Vereinbarung jedoch besteht, ist er verpflichtet, sie innerstaatlich auszuführen.[207] Der Präsident kann die Mitgliedschaft der USA in der WTO eigenmächtig kündigen.

Rules, Sanctions and Enforcement under Section 301: At Odds with the WTO?, 90 AJIL 1996,675 ff.

[203] 526 F.2d 560 (C.C.P.A. 1975).

[204] Siehe ferner Aimcee Wholesale Corp. v. US, 468 F.2d 202 (C.C.P.A. 1972).

[205] Nicht zeitlich befristete Suspendierung. Falcon Sales Co. v. US, 199 F.Supp. 997 (C.C. 1961).

[206] *Henkin*, Foreign Affairs, Fn 137, 213 f; *Hudec*, The Legal Status of GATT in the Domestic Law of the United States, in *Hilf/Jacobs/Petersmann*, The European Community, Antwerpen 1986, S. 192, zitiert: GATT in US Law; *Tribe*, Fn 140, § 4-5, S. 225. Restatement § 314 RN 4. Vgl. Goldwater v. Carter, 617 F.2d 697 (D.C.Cir.), 444 U.S. 996 (1979); Charlton v. Kelly, 229 U.S. 447,473 ff (1913); The Nereide, 13 U.S. (9 Cranch) 388,422 f (1815). Für den Supreme Court ist die Frage der Vertragsbeendigung oder der Vergeltung auf eine völkerrechtliche Verletzung mehr eine politische als eine justitiable Entscheidung (political question doctrine); vgl. 3.1.3.(c).

[207] *Henkin*, Chinese Exclusion, Fn 138, 100 Harvard L.R. 1987,853,879 f.

(d) Der United States Trade Representative (USTR)

Eine Bündelung der US-Handelspolitik hat bislang nicht stattgefunden. Es gibt eine Vielzahl von Behörden in der Exekutive, die in die amerikanische Handelspolitik involviert sind.[208] Die Behördenvertreter werden im Regelfall vom Präsidenten ernannt, während die Einrichtung der Behörde durch ein Gesetz des Kongresses erfolgt.[209] Der Hauptrepräsentant der USA für die Koordinierung von Handelsangelegenheiten und die Verhandlungen auf völkerrechtlicher Ebene ist der United States Trade Representative (USTR) - z.Zt. Frau *Charlene Barshefsky* - dessen Amt aufgrund der Trade Act von 1974 eingerichtet wurde.[210] Der Handelsbeauftragte wird durch den Präsidenten mit Bestätigung durch den Kongreß ernannt, hat Kabinettsrang und berichtet beiden.[211] Er hat drei Stellvertreter (Deputy US Trade Representative), von denen einer der Ständige US-Repräsentant bei der WTO (Permanent US Representative to the WTO) ist.[212]

Der USTR und sein Stellvertreter pflegen die Beziehungen zur WTO, verhandeln im Namen der USA in den Handelsrunden und vertreten die USA auch in der Streitbeilegung über Meinungsverschiedenheiten hinsichtlich der Auslegung der Handelsregeln der WTO. Bei allen wichtigen Fragen, z.B. Annahme einer Interpretationserklärung, Ausnahmeerlaubnis (waiver) oder Beitritt eines neuen Mitglieds, muß er die zuständigen Ausschüsse des Kongresses konsultieren und diesen über alle für die USA relevanten Fragen, z.B. Abstimmungsverhalten der WTO-Mitglieder, berichten.[213]

---

[208] Einen Überblick gibt *Barton/Fisher*, Fn 30, S. 97-107.

[209] Art. II sec. 2 cl. 2 US-Verfassung: "... he shall nominate, and by and with the advice and consent of the Senate, shall appoint ... all other officers of the United States, whose appointments are not herein otherwise provided for, and which shall be established by law: but the Congress may by law vest the appointment of such inferior officers, as they think proper, in the President alone, in the courts of law, or in the heads of departments."

[210] Der USTR hieß vor 1980 President's Special Representative for Trade Negotiations und wurde vom Kongreß in der Trade Expansion Act 1968 geschaffen. Vgl. *Jackson/Davey/Sykes*, Fn 179, Sec. 3.4, S. 149 f.

[211] 19 U.S.C. 2171.

[212] *Barton/Fisher*, Fn 30, S. 100 ff; *McGovern*, Fn 15, S. 80 f.

[213] Section 122 URRA, 19 U.S.C. 3532.

Zudem ist der USTR für die Durchführung des Verfahrens nach Sektion 301 der *Trade Act (1974)* verantwortlich, das ihn zu einseitigen Handelssanktionen in Fällen ermächtigt, in denen seiner Meinung nach die Handelspolitik des ausländischen Staates gegen ein Handelsabkommen mit den USA verstößt.[214] Dieses Verfahren kann auf Petition von Privatpersonen oder Unternehmen eingeleitet werden, sieht Konsultationen mit dem betreffenden ausländischen Staat vor und kann parallel zu einem Verfahren nach der WTO-Streitbeilegung stattfinden.[215] Solange allerdings das Streitbeilegungsverfahren der WTO funktioniert, ist ein Rückgriff auf die Anwendung von Vergeltungsmaßnahmen auf völkerrechtlicher Ebene unzulässig.[216] Auch wenn das Amt und die Befugnisse des USTR in einem Bundesgesetz des Kongresses geregelt sind, ist er der Handelsvertreter des Präsidenten, der die USA als einziges Organ ("sole organ") in auswärtigen Angelegenheiten vertritt.

3.1.2. Die Macht des Kongresses

Der Kongreß ist das Gesetzgebungsorgan auf Bundesebene und besteht aus zwei unmittelbar vom Volk gewählten Kammern, dem Repräsentantenhaus und dem Senat. Die Verfassung weist dem Kongreß auch wichtige Kompetenzen im Bereich der auswärtigen Angelegenheiten zu. Dazu gehört die Befugnis zur Kriegserklärung,[217] zur Erhebung von Steuern, Zölle und Abgaben[218] sowie die Regelung des Handels mit fremden Staaten.[219] Da die Ausübung der Handelskompetenz im späten 18. Jahrhundert zugleich Zoll- und Steuerpolitik war, wurde die Handelskompetenz in der Verfassung dem Kongreß und nicht der

---

[214] Section 301 Trade Act (1974), 19 U.S.C. 2411; siehe Fn 202.

[215] 19 U.S.C. 2412, 2313.

[216] *Hahn*, Die einseitige Aussetzung von GATT-Verplichtungen als Repressalie, Berlin u.a. 1996, S. 234 ff und 272 ff; *Kopke*, Rechtsbeachtung und -durchsetzung in GATT und WTO, (Dissertation 1995), Berlin 1997, S. 49; Vgl. Art. 23 DSU.

[217] Art. I sec. 8 cl. 11 US-Verfassung: "The Congress shall have power: ... To declare war, ..."

[218] Art. I sec. 8 cl. 1 US-Verfassung: "The Congress shall have power: ... *To lay and collect taxes, duties, imposts, and excises*, to pay the debts and provide for the common defence and general welfare of the United States; ..." *Hervorhebungen durch den Verfasser.*

[219] Art. I sec. 8 cl. 3 US-Verfassung; siehe Abschnitt 3.1.2.(a).

Exekutive zugewiesen. Erst mit Einführung der Einkommenssteuer im Jahre 1913 verlor dieser wichtige Aspekt an Bedeutung.[220] Nachfolgend soll zuerst die Handelskompetenz des Kongresses untersucht werden, bevor auf die Lösung des Spannungsverhältnisses zum Präsidenten beim Abschluß von Handelsabkommen durch legislative Delegation eingegangen wird.

(a) Die Außenhandelskompetenz (*Commerce Clause*)

Die wichtigste Handelskompetenz ist die Handelsklausel (Commerce Clause) in Art. I Abs. 8 Nr. 3 US-Verfassung, die dem Kongreß als Organ der Bundesgewalt die Befugnis zuweist, den Handelsverkehr mit fremden Nationen, zwischen den verschiedenen Gliedstaaten und mit den Indianerstämmen zu regeln:

> Art. I sec. 8 cl. 3 US-Verfassung: "The Congress shall have power: ... To regulate commerce with foreign nations, and among the several States, and with the Indian tribes;"[221]

Den Begriff des "Handels" hat der Supreme Court anhand des Handelsverkehrs zwischen den Gliedstaaten entwickelt (interstate commerce), er gilt aber durch die einheitliche Verfassungsklausel gleichwohl für die Außenhandelsbeziehungen der USA und die Sonderbeziehungen zu ihren Ureinwohnern. Im 19. Jahrhundert dominierte zur Verteidigung der Aktivitäten der einzelnen Gliedstaaten eine merkantilistische Auslegung des Begriffs "Handel", wonach nur der An- und Verkauf, nicht aber Produktion, Herstellung und Bergbau erfaßt waren. Aufgrund des berühmten "Court-Packing-Plan" von Präsident *Roosevelt* im Jahre 1937 trat jedoch ein Sinneswandel am Supreme Court ein, demzufolge alle Handelsaktivitäten - auch innerhalb eines Gliedstaates (intrastate commerce) - erfaßt sind, sofern sie nur ein nahes und materielles Verhältnis zum grenzüberschreitenden Handel haben und die Regelung unerläßlich und angemessen ist, um den grenzüberschreitenden Handel vor Belastungen

---

220 *Pfeil*, Fn 4, S. 36 f.

221 Übersetzung des Verfassers: "Der Kongreß soll die Befugnis haben ... Den Handelsverkehr mit fremden Nationen, und zwischen den einzelnen Gliedstaaten, und mit den Indianerstämmen zu regeln;"

und Behinderungen zu schützen.[222] Der Begriff des "Handels" war damit praktisch nicht mehr föderalistisch beschränkt.[223]

Erst die Entscheidung *Lopez v. US* (1995) engt die Bundesbefugnis zur Regelung des Handels zwischen den Gliedstaaten wieder ein.[224] Das Gericht verwarf in dieser Entscheidung mangels Relevanz für den Handel zwischen den Gliedstaaten ein bundesgesetzliches Verbot, in einem bestimmten Umkreis um eine Schule Waffen zu tragen (Gun-Free School Zones Act).[225] Den einzelnen Gliedstaaten bleibt es weiter unbenommen, eine solche Regelung zu erlassen. Erlaubt sind nur drei Arten von Handelsregelungen: solche, die (1.) zwischenstaatliche Handelswege (z.B. Antidiskriminierungsgesetzgebung) oder (2.) Mittel, Personen und Gegenstände des zwischenstaatlichen Handels betreffen, oder die (3.) eine materielle Beziehung zum oder einen materiellen Einfluß auf den grenzüberschreitenden Handel haben.[226] Für ein Verbot auf Bundessebene kann es aber keinen Unterschied machen, ob die Regelung in einem Bundesgesetz oder einem Regierungsabkommen enthalten ist. Überträgt man die Grundsätze der Lopez-Entscheidung auf den Außenhandel, dann wird die materielle Beziehung zum grenzüberschreitenden Handel zum weitest tragenden Kriterium für diese Bundeskompetenz und erfaßt auch die WTO-Übereinkommen.[227]

Die Verfassung gewährt nicht ausdrücklich Befugnisse hinsichtlich der Regelung von Importen oder Exporten, aber beide sind seit Inkrafttreten der Verfassung im Jahre 1789 Gegenstand der Gesetzgebung des Kongresses, die sich

---

[222] Ausführlich dazu *Brugger*, Einführung in das öffentliche Recht der USA, München 1993, S. 35 ff m.w.N.; National Labor Relations Board v. Jones & Laughlin Steel Corporation, 301 U.S. 1 (1937). Mit dem letztlich gescheiterten "Court-Packing-Plan" wollte Präsident *Roosevelt* die Anzahl der Richter am Supreme Court durch zusätzliche jüngere Richter seiner politischen Ausrichtung erhöhen, um seine Bundesmaßnahmen im Zuge des "New Deal" durchzusetzten.

[223] *Currie*, Die Verfassung der Vereinigten Staaten von Amerika, Frankfurt a.M. 1988, S. 25.

[224] US v. Lopez, 15 S.Ct. 1624 (1995).

[225] Henkin, Foreign Affairs, Fn 137, S. 65 f.

[226] *Lundmark*, Feuerwaffen und Föderalismus, Eine Bewertung von Lopez v. US, DAJV-NEWSLETTER 1995,110,113.

[227] *Vagts*, International Agreements, the Senate and the Constitution, 36 Columbia Journal of Transnational Law 1997,143,147 f.

auf die Handelsklausel stützt.[228] Die Verfassung verbietet dem Kongreß nur die Erhebung von Abgaben auf Exporte, damit die amerikanische Exportwirtschaft nicht behindert werden kann.[229] Die Regulierung von Importen wird in der Verfassung nicht ausdrücklich untersagt und fällt somit in den Anwendungsbereich der Handelsklausel.

Die Gesetzgebungsbefugnisse des Kongresses beschränken sich jedoch nicht nur auf die speziell aufgezählten Gesetzgebungskompetenzen ("enumerated powers"). Mit der sog. Notwendig-und-angemessen-Klausel (Necessary and Proper Clause) in Art. I Abs. 8 Nr. 18 US-Verfassung erhält der Kongreß eine allgemeine ergänzende Gesetzgebungsbefugnis, um erforderliche innerstaatliche Maßnahmen in Ausführung von anderen Bundeskompetenzen - auch jenen des Präsidenten oder aufgrund von völkerrechtlichen Verträgen - zu erlassen.[230] Der Kongreß kann deshalb auch aufgrund einer Ermächtigung in einem völkerrechtlichen Vertrag ("treaty") i.S.d. Vertragsabschlußklausel Gesetze erlassen, zu denen er allein aufgrund der aufgezählten Gesetzgebungskompetenzen nicht befugt wäre.[231] Er kann jedoch nicht selbst einen Handelsvertrag mit einem anderen Staat abschließen, weil dem Präsidenten als "sole organ" die Wahrnehmung der auswärtigen Angelegenheiten obliegt und er als Staatshaupt und Chef der Exekutive das verfassungsrechtliche Abschlußmonopol für Vereinbarungen mit anderen Staaten besitzt.[232]

---

[228] *Barton/Fisher,* Fn 30, S. 94 f.

[229] Art. I sec. 9 cl. 5: "No tax or duty shall be laid on articles exported from any state." In R.J. Reynolds Tobacco Co. v. Robertson, 14 F.Supp. 463 (G.D.N.C. 1945) befand das Gericht, daß die Verbotsklausel für Exportabgaben weit auszulegen sei und jede Abgabe verbiete, die den Ausfuhrprozeß belaste.

[230] Art. I sec. 8 cl. 18 US-Verfassung: "The Congress shall have power: ... To make all laws which shall be necessary and proper for carrying into execution the foregoing powers, and all other powers vested by this Constitution in the Government of the United States, or in any department or officer thereof."

[231] Missouri v. Holland, 252 U.S. 416,432 (1920); *Henkin*, Foreign Affairs, Fn 137, S. 189 ff. Die den Gliedstaaten reservierten Befugnisse stehen somit zur Disposition der Bundesgewalt über völkerrechtliche Verträge i.S.d. Vertragsabschlußklausel und der Gesetzgebung des Kongresses infolge eines solchen Vertrages.

[232] Restatement § 303, Comment (e).

(b) Die legislative Delegation

Durch seine Gesetzgebung delegiert der Kongreß Verhandlungs- und Abschlußbefugnisse hinsichtlich der Zollfestsetzung und der Regulierung der nichttarifären Handelshemmnisse auf die Exekutive in Person des Präsidenten. Die Delegation von Befugnissen im Bereich der Regulierung des internationalen Handels ist ein verfassungsrechtliches Dilemma. Einerseits benötigt die Regierung einen weiten Ermessensspielraum, um eine eigenverantwortliche Handelspolitik in einer komplexen Welt souveräner Staaten zu betreiben. Andererseits würde eine Delegation ohne dazugehörige Ausübungsrichtlinien zu einer nicht vorgesehenen Verschiebung von in der Verfassung vorgegebenen Kompetenzen und somit eine Durchbrechung des durch die Verfassung gewollten Prinzips der Gewaltentrennung darstellen.

Die Rechtsprechung hat sich anhand der Festsetzung von Außenzöllen entwikkelt. Der Kongreß kann nach *Field v. Clark* (1892) aufgrund der Gewaltentrennung seine wesentliche Gesetzgebungsfunktion nicht auf die Exekutive delegieren und eine in Grenzen erlaubte delegierende Gesetzgebung jederzeit ändern oder widerrufen.[233] Nach *Hampton v. US* (1927) muß der Umfang und Charakter dabei bestimmt werden im Einklang mit allgemeiner Vernunft und innerer Notwendigkeit einer Zusammenarbeit. Solange der Kongreß durch seine Gesetzgebung eine verständliche Handlungsrichtlinie ("intelligible pinciple") festlegt, ist eine solche legislative Delegation nicht verboten.[234] Dazu wird in *American Power & Light v. SEC* (1946) verlangt, daß der Kongreß den

---

[233] Field v. Clark, 143 U.S. 649,692 (1892); Schechter Poultry Corp. v. US, 295 U.S. 495 (1935); US v. Yoshida International Inc., 556 F.2d 560,582 (C.C.P.A. 1975): "Congress, by delegating to the President ... the power to regulate imports ... has not succeeded in abdicating its constitutional power to regulate foreign commerce. It remains the ultimate decision maker and the fundamental reservoir of power to regulate commerce. It may, of course, recall or limit the delegated emergency power at any time."

[234] Hampton v. US, 276 U.S. 375,406 und 409 (1928): "In determing what it may do in seeking assistance from another branch, the extent and character of that assistance must be fixed according to common sense and the inherent necessities of the governmental coordination. ... [409:] If Congress shall lay down by legislative act an intelligible principle to which the person or body authorized to fix such rates is directed to conform, such legislative action is not a forbidden delegation of legislative power." *Klammerzusatz durch den Verfasser.*

Zweck, die ermächtigte Behörde sowie die Grenzen der Delegation genau festlegt.[235]

Eine Delegation von Kompetenzen bedeutet, daß die orginäre Kompetenz bei dem Delegierenden verbleibt und der Delegierte ermächtigt wird, diese Kompetenz zusätzlich auszuüben. Die legislative Delegation ist daher als eine Ermächtigung zum Handeln anzusehen. Sie bewirkt keinen Transfer von Kompetenzen,[236] da sie die Voraussetzungen einer Verfassungsänderung nicht erfüllt.[237] Die verfassungsändernde Gewalt liegt in letzter Entscheidung bei den Gliedstaaten. Die legislative Delegation ist keine Durchbrechung des Grundsatzes der Gewaltentrennung, sondern Teil seiner verfassungsimmanenten Ausgestaltung.

Die fragliche Kompetenz muß ihrer Natur nach geeignet sein für eine legislative Delegation. Im Gegensatz dazu kann es Kompetenzen geben, die ausschließlich vom Kongreß auszuüben sind. Als Beispiele hierzu werden die Befugnis zur Kriegserklärung, Festlegung von Straftaten, Erhebung von Einnahmen und Ausgabe von finanziellen Mitteln genannt. Eine solche Annahme impliziert eine Ungeeignetheit der Delegierbarkeit von Gesetzgebungsbefugnissen. Auch dies wird in der Literatur regelmäßig im Zusammenhang mit der Frage der unmittelbaren Anwendbarkeit von völkerrechtlichen Vereinbarungen diskutiert.[238]

Der Umfang der inhaltlichen Vorgaben an die legislative Delegation richtet sich danach, ob es sich um eine rein innerstaatliche oder um auswärtige Angelegenheiten handelt. Bei einer rein innerstaatlichen Angelegenheit muß die legislative Delegation den strengen Anforderungen eines Bestimmtheitsgebotes

---

[235] American Power & Light v. SEC, 329 U.S. 90,105: "... constitutionally sufficient if Congress clearly delineates the general policy, the public agency which is to apply it, and the boundaries of this delegated authority." Vgl. Mistretta v. US, 488 U.S. 361,371 ff (1988).

[236] A.A. *Barton/Fisher*, Fn 30, S. 94 nimmt eine Selbstbeschränkung des Kongresses angesichts eines Transfers von Kompetenzen an.

[237] Eine Verfassungsänderung kann auf zweierlei Weise herbeigeführt werden. Entweder kann der Kongreß mit Zweidrittelmehrheit eine Verfassungsänderung vorschlagen oder auf Vorschlag von Zweidrittel der Gliedstaaten eine verfassungsändernde Versammlung (convention) einberufen, wobei eine Verfassungsänderung erst bei einer Ratifikation durch Zweidrittel der Gliedstaaten wirksam wird. Vgl. Art. 5 US-Verfassung.

[238] Siehe Abschnitt 3.3.2.(f).

genügen, wonach der Kongreß inhaltliche Vorgaben für die Ausübung der Ermächtigung nach Inhalt, Zweck und Umfang machen muß. Im Bereich der auswärtigen Angelegenheiten - wozu die Regulierung des Handels mit anderen Staaten gehört - sind nach *US v. Curtiss-Wright Export Corp.* (1936) geringere Anforderungen an die inhaltlichen Vorgaben einer legislativen Delegation auf den Präsidenten zu stellen als in rein innerstaatlichen Angelegenheiten.[239]

Unter Bezugnahme auf diese Entscheidung stellt der Supreme Court in *US v. Mazurie* (1975) fest, daß ebenfalls geringere Anforderungen zu stellen sind, wenn ihr Adressat über eigene 'unabhängige Kompetenzen' in dem fraglichen Bereich verfügt.[240] Wenn durch die Handlungen des Präsidenten in den auswärtigen Angelegenheiten die Grundrechte von Bürgern oder Unternehmen betroffen werden, wird in der Literatur gefordert, eher die strengeren Maßstäbe wie bei innerstaatlichen Angelegenheiten anzulegen.[241] In *Loving v. US* (1996) hält das Gericht allerdings unter Berufung auf die beiden vorgenannten Entscheidungen eine legislative Delegation auf den Präsidenten für ausreichend, die ihm die Festlegung von erschwerenden Tatbestandsmerkmalen für die Verhängung der Todesstrafe durch Kriegsgerichte überläßt.[242] Der Grundsatz der

---

[239] US v. Curtiss-Wright Export Corp., 299 U.S. 304,320 (1936): "... congressional legislation which is to be made effective through negotiation and inquiry within the international field must often accord to the President a degree of discretion and freedom from statutory restriction which would not be admissible were domestic affairs alone involved." *Tribe*, Fn 140, § 4-2, S. 211 f.

[240] US v. Mazurie, 419 U.S. 544,556 f (1975) zur legislativen Delegation zur Regulierung des Alkoholausschanks auf Behörden von Indianerstämmen: "This Court has recognized limits on the authority of Congress to delegate its legislative power ... Those limitations are, however, less stringent in cases where the entity exercising the delegated authority itself possesses independent authority over the subject matter. United States v. Curtiss-Wright Export Corp., 299 US 304,319-322 ... (1936)."

[241] *Henkin*, Foreign Affairs, Fn 137, S. 121, 124 f und 289 ff unter Berufung auf das V. Amendment US-Verfassung: "No person shall be ... deprived of life, liberty, or property without due process of law." Eine Maßnahme der Exekutive oder eine legislative Delegation im Bereich der auswärtigen Angelegenheiten erfordert jedoch keine vorherige Anhörung der betroffen Bürger und Unternehmen, da ein solcher Aufwand finanziell und organisatorisch nicht praktikabel ist; Vgl. Mathews v. Eldridge, 424 U.S. 319,335 (1976).

[242] Loving v. US, 517 U.S. 748, 16 S.Ct. 1737,1750 f (1996): "The President's duties as Commander in Chief, however, require him to take responsible and continuing action to superintend the military, including the courts-martial. The delegated duty, then, is interlinked with duties already assigned to the President by express terms of the Constitution, and the same limitations on delegation do not apply 'where the entity exercising the

Gewaltentrennung ist daher im Bereich der auswärtigen Angelegenheiten weniger scharf ausgeprägt als in rein innerstaatlichen Angelegenheiten.

Jedoch folgt aus der Handelsklausel, die die Regulierung des Handels mit ausländischen Staaten dem Kongreß zuweist, daß es im Bereich des Außenhandels keine Kompetenzen des Präsidenten unabhängig von einer parlamentarischen Zustimmung gibt.[243] Aus diesem Grunde unterliegt die legislative Delegation des Kongresses zum Aushandeln und Abschluß von Handelsabkommen, welche beispielsweise die Höhe des Einfuhrzolls beeinflussen, strengen Anforderungen ähnlich denen der innerstaatlichen Angelegenheiten.

Nach der Entscheidung eines Berufungsgerichts in *Star-Kist Foods, Inc. v. US* (C.C.P.A. 1959) muß die legislative Delegation bei Handelsabkommen den Umfang der Ermächtigung inhaltlich beschreiben ("circumscribe the power"), einen Zweck ("policy") nennen und verständliche Handlungsrichtlinien über das Ob ("specify ... intelligible principle") und das Wie der Handlungsweise des Präsidenten in Form von Ermessensvorgaben ("prescribing a standard which confines his discretion") festlegen.[244] Damit resultieren aus dem Bestimmtheitsgebot sowohl inhaltliche Beschränkungen als auch Anweisungen an den Präsidenten, in welcher Weise er von der Ermächtigung Gebrauch machen

---

delegated authority itself posesses independent authority over the subject-matter,' United States v. Mazurie, 419 U.S. 544, 556-557 (1975). See also United States v. Curtiss-Wright Export Corp., 299 U.S. 304,319-322 (1936)."

[243] Dooley v. US, 182 U.S. 419 (1905); Lincoln v. US, 197 U.S. 419 (1905), reaffirmed, 202 U.S. 484 (1906), wonach der Präsident als Commander-in-Chief Zölle für Güter aus Puerto Rico festsetzen konnte, solange es unter Besatzungsrecht stand; nach Beitritt zu den USA endete seine Befugnis dazu. Der Kongreß konnte seine Zollfestsetzungen auch rückwirkend bestätigen, vgl. US v. Heinszen & Co., 206 U.S. 370 (1907). US v. Yoshida International, Inc., 526 F.2d 560,572 (C.C.P.A. 1975): "... no undelegated power to regulate commerce, or to set tariffs, inheres in the Presidency." *Henkin*, Foreign Affairs, Fn 137, S. 89 f.

[244] Star-Kist Foods, Inc. v. US, 275 F.2d 472,480 (C.C.P.A. 1959): "A constitutional delegation of powers requires that Congress enunciate a policy or objective or give reasons for seeking the aid of the President. In addition the act must specify when the powers conferred may be utilized by establishing a standard of 'intelligible principle' which is sufficient to make it clear when action is proper. And because Congress cannot abdicate its legislative function and confer carte blanche authority on the President, it must circumscribe that power in some manner. This means that Congress must tell the President what he can do by prescribing a standard which confines his discretion and which will guarantee that any authorized action he takes will tend to promote rather than flout the legislative purpose." Vgl. Hampton v. US, 276 U.S. 394 (1928).

darf. Die Bürger und Unternehmen müssen vorhersehen können, in welchen Situationen und mit welcher Tendenz von der Ermächtigung Gebrauch gemacht wird, damit sie ihr Verhalten darauf einstellen können.[245]

Eine Begrenzung des Handlungsspielraums des Präsidenten durch inhaltliche Vorgaben unterliegt keinen verfassungsrechtlichen Bedenken; sie werden nur unbeachtlich, sofern der Präsident aufgrund seiner eigenen Kompetenzen kraft Amtes oder aufgrund von völkerrechtlichen Verträgen ("treaties") handeln kann.[246] Durch die inhaltlichen Vorgaben soll der Präsident in seinem Handeln auf die gesetzgeberische Zielvorstellung verpflichtet werden. Unzulässig wäre ein sog. legislatives Veto, wonach beide Häuser oder eines von beiden Häusern des Kongresses sich die Zustimmung zu dem Verhandlungsergebnis durch einfache Resolution vorbehalten würden.[247] Die amerikanischen Gerichte lesen die legislative Delegation dabei großzügig und erkennen im Zweifel eine zulässige Delegation zugunsten der Exekutive an.[248]

(c) Versuche legislativer Kontrolle

Angesichts der Ausweitung der Präsidialkompetenzen in den auswärtigen Angelegenheiten und der Zunahme von Regierungsabkommen versuchte der Kongreß mehr Kontrolle über diesen Bereich zu erhalten. Mit einer beabsichtigten Verfassungsänderung durch das sog. *Bricker Amendment* (1952-54) sollten in Abkehr von der Vorrangklausel völkerrechtliche Vereinbarungen nur noch nach einem Gesetzesakt des Kongresses innerstaatliche Wirkung entfalten.[249]

---

245 Damit entspricht die richterliche Verfassungsauslegung der US-Verfassung im wesentlichen der Normierung des Bestimmtheitsgebotes im deutschen Grundgesetz in Art. 80 Abs. 1 Satz 2 GG. Vgl. *Pieroth* in *Jarass/Pieroth*, Grundgesetz für die Bundesrepublik Deutschland, 4. Auflage, München 1997, zu Art. 80 Rn 11 f.

246 In US v. Curtiss-Wright Export Corp., 299 U.S. 304,320 (1936) konnte der Präsident unabhängig von einer gemeinsamen Resolution des Kongresses ein Embargo aufgrund seiner Eigenschaft als einziges Organ zur Vertretung der USA auf völkerrechtlicher Ebene ("sole organ") verhängen.

247 INS v. Chadha, 462 U.S. 919 (1983), siehe Fn 174, Abschnitt 3.1.1.(b); *Fisher*, Fn 174, Band 3, S. 1505 ff; *Tribe*, Fn 140, S. 214 ff; *Jackson/Davey/Sykes*, Fn 179, Sec 3.2, S. 115 f.

248 Siehe z.B. The Florsheim Shoe Co. v. US, 4 I.T.R.D. 1571 (CIT 1983).

249 *Wiese*, Der Kampf um das Bricker Amendment, eine Studie über Abschluß und Stellung völkerrechtlicher Abkommen im Verfassungssystem der Vereinigten Staaten, Hamburg 1965, S. 158; *Millett*, The Constitutionality of Executive Agreements, An Analysis of

Dadurch wäre die unmittelbare Anwendbarkeit (self-executing) sowie die Zurückhaltung der Gerichte nach der *Political Question* Doktrin[250] bei völkerrechtlichen Vereinbarungen entfallen, da die Gerichte nur noch das Bundesgesetz anwenden. Nach dem knappen Scheitern der Verfassungsänderung erließ das State Department zur Beruhigung des Kongresses eine innerdienstliche Weisung, die sog. *Circular 175 Procedure* (1955), welche Kriterien für die Auswahl der Vertragsart (Vertrag oder Regierungsabkommen) enthält und sicherstellen soll, daß die Exekutive bei Verhandlungen den Kongreß konsultiert.[251]

Die Erfahrungen mit dem Vietnamkrieg (1954-75) und der Watergate-Affäre (1972) schürten das Mißtrauen gegenüber der Stellung des Präsidenten und gipfelten in der sog. Case Act (1972), wonach Regierungsabkommen vom Außenminister innerhalb von 60 Tagen nach Inkrafttreten dem Kongreß vorgelegt werden müssen.[252] Damit soll verhindert werden, daß der Präsident geheime Abkommen schließt. Ferner kann der Kongreß über die Verweigerung von Haushaltsmitteln versuchen, Einfluß auf die Gestaltung der auswärtigen Angelegenheiten zu nehmen. Das Budgetrecht ist zwar das effizienteste Kontrollmittel des Kongresses, jedoch kann damit die Exekutive im Einzelfall nur schwer kontrolliert werden. Zudem beansprucht der Präsident in auswärtigen Angelegenheiten eigene Kompetenzen kraft Amtes, aufgrund deren er eine Offenlegung und Kontrolle seiner Tätigkeiten verweigern kann, z.B. Geheimhaltung in Fragen der nationalen Sicherheit. In der Iran-Contra Affäre (1986) wurden Gelder aus geheimen Waffenlieferungen an den Iran an die Contras in Nicaragua umgeleitet, obwohl der Kongreß ausdrücklich Ausgaben zur deren

---

United States v. Belmont, New York und London 1990, S. 249 ff; Anlaß für das Bricker Amendment war die vorinstanzliche Entscheidung in *Sei Fujii v. State* (1952), siehe Abschnitt 3.3.2.(c), das der Verpflichtung zur "Achtung und Verwirklichung der Menschenrechte und Grundfreiheiten für alle ohne Unterschied der Rasse, des Geschlechts, der Sprache oder der Religion" aus der Charta der VN eine unmittelbare Wirkung und Vorrang vor den Gesetzen der einzelnen Gliedstaaten zuerkannte, vgl. *Buergenthal*, Entwicklung in der Menschenrechtspolitik der USA, EuGRZ 1989,149, 150 f. Der Supreme Court von Kalifornien entschied zwar, daß die Bestimmungen der Charta der VN keine unmittelbare Anwendbarkeit entfalten, jedoch versetzt die vorinstanzliche Entscheidung einige Abgeordnete in Unruhe, die darin eine Bedrohung für die diskriminierende Gesetzgebung der Gliedstaaten sahen.

250 Zur *Political Question* Doktrin siehe Abschnitt 3.1.3.(c).

251 Siehe Abschnitt 3.1.1.(b).(cc).

252 1 U.S.C. 112b; *Helm-Busch*, Fn 144, S. 220 ff.

Unterstützung verboten hatte.[253] Das Verhalten der Exekutive kann wie in diesem Fall auch zum Gegenstand von parlamentarischen Untersuchungsausschüssen gemacht werden.

Der Kongreß kann zwar durch die legislative Delegation gewisse Vorgaben machen, jedoch hat er weder die Möglichkeit, auf den Gang der Verhandlungen unmittelbar Einfluß zu nehmen, noch hat er nach *US v. Curtiss-Wright Export Corp.* (1936) einen Anspruch, über alle Informationen der Exekutive oder Dokumente in bezug auf Verhandlungen uneingeschränkt unterrichtet zu werden.[254] Der Präsident informiert den Kongreß, sofern nicht die Vertraulichkeit der Verhandlungen entgegensteht. Das Verhandlungsmonopol liegt beim Präsidenten, der nach seinem Ermessen Mitglieder des Kongresses in die Verhandlungsdelegation berufen kann.[255]

Besonders kritisch gesehen wurde im Kongreß der Abbau nichttarifärer Handelsschranken. Die Umsetzung solcher Verpflichtungen erfordert in der Regel erhebliche Änderungen des innerstaatlichen Rechts. Der Umfang der Gesetzesänderungen ist vor Beginn der Verhandlungen oft kaum abschätzbar. Bei der Verhandlung einer Vereinbarung ohne vorherige ausreichende Ermächtigung besteht jedoch bei der Einholung einer nachträglichen Zustimmung die Gefahr, daß im Kongreß inhaltliche Änderungen im Wege von Nachverhandlungen gefordert werden, wodurch das Interesse der Verhandlungspartner an Verhandlungen sinkt. Zudem wollte und konnte der Kongreß diese Gesetzesänderungen nicht mehr dem Präsidenten überlassen, ohne dabei seine Gesetzgeberfunktion zu vernachlässigen. Aus diesem Grunde führte die Aufnahme des Abbaus von nichttarifären Handelsschranken in die Agenda der internationalen Handelsverhandlungen zur Entwicklung eines neuen Zustimmungs- und Beteiligungsverfahren für den Kongreß:[256] Für die Tokio-Runde und die Uruguay-Runde erhielt der Präsident im Wege der legislativen Delegation ein sog. *"fast track"*-Mandat.

---

253 Kritisch *Helm-Busch*, Fn 144, S. 160 ff.

254 US v. Curtiss-Wright Export Corp., 299 U.S. 320,320 ff (1936) unter Hinweis auf Präsident Washington, der die Herausgabe der Korrespondenz und Dokumente an das Repräsentantenhaus hinsichtlich des Jay Treaty (1794) verweigert hat.

255 Beim Auftakt der Uruguay-Runde in Punta-del-Este nahm der Abgeordnete William Frenzel (R-MN) als Mitglied der US-Delegation teil. *Pfeil*, Fn 4, S. 198.

256 *Pfeil*, Fn 4, S. 51 f.

(d) Das "*fast track*"-Mandat

Dieses Verfahren wurde mit der *Trade Act (1974)* für die Tokio-Runde eingeführt.[257] Danach wurde es mehrfach ergänzt, im Kern jedoch beibehalten und diente als Grundlage für nachfolgende Handelsabkommen. Der Kongreß ermächtigt den Präsidenten, innerhalb bestimmter inhaltlicher Zielvorgaben auf völkerrechtlicher Ebene zu verhandeln und behält sich die Zustimmung zum Verhandlungsergebnis und die Implementierung der Vereinbarung in das innerstaatliche Recht vor.[258] Der Präsident muß dem Kongreß die Eröffnung von Verhandlungen notifizieren, ihn über den Verlauf informieren, ihn regelmäßig konsultieren und den beabsichtigten Abschluß mindestens 60 Tage (bei der Uruguay-Runde 120 Tage) vorher anzeigen.

Um ein "*fast track*"-Mandat für ein konkretes Handelsabkommen in Anspruch zu nehmen, muß der Präsident seit der *Trade and Tariff Act (1984)* vom *Ways and Means Committee* des Repräsentantenhauses und *Senate Finance Committee* des Senats "grünes Licht" für seine Anwendung erbitten. Stimmt einer der beiden Ausschüsse innerhalb von 60 Tagen dagegen, kann das Handelsabkommen nur durch den normalen Gesetzgebungsprozeß des Kongresses, mit dessen Möglichkeit Änderungen zu fordern, die erforderliche Zustimmung erhalten.[259]

Für die Implementierung der Vereinbarung in das innerstaatliche Recht beschließt der Kongreß ein Zustimmungs- und Implementierungsgesetz, das einerseits seine Zustimmung für die Vereinbarung enthält und andererseit die Vertragsbestimmungen in die bestehenden Bundesgesetze einarbeitet. Es wird zusammen mit einem *Statement of Administrative Action* (SAA) im Gesetzgebungsverfahren initiiert, in dem die Regierung ihre Ansicht zur Interpretation und Anwendung der WTO-Übereinkommen darlegt. Das SAA ist als eine Selbstverpflichtung der Bundesregierung für künftiges Verhalten auf innerstaatlicher sowie völkerrechtlicher Ebene formuliert.[260] Der Kongreß bestimmt

---

[257] Trade Act (1974), Public Law 93-618, 88 Stat. 1978 (1995).

[258] Näher dazu *Jackson/Davey/Sykes*, Fn 179, Sec. 3.4., S. 142 ff; siehe Abschnitt 3.2.(d) und (e).

[259] Section 401(a), Act 1984, Public Law No. 98-573, 98 Stat. 2948,3014. *Pfeil*, Fn 4, S. 55 und 114.

[260] SAA, S. 1, 1994 USCCAN 4040: "This Statement represents an authoritative expression by the Administration concerning its views regarding the interpretation and application of the Uruguay Round agreements, both for purposes of US international obligations and

das SAA in Sektion 102 (c) URAA als maßgeblichen Willensausdruck der USA bei der Auslegung und Anwendung der Handelübereinkommen sowie der Implementierungsnormen in Gerichtsverfahren.[261] Auf völkerrechtlicher Ebene entfaltet es hingegen keine unmittelbare Bindungswirkung, weil es den anderen Vertragsparteien nicht offiziell übermittelt wird. Allerdings wurden Verpflichtungen aus dem SAA bereits im Rahmen der WTO-Streitbeilegung als Ausdruck eines WTO-konformen Verhaltens der USA bei der Bewertung von Bundesgesetzen angesehen.[262] Da das Gesetz durch den Kongreß im aktuellen Gesetzgebungsverfahren nicht mehr verändert werden kann, kommt dem SAA im Rahmen der historischen Auslegung durch die Gerichte der USA und die WTO-Streitbeilegung eine entscheidende Bedeutung zu.[263]

Sobald der Präsident die Gesetzesvorlage zusammen mit dem SAA einreicht, sorgt ein fester Zeitrahmen für ein beschleunigtes Verfahren. Der Kongreß muß innerhalb von 60 Sitzungstagen (bei Steuerbestimmungen 90 Sitzungstagen) darüber in Form eines Gesetzes abstimmen, ohne daß er inhaltliche Änderungen fordern kann.[264] Die Beratungen in den Ausschüssen sowie die Debatte in beiden Häusern sind zeitlich beschränkt, damit das Verfahren nicht durch Dauerreden (sog. "bottling up" und "filibuster") verzögert werden kann.

Im Gegensatz zur Erteilung des *"fast track"*-Mandates, der Notifizierung des Abschlusses und der Behandlung des Gesetzes im Kongreß besteht für dessen Einbringung keine Zeitvorgabe. Bei der Tokio-Runde dauerte diese Phase sechs, bei der Uruguay-Runde neun Monate. Der Präsident wählt den ihm

---

domestic law. Furthermore, the Administration understands that it is the expectation of the Congress that future Adminstrations will observe and apply the interpretations and commitments set out in this Statement. Moreover, since this Statement will be approved by Congress at the time it implements the Uruguay Round agreements, the interpretations of those agreements included in the Statement carry particular authority."

261 Section 102 (d), URAA; 19 U.S.C. 3512 (d): "The statement of administrative action approved by the Congress under section 101(a) shall be regarded as an authoritative expression by the United States concerning the interpretation and application of the Uruguay Round Agreements and this Act in any judicial proceeding in which a question arises concerning such interpretation and application."

262 United States - Sections 301-310 of the Trade Act of 1974, Report of the Panel, WT/DS152/R, 12.12.1999, S. 330 ff. Siehe *Jakob*, Fn 202, S. 721 f.

263 *Jackson/Davey/Sykes*, Fn 179, Sec. 3.4., S. 146. Die Regelungen des Zustimmungs- und Implementierungsgesetzes können jedoch durch eine spätere Gesetzgebung überholt werden; siehe Abschnitt 3.3.3.

264 19 U.S.C. 2191.

politisch günstig erscheinenden Zeitpunkt, an dem er dem Kongreß die Gesetzesvorlage vorlegt. In der Zwischenzeit muß die Gesetzesvorlage entworfen werden, was umso länger dauert, desto komplexer und innenpolitisch umstrittener die Regelungen im Handelsabkommen sind. Die formale Einbringung des Zustimmungs- und Implementierungsgesetzes markiert indes nicht den Beginn, sondern das Ende der legislativen Mitgestaltung.

Für die Uruguay-Runde formulierte der Kongreß 16 Hauptverhandlungsziele ('principle trade negotiation objectives').[265] Diese berühren das "*fast track*"-Mandat insofern, als der Präsident im SAA darlegen muß, inwieweit die Handelsübereinkommen den Hauptverhandlungszielen entsprechen.[266] Auch mit den Anträgen auf Verlängerung des zeitlich befristeten Verhandlungsmandates mußte der Präsident 1991 und 1993 den jeweiligen Verhandlungsstand in bezug auf die Hauptverhandlungsziele erläutern. Darüberhinaus beinhaltete die Ermächtigung eine Klausel, wonach das "*fast track*"-Mandat enden sollte, wenn binnen 60 Tagen beide Häuser eine Verwerfungsresolution ('procedural disapproval') wegen fehlender Konsultation des Präsidenten verabschieden.[267]

Die *Trade Act (1974)* verpflichtet den Präsidenten zudem, Beratung aus dem privaten Sektor zu suchen, und legt die Struktur des zu errichtenden Beratungsausschusses fest.[268] Das *Advisory Committee for Trade Policy and Negotiations* (ACTPN) bestand in der Uruguay-Runde aus bis zu 45 Repräsentanten

---

[265] Section 1101, Act 1988, 19 U.S.C. 2901 (1995): (1) effektivere Streitbeilegung, (2) Verbesserung des GATT und der mulitlateralen Handelsübereinkommen, (3) mehr Transparenz, (4) angemessene Handelszugeständnisse der Entwicklungsländer, (5) Disziplinierung von Staaten mit ständigem Handelsüberschuß, (6) mehr Zusammenarbeit zwischen den Institutionen des Welthandels und der Währungen, (7) Liberalisierung und Rationalisierung des Handels mit landwirtschaftlichen Produkten, (8) Verbesserung der Disziplinierung von 'unfairen Handelspraktiken' (z.B. Dumping, Beihilfen und Handlungen von Staatsunternehmen), (9) Beseitigung von Handelsschranken für Dienstleistungen, (10) effektive Durchführung von Gesetzen zum Schutz geistigen Eigentums, (11) Beseitigung von Handelsschranken für fremde Direktinvestitionen, (12) Entwicklung von Absicherungsregeln, (13) Beseitigung von Wettbewerbsverzerrungen, (14) Verweigerung von Arbeiterrechten soll kein Wettbewerbsvorteil bringen, (15) Beseitigung von Schranken für den Zugang zu Hochtechnologie und (16) Beseitigung von Nachteilen aus Grenzabgaben für den Ausgleich von indirekten Steuern.

[266] Section 1102 (b) (2), 1988 Act, 19 U.S.C. 2902 (b) (2) (1995).

[267] Section 1103 (c) (1) (E), 19 U.S.C. 2903 (1995).

[268] Section 135, Trade Act 1974, 19 U.S.C. 2155 (b) (1), ergänzt durch Section 128 URAA.

aus den Bereichen Arbeit, Industrie, Landwirtschaft, kleine Geschäfte, Dienstleistung, Wiederverkäufer, Verbraucherschutz und nichtstaatlichen Umweltschutzorganisationen. Zusätzlich hatte der Präsident seiner Ermächtigung entsprechend weitere 37 beratende Ausschüsse eingerichtet, die zwischen acht und 95 Mitglieder hatten, so daß insgesamt über 1.000 Personen aus dem privaten Sektor direkt in die Beratungen involviert waren. Privatpersonen und Lobbyisten konnten somit versuchen, über die Mitglieder des Kongresses und die der Beratungsausschüsse Einfluß auf einzelne Verhandlungspositionen zu erlangen. Obwohl der USTR als Verhandlungsführer nicht an die Empfehlungen der Beratungsausschüsse gebunden ist, muß er diese während des Verhandlungsprozesses über jede wesentliche Abweichung davon informieren. Bei Abschluß der Handelsübereinkommen ist jeder dieser Ausschüsse gehalten, in Berichten an den Präsidenten, den USTR und den Kongreß zu beurteilen, inwieweit das Verhandlungsergebnis den "gesetzlichen" Hauptverhandlungszielen entspricht.[269]

Den erste inoffizielle Entwurf des Zustimmungs- und Implementierungsgesetzes für die WTO-Übereinkommen der Uruguay-Runde erstellte der USTR, nachdem dieser die zuständigen Ausschüssen des Kongresses und die beratenden Ausschüsse aus dem privaten Sektor konsultiert hatte. Der Entwurf wurde den jeweiligen Ausschüssen des Kongresses zugeleitet.[270] Das *Ways and Means Committee* und das *Senate Finance Committee* schrieben hinter verschlossenen Türen ihre Version eines Entwurfs, über die in beiden Häusern des Kongresses in einer sog. Schattenkonferenz debattiert wurde. Den vereinheitlichten Entwurf schickte der Kongreß an den Präsidenten. Dieser legte dann das Gesetz als "seine" Gesetzesvorlage wieder zusammen mit dem SAA dem Kongreß offiziell zur Zustimmung vor.[271]

Im Zuge der Entwicklung des Entwurfs können im Rahmen eines politischen "package deals" zusätzliche Regelungen aufgenommen werden, die mit den Handelsabkommen in keinem unmittelbaren Zusammenhang stehen. So hatte zum Beispiel der Präsident während der Erarbeitung der Gesetzesvorlage für die WTO-Übereinkommen Interesse an der Erneuerung des *"fast track"*-Man-

---

[269] *Leebron, David W.*, Implementing of the Uruguay Round Results in the United States, S. 175,197 ff in *Jackson/Sykes* (Hg.), Implementing the Uruguay Round, Oxford 1997.

[270] *Leebron*, Fn 269, S. 191 f.

[271] *Jackson/Davey/Sykes*, Fn 179, Sec. 3.4., S. 144; *Pfeil*, Fn 4, S. 168 und 199.

dates, verzichtete jedoch letztlich darauf im Rahmen der politischen Auseinandersetzung.[272] Zwar erlaubt das Verfahren nur 'erforderliche oder angemessene' Implementierungsnormen, jedoch interpretiert der Präsident diesen Passus regelmäßig dahingehend, daß alles als 'angemessen' zu betrachten ist, was ihm ausreichend Stimmen für die Zustimmung einbringt oder einzubringen scheint.[273]

Die Nichtbeachtung der Voraussetzungen des *"fast track"*-Verfahrens nimmt dem Präsidenten nur die priviligierte Möglichkeit dieses Verfahrens, nicht aber seine Befugnis, ein Handelsabkommen entweder als Vertrag i.S.d. Vertragsabschlußklausel oder als Regierungsabkommen mit nachträglicher Zustimmung durch den Kongreß abzuschließen. Obgleich hinsichtlich des *"fast track"*-Verfahrens ein förmliches Bundesgesetz besteht, hat es nur den Status von internen Verfahrensregeln des Kongresses. Jedes seiner beiden Häuser könnte es durch Änderung seiner allgemeinen Verfahrensregeln mit einfacher Mehrheit modifizieren oder abschaffen.[274]

Mit der Selbstbeschränkung des Kongresses sollen Debatten über Neuverhandlungen oder nachträgliche Forderungen nach Vorbehalten bei der Ratifikation ausgeschlossen und dadurch das wirksame Zustandekommen von völkerrechtlichen Vereinbarungen beschleunigt werden.[275] Die zeitliche Befristung des Mandats fördert durch psychologischen Druck auf die US-Bundesregierung und die Verhandlungspartner deren Anstrengungen für den Abschluß innerhalb

---

[272] *Pfeil*, Fn 4, S. 201 f und 208 m.w.N.

[273] 19 U.S.C. 2191 (b) (1) (1988): "The term 'implementing bill' ... which contains ... (C) if changes in existing laws or new statutory authority is required to implement such trade agreement or agreements, provisions, necessary or appropriate to implement such trade agreement ..." Kritisch *Charnovitz*, No time for NEPA: Trade Agreements on a Fast Track, 3 Minne. J. Global Trade, 1994,195,204 und 227 m.w.N. *Pfeil*, Fn 4, S. 214; *Leebron*, Fn 269, S. 191 ff m.w.N. verweist auf Verschärfungen bei Anti-Dumping, um die später erforderliche Liberalisierung auszugleichen.

[274] 19 U.S.C. 2191: "-STATUTE- (a) Rules of House of Representatives and Senate ... (1) as an exercise of the rulemaking power of the House of Representatives and the Senate, respectively, and as such they are deemed a part of the rules of each House ... (2) with full recognition of the constitutional right of either House to change the rules ..." Vgl. *Charnovitz*, Fn 273, 3 Minne. J. Global Trade 1994,195, 202 und 204; *Leebron*, Fn 269, S. 190 f.

[275] *Vagts*, Fn 182, 89 AJIL 1995,40,42.

der Frist.[276] Die endgültige Zustimmung und Implementierung durch den Kongreß erfolgte für das Ergebnis der Tokio-Runde in der *Trade Agreements Act (1979)* und für das Ergebnis der Uruguay-Runde durch die *Uruguay Round Agreements Act (URAA 1994)*.

Das *"fast track"*-Verfahren ist die Kombination eines sog. legislativen Vetos mit einem einfachgesetzlichen sog. *Bricker Amendment* für Handelsabkommen, wobei die parlamentarische Zustimmung den Anforderungen aus *INS v. Chadha* (1983) als förmliches Bundesgesetz (Act of Congress) nachkommt[277] und zugleich die innerstaatlichen Wirkungen bestimmt. Somit können beide Häuser in den verschiedenen Phasen des Verfahrens ein "Vetorecht" ausüben, in dem sie im Vorfeld von Verhandlungen kein *"fast track"*-Verfahren gesetzlich zur Verfügung stellen, zu Beginn der konkreten Verhandlungen der Anwendung des Verfahrens widersprechen, während der Verhandlungen das Mandat entziehen oder der Verlängerung des befristeten Verfahrens nicht zustimmen oder am Ende dem Ergebnis der Verhandlungen im Zustimmungs- und Implementierungsgesetz nicht zustimmen. Obwohl die *Uruguay Round Agreements Act (1994)* detaillierte Regelungen für die innerstaatliche Einarbeitung des Inhalts der WTO-Übereinkommen in die bestehenden US-Bundesgesetze enthält, läßt sie doch Raum für eine beschränkte innerstaatliche Geltung der Übereinkommen selbst.[278]

Will der Präsident nicht Gefahr laufen, daß die Verhandlungsergebnisse am Ende an der Ablehnung des Kongresses scheitern, muß er auf die im Kongreß vertretenen Stimmungen Rücksicht nehmen und sie in die Verhandlungsposition der USA einbeziehen. Mit der Beteiligung beider Häuser des Kongresses und von Repräsentanten der Gesellschaft erreicht das Verfahren eine intensivere Rückkoppelung und breitere demokratische Legitimation als das von den Verfassungsvätern vorgesehene, in der Praxis ohne Beratung durchgeführte Verfahren nach der Vertragsabschlußklausel ("with the advice and consent").[279]

---

[276] *Ipsen/Haltern*, Fn 31, RIW 1994,717.

[277] INS v. Chadha, 462 U.S. 919,948 und 950 ff (1983), siehe Fn 174, Abschnitt 3.1.1.(b).(aa); *Jackson/Davey/Sykes*, Fn 179, Sec. 3.2, S. 116.

[278] Section 101 (b) (2) (A) und Section 102 (c) (1) URAA, Public Law 103-465, 108 Stat. 4817 f (1994); siehe Abschnitt 3.3.

[279] *Ackerman/Glove*, Fn 157, 108 Harvard L.R. 1995,799,905 ff und 915 f.

Seit Einführung des *"fast track"*-Verfahrens sind die Entscheidungsprozesse am Kongreß in bezug auf Handelsabkommen transparenter und offener geworden. Das private Beratersystem sollte von Beginn der Verhandlungen an den innenpolitischen Konsens fördern und das Lobbying gegenüber dem Kongreß vermindern. Letzteres ist allerdings immer weniger der Fall: Die verstärkte Verflechtung der US-Wirtschaft mit der Weltwirtschaft und deren zunehmende Abhängigkeit vom Außenhandel hat die Zahl der Gewinner und Verlierer in der Außenhandelspolitik ansteigen lassen. Die Vorgabe von Verhandlungszielen für das *"fast track"*-Mandat zeigt die Politisierung der Außenhandelspolitik. Die Außenhandelspolitik wird damit zum "Megathema", das alles und jeden betrifft. Im Ergebnis werden Entscheidungsprozesse langsamer und Kompromisse schwieriger.[280]

Eine Konzession des Präsidenten an den Kongreß besteht in Sektion 125 URAA, dem sog. Widerrufsvorbehalt im Zustimmungsgesetz, wonach der Kongreß seine Zustimmung zu den WTO-Übereinkommen im Wege eines umgekehrten *"fast track"*-Verfahrens widerrufen kann.[281] Die dazu erforderliche gemeinsame Entschließung (Joint Resolution) kann jedes Mitglied eines der beiden Häuser des Kongresses nach dem periodischen Fünfjahresbericht des Präsidenten über die Beteiligung der USA in der WTO einbringen. Der Text dieser gemeinsamen Entschließung ist bereits im Zustimmungsgesetz festgelegt. Die gemeinsame Entschließung ist Gegenstand des Vetos durch den Präsidenten, das mit Zweidrittelmehrheit im Kongreß überstimmt werden kann.

Der Widerruf betrifft nur die innerstaatliche Zustimmung des Kongresses zum Abschluß der WTO-Übereinkommen, nicht aber ihre völkerrechtliche Verbindlichkeit. Nach dem Widerruf der Zustimmung werden allerdings die Bestimmungen der *Uruguay Round Agreements Act (1994)* innerstaatlich wirkungslos, so daß der Präsident faktisch gezwungen wird, für die USA den Rücktritt aus der WTO nach Art. XV Abs. 1 WTOÜ zu erklären, um die Feststellung von Verletzungen der WTO-Übereinkommen im Streitbeilegungsverfahren zu vermeiden. Der Rücktritt ist dem Generaldirektor der WTO schriftlich mit einer sechsmonatigen Kündigungsfrist anzuzeigen. Ein Vorbehalt auf völkerrechtli-

---

[280] *Pfeil*, Fn 4, S. 95 f, 106 f, 119 und 231.

[281] Sec. 125 URAA, Public Law 103-465, 108 Stat. 4833 f (1994), 19 U.S.C. 3535 (c)(1): "That the Congress withdraws its approval, provided under section 101(a) of the Uruguay Round Agreements Act, of the WTO Agreement as definded in section 2(9) of that Act."

cher Ebene gegenüber den WTO-Übereinkommen hinsichtlich eines automatischen Ausscheidens der USA im Falle eines Widerrufs der Zustimmung des Kongresses wäre nach Art. XVI Abs. 5 WTOÜ unzulässig.

Nicht verwirklicht wurde bislang die in der Öffentlichkeit angekündigte nationale Kommission zur Überprüfung der WTO-Streitbeilegung (WTO Dispute Settlement Review Commission).[282] Diese Kommission soll aus fünf Bundesrichtern bestehen und Entscheidungen gegen die USA im Rahmen der Streitbeilegung der WTO auf ihre Ordnungsgemäßheit überprüfen. Sofern die Kommission drei ungerechtfertigte Entscheidungen der WTO gegen die USA innerhalb von fünf Jahren feststellt, kann der Kongreß den Päsidenten zu Nachverhandlungen auffordern, die im Falle eines nichtbefriedigenden Ergebnisses zum Widerruf der Zustimmung des Kongresses zu den WTO-Übereinkommen führen können. Die Wirkungen eines Widerrufs wären dieselben wie unter Sektion 125 URAA. Ferner wird in den Gesetzentwürfen die Beteiligung von amerikanischen Privatpersonen mit einem direkten wirtschaftlichen Interesse als Mitglied der US-Delegation in der WTO-Streitbeilegung gefordert. Nach der derzeitigen Rechtslage können nichtstaatliche Verbände und Unternehmen nur auf zwei Wegen ihre Interessen in einem Streitbeilegungsverfahren geltend machen: (1.) sie können ein beteiligtes Mitglied dazu gewinnen, ihre schriftliche Stellungnahme in deren Schriftsatz aufzunehmen, oder (2.) die Berücksichtigung ihres selbständig unaufgefordert eingereichten Schriftsatzes ("amicus curiae brief") steht im Ermessen der Panel der Streitbeilegung.[283]

Der innerstaatliche Widerufsvorbehalt nach Sektion 125 URAA und die geplante WTO Dispute Settlement Review Commission sind nicht völkerrechtswidrig,[284] da es im Falle eines innerstaatlichen Widerrufs des Zustimmungs- und Implementierungsgesetzes den USA frei steht, wie sie ihre völkerrechtlichen Verpflichtungen erfüllt. Der Präsident kann jederzeit von der im WTO-Übereinkommen vorgesehen Kündigungsmöglichkeit Gebrauch machen. Wäh-

---

[282] Senate Bill S. 16, 104th Cong. (1995), S. 1438, 104th Cong. (1995), House Bill H.R. 1434, 104th Cong. (1995), H.R. 3314 104th Cong. (1996), H.R. 78, 105th Cong. (1997); *Leebron*, Fn 269, S. 223 f.

[283] WTO Appellate Body-Report vom 12.10.1998, "United States - Import Prohibitions of Certain Shrimp Products", WT/DS53/AB/R; *Ohlhoff*, Beteiligung von Verbänden und Unternehmen in WTO-Streitbeilegungsverfahren, EuZW 1999, 139,141 ff.

[284] A.A. *McDonald*, Die (Nicht-)Umsetzung von Panel-Beschlüssen der WTO im Recht der USA und der EU, ZEUS 1999,249,258 f.

rend der Kündigungsfrist besteht allerdings die Gefahr, daß die USA gegen ihre Verpflichtungen aus den WTO-Übereinkommen verstößt. Diese Gefahr kann nur reduziert werden, wenn der Kongreß ein "Übergangsgesetz" schafft, wonach der innerstaatliche Widerruf der Zustimmung erst mit Ablauf der sechsmonatigen Kündigungsfrist wirksam wird. Das von der Tokio-Runde zur Uruguay-Runde wachsende Ausmaß an Vorgaben von Seiten des Kongresses zeugt von dem zunehmenden Willen der Politiker, über die inhaltliche Aushandlung von Handelsabkommen hinausgehenden Einfluß auf die Politik der Regierung innerhalb der WTO zu erlangen.[285]

(e) Keine Bindung des Kongresses

Fraglich ist, ob der Kongreß Bundesgesetze erlassen kann, wozu auch ein Verhandlungsmandat für Regierungsabkommen gehört, die inhaltlich völkerrechtlichen Verpflichtungen der USA widersprechen. Der Supreme Court vertrat in der Entscheidung *Chinese Exclusion Case* (1889) die Auffassung, daß der Verstoß gegen völkerrechtliche Verpflichtungen eine Prärogative des souveränen Staates darstellt, die einem Staat nicht verwehrt werden kann, ohne seine Unabhängigkeit in Frage zu stellen. Die Kompetenz zur Regulierung des Handels mit anderen Staaten ist folglich eine Kompetenz des souveränen Staates, die in ihrer Ausübung nur durch die Verfassung selbst und durch außenpolitische Erwägungen beschränkt ist.[286] Die Verfassung enthält jedoch keine Bestimmung, die den Kongreß bei seiner Gesetzgebung an völkerrechtliche Vorgaben bindet. Aus diesem Grunde kann der Kongreß bei seiner Gesetzgebung gegen völkerrechtliche Verpflichtungen der USA, beispielsweise aus den WTO-Übereinkommen, verstoßen.[287] Wenn die völkerrechtliche Vereinbarung innerstaatliche Geltung beansprucht, dann stellt sich im Kollisionsfall die

---

[285] *Leebron*, Fn 269, S. 189.

[286] Chinese Exclusion Case, 130 U.S. 581,605 ff (1889): "... to refuse to execute a treaty, the power to do so was prerogative, of which no nation could be deprived without deeply affecting its independence; ... The powers to declare war, make treaties, suppress insurrection, repel invasion, regulate foreign commerce, secure republican governments to the States, and admit subjects of other nations to citizenship, are all sovereign powers, restricted in their exercise only by the Constitution itself and considerations of public policy and justice which control, more or less, the conduct of all civilized nations."

[287] *Henkin*, Foreign Affairs, Fn 137, S. 212.

Rangfrage innerhalb der Rechtsordnung der USA.[288] Der Verstoß hat keinen Einfluß auf die Geltung der Verpflichtung auf völkerrechtlicher Ebene[289] und führt zu deren Verletzung, wodurch sich die USA völkerrechtlich haftbar machen kann.

3.1.3. Vor den Gerichten der USA

Die Verfassung der USA nennt als einziges Gericht den Supreme Court und verzichtet auf eine weitere Ausgestaltung der Judikative, die erst durch den Kongreß mittels eines Gerichtsverfassungsgesetzes in Form eines einfachen Bundesgesetzes erfolgte.[290] Nach der Gerichtsbarkeitsklausel (Judicial Power Clause) in Art. III Abs. 2 Nr. 1 US-Verfassung erstreckt sich die Sachentscheidungsbefugnis der Bundesgerichte auf alle konkreten Streitigkeiten, die aus der Verfassung, den Gesetzen der Vereinigten Staaten oder ihren völkerrechtlichen Verträgen entstehen:

> Art. III sec. 2 cl. 1 US-Verfassung: "The judicial power shall extend to all cases, in law and equity, arising under this Constitution, the laws of the United States, and treaties made, or which shall be made, under their authority; ..."[291]

Nur der Supreme Court leitet seine Gerichtsbarkeit als Gericht erster Instanz unmittelbar aus der Verfassung ab, seine Zuständigkeit in Berufungsverfahren und die Zuständigkeit der Bundesgerichte leitet sich aus einfachen Gesetzen ab.[292] Neben den Bundesgerichten stehen parallel die Gerichte der Gliedsstaa-

---

[288] Siehe Abschnitt 3.3.2. und 3.3.3.

[289] *Henkin*, Foreign Affairs, Fn 137, S. 213.

[290] Art. III sec. 1 cl. 1 US-Verfassung; Judiciary Act, 1. Stat. 73 (1789).

[291] Übersetzung des Verfassers: "Die richterliche Gewalt soll sich auf alle Fälle erstrecken, in Recht wie in Billigkeit, die aus dieser Verfassung, dem Bundesrecht der Vereinigten Staaten und den Verträgen entstehen, die sie geschlossen hat oder schließen wird; ..."

[292] Nach Art. III sec. 2 cl. 2 US-Verfassung hat der Supreme Court in Fällen betreffend Diplomaten und Gliedstaaten als Partei eine Jurisdiktion als Gericht erster Instanz. In allen anderen Fällen - z.B. aus völkerrechtlichen Verträgen und Regierungsabkommen - kann er nur Appellationsgericht sein. Vgl. *Vázquez*, The Four Doctrines of Self-Executing Treaties, 89 AJIL 1995,695,699; zitiert: The Four Doctrines.

ten, die durch deren Verfassung oder Gesetze errichtet werden. In allen Gerichten können völkerrechtliche Fragen aufgeworfen und entschieden werden. Einige bestimmte Materien des Außenhandels, wie z.B. Ausgleichszölle gegen Dumping und Subventionen, sind ausschließlich dem US Court of International Trade (CIT) in erster Instanz sowie dem Court of Appeals for the Federal Circuit als Berufungsgericht zugewiesen.[293]

In der frühen Entscheidung *Marbury v. Madison* (1803) entwickelt der Supreme Court die gerichtliche Überprüfung von (Bundes-) Gesetzen.[294] Die Begründung stützt sich auf mehrere ineinander greifende Erwägungen: das Wesen einer geschriebenen Verfassung, die Aufgabe der Gerichte, die Bindung der Gerichte an die Verfassung, der Amtseid der Richter und die Vorrangklausel in Artikel VI US-Verfassung.[295] Demgegenüber kann die gerichtliche Überprüfung der Gesetze der einzelnen Gliedstaaten direkt aus der Vorrangklausel abgeleitet werden.[296] Das Gericht befindet danach Rechtsnormen in Widerspruch zur Verfassung in ihrer Wirkung als nichtig und wendet sie im konkreten Fall nicht an.[297] Damit fällt es allerdings kein Gestaltungsurteil, sondern nur ein Feststellungsurteil.[298] Die Rechtsfolge der Nichtanwendung der verfassungswidrigen Norm ergibt sich aus den durch die höherrangige Verfassung

---

293 *Davey*, The United States Court of International Trade and the Court of Appeals for the Federal Circuit, in *Petersmann/Jaenicke*, Adjudication of International Trade Disputes in International and National Economic Law, Fribourg, 1992, S. 297 ff. Vgl. 28 U.S.C. 1581 f.

294 Marbury v. Madison, 5 U.S. (1 Cranch) 137 ff (1803).

295 *Brugger*, Fn 222, S. 7 ff. Vgl. Abschnitt 3.3.1.

296 *Klein*, Das richterliche Prüfungsrecht in den Vereinigten Staaten zu Beginn des vorigen Jahrhunderts, Zur Auslegung von Art. VI Abs. 2 US-Verfassung, ZaöRV 1974,83,96 f.

297 Marbury v. Madison, 5 U.S. (1 Cranch) 137,177 ff (1803): "It is emphatically the province and duty of the judicial department to say what the law is ... [S. 180:] Thus, the particular phraseology of the constitution of the United States confirms and strengthens the principle, supposed to be essential to all written constitutions, that a law repugnant to the constitution is void, and that courts, as well as other departments, are bound by that instrument." *Klammerzusatz durch den Verfasser.*

298 US v. Butler, 297 U.S. 1,62 f (1936): "All the court does, can do, is to announce its considered judgment upon the question. The only power it has, if such it may be called, is the power of judgment. This court neither approves nor condemns any legislative policy. Its delicate and difficult office is to ascertain and declare whether the legislation is in accordance with, or in contravention of, the Constitution; and having done that, its duty ends." Vgl. *Brugger*, Fn 222, S. 23 f; *Tribe*, Fn 140, § 3-3, S. 26 ff.

den Gewalten gezogenen Schranken.[299] Da die Gerichte über die sog. *Stare-Decisis*-Doktrin nur an Entscheidungen unmittelbar höherer Gerichte gebunden sind, kann es zu unterschiedlichen Entscheidungen kommen. Der Supreme Court selbst ist an seine Vorentscheidungen nicht gebunden, vor ihm kann das bessere Argument (oder eine andere Zusammensetzung der Richterbank) immer zur neuen Rechtserkenntnis führen.[300]

(a) Die Gerichtsbarkeit über Regierungsabkommen

Regierungsabkommen können unter den Begriff Vertrag ("treaty") oder einen weit verstandenen Begriff Bundesrecht ("laws of the United States") in der Gerichtsbarkeitsklausel fallen.[301] Der Supreme Court hat sich mit dieser verfassungsrechtlichen Frage noch nicht befaßt. Der Begriff des Vertrages wird in der Rechtsterminologie der USA ambivalent benutzt. Bei der Auslegung von Bundesgesetzen hat der Supreme Court mehrfach angenommen, daß der Kongreß mit dem einfachgesetzlichen Begriff des Vertrages sowohl Verträge i.S.d. Vertragsabschlußklausel als auch Regierungsabkommen gemeint hat.[302] Zu diesem Verständnis des gesetzgeberischen Willens kam das Gericht unter Heranziehung der Gesetzesmaterialien, womit die historische Auslegung die ausschlaggebende Auslegungsmethode von Bundesgesetzen darstellt.

Die Gerichtsbarkeitsklausel ist im Zusammenhang mit der Vorrangklausel zu sehen, welche die gleiche Aufzählung von Begriffen (Constitution, treaties und laws of the United States) enthält.[303] Aufgrund der Erfahrungen aus der Zeit der Articles of Confederation (1781-1789), als der Kongreß keine rechtlichen Möglichkeiten zur Durchsetzung seiner Bundesgesetze und Verträge gegenüber

---

[299] *Klein*, Fn 296, ZaöRV 1974,83,93.

[300] *Blumenwitz*, Einführung in das anglo-amerikanische Recht, 5. Auflage, München 1994, S. 24 ff (30) m.w.N.; In Reid v. Covert, 354 US 1,5 (1957) verwarf der Supreme Court nach einer Wiederaufnahme die frühere Entscheidung in der Sache, 351 U.S. 470,487 (1956), wobei *Justice Harlan* auf S. 65 einräumt, das zweite Mal mehr Zeit zum Nachdenken gehabt zu haben. a.A. *Helm-Busch*, Fn 144, S. 183 fordert einen Verfassungswandel.

[301] Das Restatement § 111 Comment (e) ordnet Verträge, Völkergewohnheitsrecht und Regierungsabkommen in der Gerichtsbarkeitsklausel undifferenziert unter 'Laws of the United States, and Treaties' ein.

[302] Weinberger v. Rossi, 456 U.S. 25,29 ff (36) (1982); Altman v. US, 224 U.S. 583,601 (1912).

[303] Art. VI sec. 2 US-Verfassung; siehe Abschnitt 3.3.1.

den einzelnen Gliedstaaten hatte, wollten die Verfassungsväter mit der Verfassung (1789) eine Stärkung der Bundesgewalt erreichen. Zu diesem Zweck erklärten sie durch die Vorrangklausel die Verfassung, die Bundesgesetze sowie die völkerrechtlichen Verträge zum 'obersten Recht des ganzen Landes' ("supreme law of the land") und sicherten dessen Vorrang vor dem Recht der Gliedstaaten in der Gerichtsbarkeitsklausel durch die Gerichte ab. Damit kann sich die Bundesgewalt mit ihren Verträgen als Teil der Außenpolitik gegenüber den Gliedstaaten durchsetzen. Gleichzeitig wird die Gefahr der Verletzung von völkerrechtlichen Verpflichtungen der USA, insbesondere seitens der Gliedstaaten, durch die Einklagbarkeit der Verpflichtungen vor den Gerichten durch Individuen vermindert.[304]

In der Praxis werden die Regierungsabkommen im Gerichtsverfassungsgesetz unter dem einfachgesetzlichen Begriff des Vertrages ("treaty") subsumiert.[305] In der deutschen Literatur wird teilweise eine Einordnung der Regierungsabkommen unter den Begriff der Verträge in der Gerichtsbarkeits- und der Vorrangklausel vertreten, der dazu weiter als in der Vertragsabschlußklausel gefaßt wird.[306] Eine Erörterung des Problems erfolgt passenderweise bei der Auslegung der Vorrangklausel.[307]

Neben den Gerichten sind auch die nationalen Behörden verpflichtet, die unmittelbar anwendbaren völkerrechtlichen Vertragsbestimmungen innerstaatlich zu beachten. Letztlich aber entscheiden die nationalen Gerichte, ob eine völkerrechtliche Norm innerstaatliche Beachtung verdient und werden somit zum entscheidenden Umsetzungsorgan der völkerrechtlichen Verpflichtungen.[308]

---

[304] *Vázquez*, The Four Doctrines, Fn 292, 89 AJIL 1995,695,696 ff; *ders.*, Treaty-Based Rights and Remedies of Individuals, 92 Columbia L.Rev. 1992,1082,1107 ff, zitiert: Treaty Based Rights; Ware v. Hylton, 3 U.S. (Dall. 3) 199,272-276 (1796). Anlaß des Streites war der Friedensvertrag mit Großbritannien (1783), der die Restitution von Vermögenswerten an Briten vorsah, die durch Gesetze einzelner Gliedstaaten beschlagnahmt worden waren.

[305] Altman v. US, 224 U.S. 583,601 (1912); Restatement § 111 Comment (e) und RN 4; 28 U.S.C. 1331.

[306] *Kühner*, Fn 170, 35 JöR 1986,365,377 und 391 f; *Helm-Busch*, Fn 144, S. 70.

[307] Abschnitt 3.3.1.

[308] Vgl. Foster & Elam v. Neilson, 27 U.S. (2 Pet.) 253,314 (1829); Diggs v. Richardson, 555 F.2d. 848,851 (D.C.Cir.1976): "Whether an international agreement of the United States is self-executing is a matter of interpretation to be determined by the courts."; US v. Postal, 589 F.2d 862,876 (5th Cir.1979), cert. denied 444 U.S. 832 (1979); Haitian

Die klagenden Bürger oder Unternehmen fördern durch die Beschreitung des Klagewegs die innerstaatliche Beachtung der völkerrechtlichen Normen, tragen dabei aber auch die Kosten vor Gericht, die in den USA für die obsiegende Partei nicht erstattungsfähig sind.

Unerwähnt in der Verfassung ist neben den Regierungsabkommen auch das Völkergewohnheitsrecht, das der Supreme Court als "federal law" unter den Begriff Bundesrecht ("laws of the United States") in der Vorrang- und der Gerichtsbarkeitsklausel einordnet.[309] Das Völkergewohnheitsrecht spielt im Bereich des internationalen Handels keine Rolle.

Nur soweit die völkerrechtlichen Regeln Bestandteil der innerstaatlichen Rechtsordnung der USA werden, können sie auch Gegenstand eines Verfah-

---

Refugee Center, Inc. v. Baker, 949 F.2d 1109,1114 (11th Cir.1991). *Buchs*, Das Phänomen der unmittelbaren Anwendbarkeit völkerrechtlicher Vertragsbestimmungen in der Rechtsprechung der Gerichte Deutschlands, Österreichs, der Schweiz und der Vereinigten Staaten von Amerika, Baden-Baden 1993, S. 37; *Henkin*, Foreign Affairs, Fn 137, S. 206 ff m.w.N.; *Jackson*, United States, in *Jacobs/Roberts* (Hg.), The Effect of Treaties in Domestic Law, London 1987, S. 145, zitiert: Effect of Treaties; *Klein*, Fn 296, ZaöRV 1974,83,98 f; *Vázquez*, Treaty-Based Rights, Fn 304, 92 Columbia L.Rev. 1992,1082,1123 ff.

309 Banco National de Cuba v. Sabbatino, 376 U.S. 398,425 (1964); Restatement, § 111 (1) Comment (d), (e) und RN 4; *Henkin*, International Law as Law in the United States, 82 Michigan L.R., 1984,1555 ff, zitiert: International Law; *Koh*, Is International Law Really State Law?, 111 Harvard L.R. 1998,1824 ff; kritisch *Bradley/Goldsmith*, Federal Courts and the Incorporation of International Law, 111 Harvard L.R. 1988,2260 ff; *dieselben*, Customary International Law as Federal Common Law: A Critique of the Modern Position, 110 Harvard L.R. 1997,816 ff. Vgl. The Paquete Habana 175 U.S. 677,700 (1900): "International law is part of our law, and must be ascertained and administered by the courts of justice of appropriate jurisdiction as often as questions of right depending upon it are duly presented for their determination. For this purpose, where there is no treaty and no controlling executive or legislative act or judicial descision, resort must be had to the customs and usages of civilized nations." In Gracia-Mir v. Meese, 788 F.2d 1446 (11th Cir.), cert. denied, 107 S.Ct. 289 (1986) legte das Gericht die Wendung "controlling executive act" dahin aus, daß der Präsident und Vertreter der Exekutive (Attorney General) beliebig entgegen Völkergewohnheitsrecht handeln können. Kritisch dazu *Henkin*, Chinese Exclusion, Fn 138, 100 Harvard L.R. 1987,853,883 ff, wonach der Präsident und die Vertreter der Exekutive nur aufgrund ihrer verfassungsgemäßen Kompetenzen handeln können.

rens vor den nationalen Gerichten sein.[310] Vor den Gerichten gelten allerdings die allgemeinen Zulässigkeitsvoraussetzungen, z.B. der Antragsgrundsatz, so daß sie nicht von sich aus tätig werden oder eine Befassung aus anderen Gründen ablehnen können. Die Entstehung eines Streites ("cases ... arising under") im Sinne der Gerichtsbarkeitsklausel erfordert, daß der Kläger seinen Klageanspruch ("cause of action") auf eine völkerrechtliche Vereinbarung stützt.[311] Die Klage könnte unter Berufung auf eine fehlende Klagebefugnis *("standing to sue")* oder wegen der richterlichen Zurückhaltung angesichts einer sog. politischen Frage *("political question doctrine")* als unzulässig verworfen werden. Der Klageanspruch und die Klagebefugnis stehen dabei in Zusammenhang mit der Frage nach der unmittelbaren Anwendbarkeit (self-executing) der völkerrechtlichen Norm.[312]

(b) Die Klagebefugnis (*Standing to Sue*)

Die Beschränkung der Gerichtsbarkeit unter Art. III US-Verfassung auf Fälle ("cases") und Streitigkeiten ("controversies") wird vom Supreme Court als Ausdruck der Gewaltentrennung angesehen.[313] Im Rahmen der Zulässigkeit einer Klage bedarf es einer Klagebefugnis (*"standing to sue"*), wonach der Kläger ein rechtlich schützenswertes und betroffenes Interesse im vorliegenden Streit haben muß.[314] Das Gericht hat dazu in mehreren Entscheidungen einen Zwei-Stufen Test entwickelt: Der Kläger muß behaupten, (1.) daß er persönlich eine Verletzung in eigenen Rechten tatsächlich erlitten hat oder zu erleiden

---

[310] Vgl. *Henkin*, Chinese Exclusion, Fn 138, 100 Harvard L.R. 1987,853,866; Restatement § 111; zuständig können die Gerichte der einzelnen Gliedstaaten oder die Bundesgerichte sein.

[311] Nach Restatement § 111 Comment (e) entspricht dies auch dem Gerichtsverfassungsgesetz in 28 U.S.C. 1331; Vgl. Restatement § 907 und Louisville & Nashville R.R. Co. v. Mottley, 211 U.S. 149,152 ff (1908) m.w.N.

[312] Siehe Abschnitt 3.3.2. Vgl. *Brilmayer*, International Law in American Courts: A Modest Proposal, 100 Yale L.J. 1991,2276,2289 und 2291 ff.

[313] Allen v. Wright, 468 U.S. 737,750 (1984): "Article III of the Constitution confines the federal courts to adjudicating actual 'case' and 'controversies.' As the Court explained in Valley Forge Christian College v. Americans United for Separation of Church and State, Inc., 454 U.S. 464,471-476 ... (1982), the 'case or controversy' requirement defines with respect to the Judicial Branch the idea of separation of powers on which the Federal Government is founded."

[314] Vgl. *Fletcher*, The Structure of Standing, 98 Yale L.J. 1988,221,229 ff; *Brugger*, Fn 222, S. 18 f; Black's Law Dictionary, Fn 136, "Standing to sue doctrine".

droht, und (2.) daß eine faire Kausalität zwischen angegriffener Handlung und Verletzung besteht und daß diese durch eine günstige Entscheidung wahrscheinlich wiedergutgemacht werden kann.[315] Zusätzlich zu diesen aus der Verfassung abgeleiteten Voraussetzungen werden in der Rechtsprechung weitere Grundsätze angewandt: Der Kläger kann nur seine eigenen Rechte geltend machen. Allgemeine Beschwerden sind ausgeschlossen, die besser durch die Gesetzgebung behandelt werden. Der Klageanspruch muß in den Schutzzweck der strittigen Norm fallen.[316]

Die einzelnen Tatbestandsmerkmale werden durch die Rechtsprechung (Case Law) weiter verfeinert. Dabei ist es nicht die Frage, ob die aufgeworfene Rechtsfrage selbst von ihrer Art her justitiabel ist, sondern ob es der richtige Kläger ist, um diesen Streit zu führen.[317] Aus einem fehlenden *"standing"* folgt, daß der Rechtsstreit nicht dem Jurisdiktionsbereich des Gerichtes unterliegt, d.h. es darf diesen Fall nicht hören und entscheiden. Dies hat aber keine Auswirkungen auf die dem Rechtsstreit zugrundeliegenden Ansprüche.[318]

---

[315] Valley Forge College v. Americans United, 454 U.S. 464,472 (1982): "Art. III requires the party who invokes the court's authority to 'show that he personally has suffered some actual or threatened injury as a result of the putatively illegal conduct of the defendant,'Gladstone Realtors v. Village of Bellwood, 441 U.S. 91,99 ... (1979), and that the injury 'fairly can be traced to the challenged action' and 'is likely to be redressed by a favourable decision,' Simon v. Eastern Kentucky Welfare Rights Org., 426 U.S. 26,38, 41 ... (1976)." Moore v. US House of Representatives, 733 F.2d 946,950 ff (D.C.Cir. 1984); Dellums v. Bush, 752 F.Supp. 1141,1147 (D.D.C.1990).

[316] Valley Forge College v. Americans United, 454 U.S. 464,474 f (1982): "Beyond the constitutional requirements, the federal judiciary has also adhered to a set of prudential principles that bear on the question of standing. Thus, this Court has held that 'the plaintiff generally must assert his own legal rights and interests, and cannot rest his claim to relief on the legal rights or interests of third parties.' Warth v. Seldin, 422 U.S., at 499 ... [1975]. In addition, ... [475:] ... the Court has refrained from adjudicating 'abstract questions of wide public significance' which amount to 'generalized grievances,' pervasively shared and most appropriately addressed in the representative branches. Id., at 499-500 ... Finally, the Court has required that the plaintiff's complaint fall within 'the zone of interests to be protected or regulated by the statute or constitutional guarantee in question.' Association of Data Processing Service Orgs. v. Camp, 397 U.S. 150,153 (1970)." *Klammerzusätze durch den Verfasser.* Allen v. Wright, 468 U.S. 737,751 (1984); Moore v. US House of Representatives, 733 F.2d 946,950 ff (D.C.Cir.1984).

[317] Carolina Environmental Study Group, Inc. v. US Atomic Energy Comm., 431 F.Supp. 203,218 (D.C.N.C.1977).

[318] Weiner v. Bank of King of Prussia, 358 F.Supp. 684,693 ff (D.C.E.D.Pa.1973).

In der Literatur wird vertreten, daß die Vorrangklausel die Rechte und Pflichten der USA aus einem völkerrechtlichen Vertrag in Individualrechte der Bürger transformiert,[319] deren Geltendmachung vor den nationalen Gerichten Ausdruck des völkerrechtlichen Grundsatzes der Erschöpfung des innerstaatlichen Rechtsweges (sog. local remedies rule) ist, um ein völkerrechtswidriges Verhalten der USA zu verhindern.[320] In bezug auf die Voraussetzung des *"standing"* bei völkerrechtlichen Verträgen wird vorgeschlagen, die Grundsätze über Verträge mit Schutzwirkung zugunsten Dritter (third-party beneficiary) heranzuziehen.[321] Diese den Gerichten bekannten Grundsätze aus dem privaten Schuldrecht verlangen für eine Klagebefugnis, daß der Kläger zu einer absichtsvoll geschützten Klasse gehört und nicht nur ein zufällig von den Ereignissen Betroffener ist.

Demgegenüber ordnet die Vorrangklausel nur die innerstaatliche Geltung von Vertragsnormen an, sagt aber nichts über ihre innerstaatliche Wirkung.[322] Die Rechte und Pflichten aus völkerrechtlichen Verträgen gelten grundsätzlich nur zwischen den Vertragsparteien. Als Vertragspartei kann ein ausländischer Staat seine Rechte aus einer Vereinbarung vor den Gerichten in den USA geltend machen. Im bislang einzigartigen Fall *Republik of Paraguay v. Allen* (1996) wurde die Verletzung des Wiener Übereinkommens über Konsularbeziehungen (1963) gerügt.[323] Der wegen Mordes zum Tode verurteilte paraguayische Staatsangehörige *Angel Francisco Breard* war bei seiner Verhaftung nicht über seine Rechte nach dem Wiener Übereinkommen aufgeklärt worden. Pararguay wurde zwar ein *'standing'* in eigenen Rechten zuerkannt, jedoch verneinte das Gericht die Zulässigkeit der Klage wegen Fehlens einer andauernden Rechtsbeeinträchtigung.[324] Ein Individuum kann nur die ihm durch die Vereinbarung

---

[319] *Vázquez*, Treaty-Based Rights, Fn 0, 92 Columbia L.Rev. 1992,1083,1085 f und 1134 ff (insbesondere 1157 ff).

[320] *Vázquez*, Treaty-Based Rights, Fn 304, 92 Columbia L.Rev. 1992,1082,1134 ff (1134, 1141 und 1160 f).

[321] *Brilmayer*, Fn 312, 100 Yale L.J. 1991,2277,2301 und 2304.

[322] Siehe Abschnitt 3.3.

[323] Republic of Paraguay v. Allen, 949 F.Supp. 1269,1272 (E.D.Va. 1996) und 134 F.3d 622 (4th Cir.).

[324] Kritisch *Paust*, Bread and Treaty-Based Rights under the Consular Convention, 92 AJIL 1998,691,694 ff; *Damrosch*, The Justiciability of Paraguay's Claim of Treaty Violation, 92 AJIL 1998,697 ff.

eingeräumten unmittelbaren Rechte, nicht aber die Rechte der USA oder eines anderen Vertragspartners gerichtlich geltend machen.[325]

Wenn die Vereinbarung keine Vorgaben für die Implementierung enthält, gelten nach *Breard v. Greene* (1998) die Verfahrensregeln des jeweiligen Forumstaates.[326] *Breard* wurde die Berufung auf das Wiener Übereinkommen vor dem Bundesgericht verweigert, weil er nach der Antiterrorism and Effective Death Penalty Act (1996) die Verletzung einer völkerrechtlichen Vereinbarung nicht mehr rügen kann, wenn er die zugrundeliegenden Tatsachen nicht bereits vor dem Gericht des Gliedstaates in erster Instanz verfolgt hatte.[327]

Die *"standing to sue doctrine"* will sog. Popularklagen ausschließen und damit einen einklagbaren Anspruch auf die Einhaltung der Rechtsordnung an sich verhindern. Der Einwand eines fehlenden *"standing"* wird überwiegend zur Verteidigung gegen Klagen erhoben, die auf völkerrechtliche Verträge von politischem Charakter gestützt sind.[328] In einem Fall wurde ein *"standing"* verneint, in dem die Klage darauf gestützt war, daß gewisse US-Einfuhrbeschränkungen für Textilien gegen das GATT Textilabkommen (Multifibre Arrangement, MFA) verstoßen.[329] Andere Entscheidungen waren jedoch geneigter, eine Klagebefugnis in bezug auf die Verletzung von Handelsabkommen anzunehmen.[330]

---

[325] Charlton v. Kelly, 229 U.S. 447,473 (1913) zum Vertragsbruch des Vertragspartners; Trans World Airlines v. Franklin Mint Corp., 466 U.S. 243,253 (1984) zur *clausula rebus sic stantibus.*

[326] Breard v. Greene, 118 S.Ct. 1352,1354 (1998).

[327] Antiterrorism and Effective Death Penalty Act, Public Law No. 104-132, 110 Stat. 1214 (1996), vgl. 28 U.S.C. 2254 (a) und (e)(2). Kritisch *Paust*, Fn 324, 92 AJIL 1998,691, 692 ff. *Charney/Reisman*, Agora: Breard, The Facts, 92 AJIL 1998,666 ff. Ferner wurde ein Hinrichtungsaufschub des IGH als vorsorgliche Maßnahme nach Art. 41 IGH-ST in den USA nicht als verbindlich im Sinne von Art. 94 CVN angesehen; kritisch *Henkin*, Provisional Measures, U.S. Treaty Obligations, and the States, 92 AJIL 1998, 679 ff und *Vázquez*, Breard and the Federal Power to Require Compliance with ICJ Orders of Provisional Measures, 92 AJIL 1998,683 ff.

[328] Dreyfus v. Von Finck, 534 F.2d 24,29 f (2d Cir.) m.w.N., cert. denied, 429 U.S. 835 (1976). Vgl. *Henkin*, Foreign Affairs, Fn 137, S. 135 f und 142 f; *ders.*, Constitutionalism, Fn 144, S. 80 f m.w.N.

[329] Mast Industries, Inc. v. Reagan, 6 BNA ITRD 1225 (1984).

[330] Vgl. Sneaker Circus, Inc. v. Carter, 566 F.2d 396 (2d Cir. 1977); American Ass'n of Exporters & Importers v. US, 583 F.Supp. 591,597 f (CIT 1984); US Cane Sugar Refiners' Ass'n v. Block, 544 F.Supp. 883,887 (CIT 1982), bestätigt 683 F.2d 399,402 ff

(c) Die *Political Question* Doktrin

Die *Political Question* Doktrin fordert eine richterliche Zurückhaltung (judicial self-restraint) bei der Beurteilung von sog. politischen Streitfragen, die von den anderen politischen Gewaltträgern (Exekutive und Legislative) zu entscheiden und deshalb nicht justitiabel sind.[331] Sie wird nach dem Eigenverständnis der Gerichte auf den Grundsatz der Gewaltentrennung (separation of powers) in der Verfassung zurückgeführt. Demnach werden dem Kongreß und dem Präsidenten gewisse ausschließliche Kompetenzen durch die Verfassung zugewiesen, die einer gerichtlichen Kontrolle nicht zugänglich sind. Die Ableitung aus dem Verfassungsgrundsatz der Gewaltentrennung entzieht die *Political Question* Doktrin der Disposition des Kongresses, der in seinen Gesetzen die Gerichte nicht anweisen kann, eine bestimmte Sache als 'politisch' oder 'nicht politisch' anzusehen.[332]

Die ersten Ausführungen dazu machte der Supreme Court bereits in *Marbury v. Madison* (1803), wonach der Präsident und seine Beamten gewisse politische Ermessensentscheidungen im Bereich der Staatslenkung treffen können, die keiner gerichtlichen Kontrolle unterliegen.[333] Im Bereich der auswärtigen Angelegenheiten betreffen die klassischen Fälle das Verhältnis zwischen Staaten, z.B. die Anerkennung neuer Staaten oder Regierungen, Kriegführung, territoriale Souveränität oder Einhaltung von zwischenstaatlichen Vertragsver-

---

(C.C.P.A.1982) zu den Bestimmungen über Zucker in den Zollisten (schedules) der USA aus der Kennedy Runde (1967).

331 *Heller*, USA - Verfassung und Politik, Wien und Köln 1987, S. 71; *Helm-Busch*, Fn 144, S. 184; Black's Law Dictionary, Fn 136, "political question".

332 *Glennon*, Constitutional Diplomacy, Princeton 1990, S. 111; Kritisch dazu *Helm-Busch*, Fn 144, S. 188.

333 Marbury v. Madison, 5 U.S. (1 Cranch) 137,165 f (1803): "By the constitution of the United States, the president is invested with certain important political powers, in the exercise of which he is to use his own discretion, and is accountable only to his country in his political character, and to his own conscience ... whatever opinion my be entertained of the manner in which executive discretion may be used, still here exists, and can exist, no power to control that discretion. The subjects are political: they respect the nation, not individual rights, and being entrusted to the executive, the decision of the executive is conclusive ...The acts of such an officer, as an officer can never be examinable by the courts." Kritisch dazu *Henkin*, Is There a "Political Question" Doctrine?, 85 Yale L.J. 1976,597 ff; *ders.*, Constitutionalism, Fn 144, S. 81 ff.

pflichtungen.[334] Ein Gericht wird sich z.B. einer Beantwortung der Frage enthalten, ob ein anderer Staat gegen die Bestimmungen einer völkerrechtlichen Vereinbarung verstoßen hat. Gleichwohl können die Gerichte Verträge und Regierungsabkommen als Teil der innerstaatlichen Rechtsordnung auslegen und haben dabei die Vereinbarkeit von nationalen Maßnahmen mit Regeln des GATT 1947 mehrfach festgestellt.[335]

Die bis heute maßgebliche Entscheidung ist *Baker v. Carr* (1962), die grundsätzlich davon ausgeht, daß nicht alle Fälle aus dem Bereich der auswärtigen Angelegenheiten einer gerichtlichen Kontrolle entzogen sind,[336] dazu jedoch eine Liste von sechs Kriterien aufstellt. Bei Vorliegen eines oder mehrerer dieser Kriterien hat sich das Gericht einer Entscheidung in der Sache zu enthalten: (1) die Zuweisung der Entscheidungskompetenz an eine andere gleichwertige Gewalt durch den Verfassungstext, (2) das Fehlen gerichtlicher erkennbarer und anwendbarer Lösungsstandards, (3) die Unmöglichkeit der Entscheidung ohne vorherige politische Ermessensentscheidung, (4) die Unmöglichkeit der Entscheidung ohne den Ausdruck der Mißachtung gegenüber einer anderen gleichwertigen Staatsgewalt, (5) eine außergewöhnliche Notwendigkeit für die unkritische Befolgung einer bereits getroffenen politischen Entscheidung oder

---

[334] *Brilmayer*, Fn 312, 100 Yale L.J. 1991,2277,2300 f. Vgl. Oetjen v. Central Leather Co., 246 U.S. 297,302 (1918): "The conduct of the foreign relations of our Government is committed by the Constitution to the Executive and Legislative - 'the political' - Departments of the Government, and the propriety [Angemessenheit] of what may be done in the exercise of this political power is not subject to judicial inquiry or decision." *Klammerzusatz durch den Verfasser*. Wittney v. Robertson, 124 U.S. 190,195 (1887); Chinese Exclusion, 130 U.S. 581,604 (1889); In Atlee v. Richardson, 411 U.S. 911 (1973) weigerte sich das Gericht, einen Fall über die Legalität des Vietnamkrieges zu hören und in Dellums v. Bush, 752 F.Supp. 1141, 1144 ff (D.D.C.1990) verwarf der District Court den Antrag von 54 Mitgliedern des Kongresses auf eine einstweilige Anordnung gegen die Beteiligung der USA am Golfkrieg zur Befreiung Kuwaits, weil der Antrag ohne tragende Mehrheit des Kongresses keine Entscheidungsreife (ripeness) besitzt.

[335] *Eichmann/Horlick*, Political Questions in International Trade: Judicial Review of Section 301?, 10 Michigan J.Int.'l Law 1989,735,747 f m.w.N.; Vgl. Sneaker Circus, Inc. v. Carter, 566 F.2d 396,402 (2d Cir.1977); siehe Abschnitt 3.3.3.(d).

[336] Baker v. Carr, 369 U.S. 186,211 (1962): "Yet it is error to suppose that every case or controversy which touches foreign relations lies beyond judicial cognizance."

(6) die Möglichkeit einer Schädigung durch unterschiedliche Äußerungen der verschiedenen Gewalten zu einer Frage.[337]

Leider sind die aufgezählten Kriterien zu ungenau, um eine Anwendung dogmatisch nachzuvollziehen oder vorauszusehen, so daß die Selbstverweigerung der Gerichte an Willkür grenzt.[338] Die Bedeutung der *Political Question* Doktrin ist deshalb in den USA seit langem umstritten.[339] Eine interessante Ansicht sieht in der Zurückhaltung der Gerichte eine Stärkung der Mehrheitslösung im demokratischen Prozeß.[340] Das Verfassungsgericht wird damit nicht in die Rolle eines Super-Gesetzgebers gedrängt, sondern die gewählten Abgeordneten bleiben zu einem Ausgleich der in der Gesellschaft widerstreitenden Interessen berufen. Diese Ansicht ist allerdings beschränkt auf Maßnahmen des Kongresses und mediatisiert den Bürger in der Wählermasse. Demokratie allein bedeutet aber noch nicht automatisch Gerechtigkeit.

Als eine Regelung des Rechts produziert die *Political Question* Doktrin aufgrund ihrer Unvorhersehbarkeit mehr Unordnung als Ordnung, so daß ihre fallweise Anwendung in Widerspruch zum Rechtsstaatsprinzip steht.[341] Eine Kontrolle im Sinne einer Gewaltenbalancierung (checks and balances) findet letztlich nur noch durch das politische Spiel der Kräfte statt. Eine radikale Ausschöpfung der außergerichtlichen Möglichkeiten der Auseinandersetzung zwischen Kongreß und Präsident - z.B. Verweigerung von Geldmitteln, Er-

---

337 Baker v. Carr, 369 U.S. 186,217 (1962): "Prominent on the surface of any case held to involve a political question is found a [1] textually demonstrable constitutional commitment of the issue to coordinate political department; or [2] a lack of judicially discoverable and manageable standards for resolving it; or [3] the impossibility of deciding without an initial policy determination of a kind clearly for nonjudicial discretion; or [4] the impossibility of a court's undertaking independent resolution without expressing lack of the respect due to coordinate branches of government; or [5] an unusual need for unquestioning adherence to a political decision already made; or [6] the potentiality of embarrassment from multifarious pronouncements by various departments on one question." *Nummerierung durch den Verfasser.*

338 *Steiner/Vagts/Koh*, Transnational Legal Problems, Materials and Text, 4. Auflage, Westbury N.Y. 1994, S. 127; *Helm-Busch,* Fn 144, S. 189.

339 Einen Überblick gibt *Glennon*, Foreign Affairs and the Political Question Doctrine, 83 AJIL 1989,814 ff, zitiert: Political Question.

340 *Wechsler*, Toward Neutral Principles of Constitutional Law, 73 Harvard L.R. 1959,1, 7; *Field*, The Doctrine of Political Questions in the Federal Courts, 8 Minnesota L.Rev. 1924,485,511.

341 *Glennon*, Political Question, Fn 339, 83 AJIL 1989,814,820.

nennungen und Gesetzgebung sowie Amtsenthebungsverfahren gegen den Präsidenten versus Zwangsbeurlaubung von Hunderttausenden von Bundesbediensteten mangels Geld (Weihnachten 1995) und Gesetzesveto - ist hingegen auf Dauer unangemessen und einer verantwortungsvollen, gestalterisch ausgerichteten Politik abträglich.[342]

Die *Political Question* Doktrin erlaubt eine in das Ermessen der Gerichte gestellte gerichtsfreie Prärogative der Exekutive und Legislative, wie sie vergleichsweise in absoluten Monarchien dem König zustand (the king can do no wrong). Sie kann zwar zur politischen Konsensfindung zwingen, jedoch besteht die Gefahr, daß sie die Konflikte zwischen den Gewalten perpetuiert, die Rechte von Bürgern und Unternehmen derogiert und die Gewinnung einer einheitlichen Rechtsauffassung im Staat durch gerichtliche Streitentscheidung verhindert.[343]

---

[342] *Choper*, Judicial Review and the National Political Process: a functional reconsideration of the role of the Supreme Court, Chicago 1980, S. 286.

[343] *Glennon*, Political Question, Fn 339, 83 AJIL 1989,814,821.

3.2. Ermächtigung zum Abschluß des GATT 1947 und der WTO

Der Abschluß von Handelsabkommen sowie die Betätigung der Mitgliedschaft der USA im GATT 1947 und der WTO kann weder allein auf der Präsidialgewalt kraft Amtes beruhen,[344] noch werden multilaterale Handelsabkommen wie bilaterale Freundschafts-, Handels- und Schiffahrtsverträge traditionell über die Vertragsabschlußklausel geschlossen.[345] Der Präsident bedarf dafür verfassungsrechtlich einer Ermächtigung durch legislative Delegation, um die USA auf völkerrechtlicher Ebene zu verpflichten. Dabei ist die legislative Delegation zum Abschluß von Handelsabkommen regelmäßig zeitlich befristet und inhaltlich von unterschiedlichem Umfang.

(a) Vorherige Ermächtigung zum GATT 1947

Das Allgemeine Zoll- und Handelsabkommen (1947) wurde dem Kongreß wegen dessen protektionistischer Haltung nicht zur nachträglichen Zustimmung vorgelegt, so daß der Abschluß und die Verkündung des Protokolls über die provisorische Anwendung (PPA) und des Allgemeinen Abkommens auf einer vorherigen Ermächtigung durch den Kongreß beruhen könnte. Die Verhandlungen und die Verkündung stützten sich auf Sektion 350 der *Reciprocal Trade Agreements Act (1934)*,[346] welche von einem amerikanischen Gericht ein "labyrinthine wonderland" genannt wurde.[347] Diese Bestimmung enthält zwei Ermächtigungen, einmal zum völkerrechtlichen Abschluß und ferner zur innerstaatlichen Verkündung von Handelsabkommen. Der Präsident war ermächtigt

> (1) Handelsabkommen abzuschließen ... und
> (2) zu verkünden
> - Veränderungen von bestehenden Verpflichtungen oder anderen Importbeschränkungen, oder
> - zusätzliche Importbeschränkungen, oder

---

[344] Siehe Abschnitt 3.1.2.(b).

[345] *Walker*, Modern Treaties of Friendship, Commerce and Navigation, 42 Minnesota L. Rev. 1958,805,806 ff. Herman Walker Jr. verhandelte nach dem Zweiten Weltkrieg mehrere dieser Verträge für die USA.

[346] Reciprocial Trade Agreements Act, 48 Stat. 943 (1934), verlängert um drei Jahre durch Act of July 5, 1945, 59 Stat. 410 (1945), 19 U.S.C. 1351-1354 (1988).

[347] United States Cane Sugar Refiners' Ass'n v. Black, 683 F.2d 399,402 (C.C.P.A.1982).

- die Beibehaltung .. von bestehender Zollbehandlung durch ein Handelsabkommen ...[348]

Die Kompetenz zum Abschluß und zur Verkündung der Regeln des GATT 1947 ist nicht unbestritten geblieben. Die Abschlußkompetenz ist vom Wortlaut her unbeschränkt, während die innerstaatliche Verkündungskompetenz Beschränkungen unterliegt. Sofern der Präsident nicht zur Verkündung bestimmter Regelungen berechtigt wäre, bedürfte diese Regelungen eines nachträglichen Verkündungsgesetzes durch den Kongreß. Ein innerstaatlicher Mangel beim Abschluß oder der Verkündung der Regeln des GATT 1947 würde möglicherweise nichts an der völkerrechtlichen Verbindlichkeiten der USA ändern,[349] könnte aber die innerstaatliche Wirkung der Regeln beeinträchtigen. Hierzu stellen sich drei Fragen:

(1) War die legislative Delegation durch Sektion 350 verfassungsgemäß? Der Vorwurf der zu exzessiven legislativen Delegation wurde in den parlamentarischen Anhörungen mehrfach erhoben,[350] aber vom Berufungsgericht in *Starkist Foods, Inc. v. US* (C.C.P.A.1959) zurückgewiesen.[351]

---

[348] Section 350 (a) "... the President ... is authorized from time to time - (1) To enter into foreign trade agreements with foreign governments or instrumentalities thereof; and (2) To proclaim such *modifications* of existing duties or other import restrictions, or *such additional import restrictions*, or *such continuance*, and for such minimum periods, of existing customs or exercise treatment of any article covered by foreign trade agreements, as are required or appropriate to carry out any foreign trade agreement that the President has entered into hereunder." 48 Stat. 943 (1934), 59 Stat. 410 (1945). *Hervorhebungen durch den Verfasser.*

[349] Nach den in Art. 46 WÜRV niedergelegten Grundsätzen des Völkergewohnheitsrechts kann sich ein Staat nur auf die Ungültigkeit einer völkerrechtlichen Vereinbarung wegen Verstoßes gegen innerstaatliches Recht berufen, sofern die (Verfassungs-) Norm von grundlegender Bedeutung und die Verletzung offenkundig war. Zumindest die Offenkundigkeit für die Vertragspartner ist zu bezweifeln.

[350] Hearings on the Extension of the Trade Agreements Act Before the Senate Finance Comm., 78th Cong., 1st Sess. 143 (1943); Hearings on the Extension of the Reciprocal Trade Agreements Act Before the Senate Finance Comm., 76th Cong., 3d Sess. 698 (1940); 73d Cong. 2d Sess. 60 (1934).

[351] Starkist Foods, Inc. v. US, 275 F.2d 472,480 (C.C.P.A. 1959); *Jackson*, The General Agreement on Tariffs and Trade in United States Domestic Law, 66 Michigan L.R. 1967,250,256 f zitiert: GATT in US Law; *Steiner/Vagts/Koh*, Fn 338, S. 100 ff; Siehe Abschnitt 3.1.2.

(2) Erfaßt ihr Anwendungsbereich überhaupt multilaterale Handelsabkommen? In der Literatur wird argumentiert, daß Sektion 350 nur für bilaterale, nicht aber für multilaterale Handelsabkommen gilt.[352] Von den 32 Handelsabkommen, die vor dem PPA und dem Allgemeinen Abkommen abgeschlossen wurden, waren alle mit einer Ausnahme bilateraler Art.[353] Der Wortlaut erwähnt zwar nicht ausdrücklich multilaterale Handelsabkommen, ist aber auch nicht ausdrücklich auf bilaterale Abkommen beschränkt. Da er in dieser Hinsicht undifferenziert ist, dient seine Erstreckung auch auf multilaterale Abkommen eher der Rechtsklarheit.[354]

(3) Gilt sie auch für alle Teile des Allgemeinen Zoll- und Handelsabkommens (1947)? Im Hinblick auf den Umfang der Verkündungskompetenz wurde angezweifelt, daß sie über den Begriff der Importbeschränkung auch auf nichttarifäre Regelungen (z.B. Subventionsregeln, Ausnahmen "waiver") erstreckt werden kann.[355] Ohne eine solche Erstreckung könnte eine dadurch erforderliche zusätzliche Ermächtigung des Präsidenten nicht auf die ihm innewohnenden Kompetenzen für auswärtige Angelegenheiten gestützt werden,[356] weil eine solche Kompetenz im Außenhandel unabhängig von legislativer Delegation nicht besteht. Eine Beseitigung der Differenz zwischen der Abschluß- und der Verkündungskompetenz könnte durch die Reduzierung der Abschlußkompetenz auf die beschränkte Verkündungskompetenz gefunden werden, die jedoch nicht mit dem Wortlaut vereinbar ist.

Das Problem wird teilweise entschärft durch die sog. Großvaterklausel im PPA, wonach bestehende GATT-widrige Gesetze weiter angewandt werden können.[357] Aus diesem Grunde wurde eine Verkündung von nichttarifären

---

[352] *Brand*, The Status of the General Agreement on Tariffs and Trade in United States Domestic Law, 26 Stanford J.Int.'l L. 1990,479,484, zitiert: GATT in US Law; *France*, Fn 22, 51 Wash. & Lee L.Rev. 1994,1481,1495; *Hudec*, Fn 206, S. 199.

[353] Agreement between the United States of America and the Belgo-Luxembourg Union, 49 Stat. 3680 (1935).

[354] Vgl. *Jackson*, GATT in US Law, Fn 351, 66 Michigan L.R. 1967,250,257 ff, argumentiert ergänzend, daß die Verhandlungen im GATT 1947 auf bilateraler Ebene stattfinden.

[355] *Hudec*, Fn 206, S. 203 f und 208.

[356] *Hudec*, Fn 206, S. 202. A.A. Memorandum of the State Departement in Hearings on Extending the Trade Agreements Act, Before the Senate Finance Committee, 81st Cong., 1st Sess. auf S. 1054 f (1949).

[357] Siehe Abschnitt 2.1.(b).

Regelungen im GATT 1947 zum Zeitpunkt seines Abschlusses als nicht erforderlich betrachtet.[358] Erfaßt werden aber nur bestehende Gesetze bis zum Abschluß des PPA am 30.10.1947.[359] Nicht gelöst ist das Problem von GATT-widrigen Gesetzen, die erst danach geschaffen werden oder erst in Widerspruch zu späteren Ergänzungen des Allgemeinen Abkommens stehen. Nichttarifäre Regelungen waren schon Gegenstand von früheren Handelsabkommen und der Kongreß war sich durchaus der Notwendigkeit ihrer Einbeziehung zur Absicherung der ausgehandelten Handelsvorteile bei seinen Beratungen über die zeitliche Verlängerung von Sektion 350 bewußt.[360] Da dem Kongreß die Praxis der Verkündung von nichttarifären Regeln durch den Präsidenten bekannt war, könnte er dies auch für die Zeit nach ihrer zeitlichen Verlängerung erwartet haben.[361] Die Handlungsfähigkeit des Präsidenten, der den Vertragspartnern die Umsetzung der Verhandlungsergebnisses zusichern muß, spricht eher für eine Erfassung der nichttarifären Bestimmungen durch Sektion 350, auch wenn sich diese Auslegung nicht sauber dogmatisch begründen läßt.

(b) Nachträglich konkludente Genehmigung

Geht man von keiner ausreichenden Abschluß- oder Verkündungskompetenzen des Präsidenten für das Allgemeine Abkommen (1947) aus, dann erhebt sich die Frage, ob der Kongreß es nachträglich genehmigt hat. Das GATT 1947 wurde dem Kongreß niemals formal zur Zustimmung vorgelegt. Während einzelne Gerichte von der Nichtbindung der USA durch das GATT 1947 wegen der fehlenden nachträglichen Zustimmung durch den Kongreß ausgingen,[362] haben andere Gerichte sich mit dem Rangverhältnis von Bundesrecht und den Regeln des GATT 1947 befaßt, ohne auf die Bindung der USA ausdrücklich

---

[358] Siehe Abschnitt 2.1.(b)., Fn 352.

[359] *Jackson*, GATT in US Law, Fn 351, 66 Michigan L.R. 1967,250,294 ff m.w.N.

[360] *Jackson*, GATT in US Law, Fn 351, 66 Michigan L.R. 1967,250,259 ff m.w.N.

[361] *Hudec*, Fn 206, S. 205.

[362] Select Tire Salvage Co. v. US, 386 F.2d 1008,1013 (Ct.Cl.1967): "The GATT does not bind Congress or have the status of a treaty, because it has never been ratified. However, it is an agreed code of international good behavior." US v. Yoshida International, Inc., 526 F.2d 560,575 FN 22 (C.C.P.A.1975); Sneaker Circus, Inc., Carter, 457 F.Supp. 771,795 (E.D.N.Y. 1978), affirmed 614 F.2d 1290 (2d Cir. 1979). Auch ohne Bindungswirkung sahen die Gerichte die fraglichen nationalen Maßnahmen in Einklang mit dem GATT 1947.

einzugehen, die sie damit unterstellt haben.[363] Der Supreme Court hat sich mit dieser Frage nicht befaßt. Der Kongreß hat zwar mehrmals zum GATT 1947 Stellung genommen, vermied jedoch seine ausdrücklich Zustimmung oder Ablehnung auszudrücken. In der Verlängerung der Ermächtigung des Präsidenten aus Sektion 350 der Jahre 1951, 1953, 1954, 1955 und 1958 fügte der Kongreß einen Gesetzesvorbehalt ein, daß sie weder als eine Zustimmung noch als eine Ablehnung des als Allgemeines Zoll- und Handelsabkommens bekannten Regierungsabkommens konstruiert werden darf.[364]

In der *Trade Act (1974)* nannte der Kongreß das GATT ein die USA bindendes Handelsabkommen und verpflichtete den Präsidenten, die erforderlichen Maßnahmen zu ergreifen, um es in Einklang mit den im Gesetz genannten Handelsprinzipien zu bringen.[365] Zugleich hat der Kongreß die Bezahlung der Mitgliedsbeiträge erlaubt und den Präsidenten ermächtigt, die Zahlungsbilanzvorschriften des GATT einzuhalten.[366] Trotz dieser zustimmenden Bezugnahmen machte der Kongreß wieder einen allgemeinen Vorbehalt, daß dieses Gesetz weder als Zustimmung noch als Ablehnung zu werten ist.[367] Mit diesen Vorbehalten in seinen Gesetzen versucht der Kongreß, eine neutrale Position gegenüber dem GATT 1947 zu bewahren. In der *Trade Agreements Act (1979)* bestimmt der Kongreß, daß keine Vorschrift der Nebenabkommen der Tokio-Runde im Konfliktfall einem Bundesgesetz des Kongresses vorgeht.[368] Dies wird wiederum weder als eine indirekte Anerkennung noch als eine Ablehnung

---

[363] Vgl. Restatement, Part VIII, Chapter 1, Introductory Note, Band 2, S. 265; *Brand*, GATT in US Law, Fn 352, 26 Stanford J. Int.'l 1990,479,506 f m.w.N.; Siehe Abschnitt 3.3.3.(c).

[364] Trade Agreements Extension Act (1951), ch. 141, sec. 10, 65 Stat. 72,75 (1951); Trade Agreements Extension Act (1953), sec. 103, 67 Stat. 472 (1953); Act of July 1, 1954, ch. 445, sec. 3, 68 Stat. 360 (1954); Trade Agreements Extension Act (1955), ch. 169, sec. 3 (a), 69 Stat. 162,163 (1955); Trade Agreements Extension Act (1958), sec. 10, 72 Stat. 673,680 (1958): "The enactment of this Act shall not be construed to determine or indicate the approval or disapproval by Congress of the Executive Agreement known as the General Agreement on Tariffs and Trade."

[365] Trade Act of 1974, sec. 121(a), Public Law 93-618, 88 Stat. 1978 (1975), vgl. 19 U.S.C. 2101-2495 (1988).

[366] Sections 121(d) und 122(a) Trade Act (1974), vgl. 19 U.S.C. 2131-2132 (1988).

[367] Trade Act (1974), sec. 121(d); vgl. 19 U.S.C. 2131 (1988).

[368] Trade Agreements Act, sec. 3(a), Public Law 96-39, 93 Stat. 144 (1979), 19 U.S.C. 2504(a) (1988); Vgl. Algoma Steel Corporation, Ltd. v. US, 865 F.2d 240,242 (Fed. Cir.1989); Siehe Abschnitt 3.3.3.(d).

des GATT 1947 angesehen, auch wenn der Kongreß auf die Vereinbarkeit des Gesetzes mit dessen Regeln abzielte.[369]

Im Gegensatz zu dieser eher reservierten Haltung enthält die *Omnibus Trade and Competitiveness Act (1988)* die Verhandlungsziele der USA für die Uruguay-Runde,[370] die eher eine freundliche Haltung des Kongresses gegenüber dem GATT 1947 erkennen läßt. Die gesetzgeberischen Äußerungen des Kongresses, insbesondere die Vorgaben der Verhandlungsziele für die Uruguay-Runde, wird als eine konkludente Zustimmung der Teilnahme der USA am GATT 1947 und damit als seine stillschweigende Anerkennung durch den Kongreß gewertet.[371] Zum Zeitpunkt des Abschlusses und der Verkündung des GATT 1947 mag die Ermächtigung des Präsidenten teilweise zweifelhaft gewesen sein. Im Laufe der Jahrzehnte verlief jedoch die Entwicklung von seiner Tolerierung hin zu einer stillschweigenden Zustimmung des Kongresses, spätestens mit der *Omnibus Trade and Competitiveness Act (1988)*.

(c) Zwischenzeitliche Duldung durch den Kongreß

Sieht man bei der Abschluß- oder Verkündungskompetenz des Präsidenten unter Sektion 350 Defizite in bezug auf das GATT 1947 (z.B. nichttarifäre Bestimmungen), können diese für die Zeit von Abschluß und Verkündung bis zur stillschweigenden Zustimmung möglicherweise nach den von der Rechtsprechung entwickelten Grundsätzen über die Duldung von Handlungen des Präsidenten durch den Kongreß überwunden werden. In *Dames & Moore v. Regan* (1981) befand der Supreme Court eine Zustimmungsvermutung des Kongresses gegenüber Exekutivhandlungen, wenn sie eine lang andauernde Praxis in Verbindung mit dem Schweigen in Kenntnis dieser Praxis durch den Kongreß darstellen.[372] Fraglich ist, ob man diese Grundsätze auf das Verhältnis von Kongreß und Präsident in bezug auf das GATT 1947 übertragen kann.

Angesichts der Teilnahme der USA am GATT 1947 ist von einer lang andauernden Inanspruchnahme einer Einbindungskompetenz des Präsidenten sowie

---

[369] United States Steel Corporation v. US, 618 F.2d 496,500 f (CIT 1985).

[370] 19 U.S.C. 2901 (b); Siehe Abschnitt 3.1.2.(d).

[371] *Brand*, GATT in US Law, Fn 352, 26 Stanford J.Int.'l L. 1990,479,501 f; *France*, Fn 22, 51 Wash. & Lee L.Rev. 1994,1481,1497 f.

[372] Dames & Moore v. Regan, 454 U.S. 654,686 (1981), siehe Abschnitt 3.1.1.(b).(cc).

von der Kenntnis des Kongresses davon auszugehen. Zweifelhaft ist jedoch das durchgehende Schweigen des Kongresses angesichts der allgemeinen Vorbehalte in seinen Gesetzen, daß diese weder als Zustimmung noch als Ablehnung des GATT 1947 anzusehen sind. Hierdurch wollte der Kongreß eine legalisierende Anerkennung ausdrücklich ausschließen. Greift man dagegen den Gedanken einer unklaren Situation ("zone of twilight") von *Justice Jackson* in *Youngstown Sheet & Tube Co. v. Sawyer* (1952) auf,[373] dann hat der Kongreß durch seine legislative Delegation eine unklare Situation geschaffen, in der er mittels seiner bewußt geübten Neutralität gegenüber dem GATT 1947 den Präsidenten zum Handeln ermächtigt. Dieser Gedanke spielte in *Dames & Moore v. Regan* keine Rolle und wurde deshalb auch nicht aufgegriffen. Es entspricht auch dem im Common Law gültigen Grundsatz des 'venire contra factum proprium': Wenn der Kongreß jahrelang den Präsidenten für die USA im GATT 1947 handeln läßt und dieser im Vertrauen auf die Kontinuität und Rechtmäßigkeit seines Handelns die USA verpflichtet, dann kann der Kongreß die Einbindung der USA in das GATT 1947 nicht plötzlich völlig ablehnen. Das GATT 1947 war aus diesen Gründen im Ergebnis zu jeder Zeit ein verfassungsrechtlich ordnungsgemäßes Regierungsabkommen, entweder mit vorheriger Zustimmung[374] oder stillschweigender nachträglicher Zustimmung und zwischenzeitlicher Duldung durch den Kongreß.[375]

(d) Die Tokio-Runde und ihre Nebenabkommen

Die *Reciprocal Trade Agreements Act (1934)* delegierte in Sektion 350 weite Befugnisse auf den Präsidenten, die Verhandlung, Abschluß und Verkündung von Handelsabkommen mit Reduzierung von Zöllen umfaßte.[376] Danach konnte er ohne weitere Beteiligung des Kongresses die neuen Zölle und Handelsverpflichtungen verkünden. Diese uneingeschränkte Ermächtigung dauerte mit einigen kurzen Unterbrechungen bis 1967. Im Rahmen der Tokio-Runde (1973-79) wurde sie in der *Trade Act (1974)* in bezug auf Zölle für weitere

---

[373] Youngstown Sheet & Tube Co. v. Sawyer, 343 U.S. 579,637 (1952) concurring opinion, siehe Abschnitt 3.1.1.(b).(cc).

[374] *Jackson*, GATT in US Law, Fn 351, 66 Michigan L.R. 1967,250,273.

[375] *Brand*, GATT in US Law, Fn 352, 26 Stanford J.Int.'l L. 1990,479,502; *France*, Fn 22, 51 Wash. & Lee L.Rev. 1994,1481,1497 f.

[376] 48 Stat. 943 ff (1934).

fünf Jahre verlängert,[377] für die nichttarifären Handelshemmnisse wurde hingegen ein *"fast track"*-Mandat erteilt.[378] Die *Trade Agreements Act (1979)* enthielt die Zustimmung zu den Tokio-Abkommen und die innerstaatlichen Implementierungsnormen.[379]

(e) Die Uruguay-Runde und die WTO

Gleichzeitig verlängerte die *Trade Agreements Act (1979)* das *"fast track"*-Mandat für nichttarifäre Handelshemmnisse bis 1988 und war damit die Grundlage, auf der die USA in die Uruguay-Runde eintraten.[380] Dieses Mandat wurde vom Präsidenten für den Abschluß der beiden Freihandelsabkommen USA-Israel und USA-Kanada genutzt.[381] Die *Omnibus Trade and Competitiveness Act (1988)* enthielt neue Verhandlungsmandate für drei Jahre zum Abschluß von bilateralen und multilateralen Handelsabkommen.[382] Für bilaterale Handelsabkommen bestand insgesamt ein *"fast track"*-Mandat,[383] für multilaterale Handelsabkommen eine unbeschränkte Abschluß- und Verkündungskompetenz für die Senkung von Zöllen und ein *"fast track"*-Mandat für nichttarifäre Handelshemmnisse.[384] Beide Verhandlungsmandate wurden um zwei Jahre

[377] Trade Act of 1974, Public Law 93-618, 88 Stat. 1978 (1975); vgl. 19 U.S.C. 1351 (a) (1) (B), 2111 (a) (2), 2115 (1982).

[378] 19 U.S.C. 2191 (1988 & Supp. 1993); siehe Abschnitt 3.1.2.(d).

[379] Trade Agreements Act of 1979, Public Law 96-39, 93 Stat. 144 (1979). *Charnovitz*, Fn 273, 3 Minne. J. Global Trade, 1994,195,202. *Leebron*, Fn 269, S. 184.

[380] Public Law 96-39, title XI, 1101, 93 Stat. 144,307 (1979), 19 U.S.C. 2112 (1988 & Supp. 1993). Das Mandat wurde durch die Trade and Tariff Act of 1984, Public Law 98-573, title IV, 98 Stat. 2948,3013 (1984) leicht modifiziert.

[381] United States-Israel Free Trade Area Implementation Act of 1985, Public Law 99-47, 99 Stat. 82 (1985) und United States-Canada Free Trade Agreement Implementation Act of 1988, Public Law 100-449, 102 Stat. 1851 (1988), beide 19 U.S.C. 2112.

[382] Omnibus Trade and Competitiveness Act of 1988, Public Law 100-418, 102 Stat. 1107 (1988), kodifiziert in verschiedenen Abschnitten 19 U.S.C. (1988); vgl. Abschnitt 3.2.(b) .

[383] 19 U.S.C. 2902 (c), 2903 (a) und (b) (1988 & Supp. 1993).

[384] 19 U.S.C. 2902 (a), 2903 (a) und (b) (1988 & Supp. 1993). Die Einbeziehung von Agrarprodukten durch das Übereinkommen über Landwirtschaft führte teilweise zu einer Erhöhung der Zölle und bedurfte einer nachträglichen Zustimmung in Section 111 URAA. *Leebron*, Fn 269, S. 186.

verlängert[385] und dienten als Grundlage für den Abschluß des Nordamerikanischen Freihandelsabkommens (NAFTA 1992).[386]

Nachdem beide Verhandlungsmandate am 2. März 1993 endeten,[387] wurde das multilaterale Mandat bis zum 15. Dezember 1993 verlängert, jedoch erstmals ohne unbeschränkte Abschluß- und Verkündungskompetenz für Zölle.[388] Die Uruguay-Runde stand öfter unter dem Druck der Befristung des Verhandlungsmandates der USA und wurde am letzten Tag dieses Mandates abgeschlossen. Noch am selben Tag notifizierte der Präsident dem Kongreß in Briefen an die parlamentarischen Führer den Abschluß der Uruguay-Runde, um die Abschlußfrist des *"fast track"*-Mandates zu wahren. Die Ermächtigung zur Unterzeichnung der Final Act der Uruguay-Runde mit den WTO-Übereinkommen stützt sich somit für den Präsidenten auf Sektion 1102 der *Omnibus Trade and Competitiveness Act (1988)*.[389]

In der *Uruguay Round Agreements Act (1994)* stimmt der Kongreß dem Ergebnis der Uruguay-Runde zu und legt auf über 650 Seiten die erforderlichen innerstaatlichen Implementierungsnormen fest.[390] Gleichzeitig enthält das Gesetz eine Ermächtigung des Präsidenten und seines Handelsvertreters USTR, die sich durch Mitgliedschaft in der WTO ergebenden satzungsgemäßen Aufgaben der USA wahrzunehmen, wozu die Annahme von Interpretationserklärungen, Ausnahmeerlaubnisse (waiver), Streitbeilegung und die Zustimmung zum Beitritt neuer Mitglieder gehören.[391] Parallel haben Konsultationen der zuständigen Ausschüsse des Kongresses stattzufinden. Der Präsident kann dabei die USA allerdings nur auf völkerrechtlicher Ebene verpflichten. Für eine

---

[385] The Extension of Fast Track Procedures, H.R. Doc. No. 51 102d Cong., 1st Sess. (1991).

[386] North American Free Trade Agreement, abgedruckt in 32 I.L.M. 1993,605 ff; siehe Fn 396. *Charnovitz*, Fn 273, 3 Minne. J. Global Trade, 1994,195,203.

[387] 19 U.S.C. 2902 (a)(1) und (c)(1), 2903 (a)(1) (1988 & Supp. 1993).

[388] Uruguay Round of Multilateral Trade Negotiations, Public Law 103-49, 107 Stat. 239 (1993); 19 U.S.C. 2902 (e)(2) (1988 & Supp. 1993).

[389] 19 U.S.C. 2902 (1988 & Supp. 1993).

[390] Section 101 URAA, Public Law 103-465, 108 Stat. 4809,4814 f (1994). Die Zustimmung erfolgt nach Sec. 1103 der Omnibus Trade and Competitiveness Act of 1988, 19 U.S.C. 2903 und Sec. 151 der Trade Act of 1974, 19 U.S.C. 2191.

[391] Section 122 URAA, 19 U.S.C. 3532.

unter Umständen erforderliche innerstaatliche Rechtsänderung bedarf es eines ordentlichen Gesetzgebungsverfahrens im Kongreß.[392]

Das Gesetz überließ es dem Präsidenten, nach seinem Ermessen der Errichtung der WTO zuzustimmen. Hierzu war die Feststellung der Ministerkonferenz gemäß Art. XIV WTOÜ erforderlich, daß der Anteil am Welthandel der ratifizierenden Mitglieder groß genug ist, um die WTO zu einem nun zu bestimmenden Zeitpunkt zu errichten.[393]

Die WTO wurde am 1.1.1995 errichtet, am gleichen Tag traten auch die Bestimmungen der *Uruguay Round Agreements Act (1994)* in Kraft.

---

[392] *Leebron*, Fn 269, S. 239 f.

[393] Sec. 101 (a)(1) URAA, Public Law 103-465, 108 Stat. 4809,4814 (1994). Präsident *Clinton* wies in einem Memorandum vom 23.12.1994 den USTR an, im Namen der USA der Errichtung der WTO zuzustimmen, 60 F.R. 1003, 19 U.S.C.A. 3511. Vgl. Abschnitt 2.3.

3.3. Die Regeln des GATT 1947 und der WTO in den USA

Völkerrechtliche Vereinbarungen begründen grundsätzlich eine Rechtsbeziehung zwischen den beteiligten Völkerrechtssubjekten, den Staaten und internationalen Organisationen. Das Völkerrecht überläßt den Staaten die Entscheidung darüber, wie sie die Erfüllung ihrer völkerrechtlichen Pflichten bewerkstelligen wollen.[394] In diesem Zusammenhang erhebt sich die Frage, ob und wieweit die völkerrechtlichen Regeln des GATT 1947 und der WTO innerhalb der Rechtsordnung der USA einen Achtungsanspruch haben. In bezug auf das GATT 1947 gibt es kein nachträgliches Zustimmungsgesetz, so daß sich der innerstaatliche Achtungsanspruch allein nach den allgemeinen Bestimmungen und Grundsätzen der Verfassung richtet. Für die WTO-Übereinkommen beinhaltet die *Uruguay Round Agreements Act (1994)* zwar eine detaillierte Einarbeitung der Bestimmungen in die bestehenden amerikanischen Bundesgesetze, läßt aber auch noch ausdrücklich Raum für einen eingeschränkten innerstaatlichen Achtungsanspruch der Übereinkommen selbst.[395] Eine entsprechende Regelung existiert auch für das Freihandelsabkommen USA-Kanada (1988) und das NAFTA-Abkommen (1992).[396] Danach kann sich nur die Bundesregierung im Namen der USA auf die Handelsübereinkommen vor einem nationalen

---

394 Gutachten des StIGH zum Exchange of Greek and Turkish Populations, Series B Nr. 10 S. 20.

395 Section 102 (b) (2) (A) URAA, Public Law 103-465, 108 Stat. 4817 (1994):
"(b) RELATIONSHIP OF AGREEMENTS TO STATE LAW, (2) LEGAL CHALLENGE.- (A) IN GERNERAL.- No State law, or the application of such a State law, may be declared invalid as to any person or circumstance on the ground that the provision or application is inconsistent with any of the Uruguay Round Agreements, except in an action brought by the United States for the purpose of declaring such a law or application invalid."
Section 102 (c) URAA, Public Law 103-465, 108 Stat. 4818 (1994):
"(c) EFFECT OF AGREEMENT WITH RESPECT TO PRIVATE REMEDIES.-
(1) LIMITATIONS. - No person other than the United States -
(A) shall have any cause of action or defense under any of the Uruguay Round Agreements or by virtue of congressional approval of such an agreement, or
(B) may challenge, in any action brought under any provision of law, any action or inaction by any department, agency, or other instrumentality of the United States, any State, or any political subdivision of a State on the ground that such action or inaction is inconsistent with such agreement." Vgl. 19 U.S.C. 3512.

396 Section 102 (a), (b) (3) sowie (c) der United States-Canada Free-Trade Agreement Implementation Act, Public Law 100-449, 102 Stat. 1851 (1988), 19 U.S.C. 2112 und Section 102 (a), (b) (2) sowie (c) der North American Free Trade Agreement Implementation Act, Public Law 103-182, 107 Stat. 2057 (1993), 19 U.S.C. 3312.

Gericht oder einer Behörde berufen, nicht hingegen die Gliedstaaten oder ein Individuum bzw. Unternehmen.

Bevor diese Regelungen näher untersucht werden, sollen die allgemeinen Bestimmungen und Grundsätze der Verfassung dargestellt werden. Dabei ist die Frage nach der innerstaatlichen Achtung von völkerrechtlichen Verträgen zu differenzieren nach (1.) der innerstaatlichen Geltung, (2.) der unmittelbaren Anwendbarkeit, (3.) der Einklagbarkeit als subjektiv-öffentliches Recht und (4.) der Rangwirkung der völkerrechtlichen Regeln in der innerstaatlichen Rechtsordnung. *Innerstaatliche Geltung* bedeutet, daß eine völkerrechtliche Norm Bestandteil der nationalen Rechtsordnung wird. Die *unmittelbare Anwendbarkeit* führt dazu, daß die völkerrechtliche Norm die nationalen Behörden sowie Gerichte bindet und, falls die Norm ein *subjektiv-öffentliches Recht* verleiht, sich der Bürger bzw. ein Unternehmen darauf vor Gericht berufen kann. Die *Rangwirkung* bestimmt den Vorrang bei der Durchsetzung im Verhältnis der völkerrechtlichen Norm zu den nationalen Normen.

3.3.1. Die innerstaatliche Geltung

Zur Frage der innerstaatlichen Geltung von völkerrechtlichen Normen gibt es verschiedene Denkansätze, die einzelnen Auffassungen werden dabei einerseits dem Monismus, andererseits dem Dualismus zugeordnet. Die Vertreter des Monismus gehen von einer einheitlichen Rechtsordnung des Völkerrechts und des nationalen Rechts aus. Als Folge müssen die nationale Regierung, Verwaltung und Gerichte dem Völkerrecht in ihrem Wirken Geltung verschaffen. Für das Common Law prägte *Blackstone* 1769 die Formel: "international law is the law of the land."[397] Demgegenüber gehen die Vertreter des Dualismus für das Verhältnis von Völkerrecht und nationalem Recht von zwei unterschiedlichen Rechtskreisen aus, die sich nicht überschneiden.[398] Das Völkerrecht ist danach eine Rechtsordnung für die Staaten und läßt Rechte und Pflichten grundsätzlich nur für diese entstehen. Nach beiden Konzepten jedoch bedarf das Völkerrecht im Hinblick auf die Achtung der Souveränität des

[397] Zitiert bei *Ipsen*, Völkerrecht, 3. Auflage, München 1990, S. 1078.

[398] *Triepel*, Völkerrecht und Landesrecht, Berlin 1899, S. 271.

Staates einer Einführung in die innerstaatlichen Rechtsordnung, um innerstaatliche Geltung zu beanspruchen.

Nach der im Common Law entwickelten sog. Adoptionstheorie, galt das Völkergewohnheitsrecht "adopted in its full extent".[399] Die Entscheidung des britischen High Court im *Franconia*-Fall (1876) verlangte hingegen für vertragliche Vereinbarungen eine ausdrückliche Adoption für seine innerstaatliche Anwendung.[400] Dieser innerstaatliche Anwendungsbefehl kann für den Einzelfall (z.B. durch Zustimmungsgesetz des Parlaments zum völkerrechtlichen Vertrag) oder in Form eines generellen staatlichen Anwendungsbefehls (z.B. in der Verfassung) enthalten sein. Das Völkerrecht wird innerstaatlich als orginäres Völkerrecht angewandt und es entsteht kein paralleles nationales Recht. Fragen zur Inkraftretung, Auslegung und Beendigung richten sich nach völkerrechtlichen Grundsätzen, da die Norm völkerrechtlichen Charakter hat.[401]

Im Gegensatz dazu findet nach der dualistischen sog. Transformationstheorie mittels eines Transformationsaktes eine Umwandlung der Völkerrechtsnorm in eine innerstaatliche Norm statt. Der Transformationsakt kann ebenfalls für den Einzelfall oder generell in der Verfassung vorgenommen werden. Durch diese Umwandlung entsteht eine parallele innerstaatliche Norm, inhaltlich der völkerrechtlichen Norm gleichend. Der Geltungsgrund ist hier die innerstaatliche Norm, so daß eine Auslegung streng genommen nach innerstaatlichen Grundsätzen zu erfolgen hat. Aber auch die Vertreter gemäßigter dualistischer Theorien gehen von einem Systemzusammenhang zwischen nationaler und völkerrechtlicher Norm aus, weshalb auch sie eine Auslegung unter Berücksichtigung völkerrechtlicher Grundsätze favorisieren und das Inkrafttreten sowie die Beendigung der innerstaatlichen Parallelnorm unter den Vorbehalt der Geltung der völkerrechtlichen Norm stellen.[402]

Während in den Common Law Staaten überwiegend eine monistische Auffassung vertreten wird, beruft man sich in Staaten mit kontinental-europäischer Rechtstradition eher auf dualistische Theorien. Eine Diskussion dazu findet

---

[399] *Rudolf* in Lexikon des Rechts, Band Völkerrecht, Hg. Seidl-Hohenveldern, 2. Auflage, Neuwied u.a. 1992, "Recht, innerstaatliches und Völkerrecht", S. 240,242.

[400] R. v. Keyn, The Franconia, 2 Ex. D. 63 (1876), vgl. *Hallier* in Strupp-Schlochauer, Wörterbuch des Völkerrechts, Berlin 1960, Band 1 zum Franconia-Fall, S. 554.

[401] *Ipsen*, Fn 397, S. 1078.

[402] Vgl. *Rudolf*, Völkerrecht und deutsches Recht, Tübingen 1967, S. 171.

fast ausschließlich in den kontinental-europäischen Staaten statt.[403] Da jedoch alle gemäßigten Theorien, wenn auch mit jeweils anderer Begründung, zu dem selben Ergebnis kommen, braucht die Frage hier nicht weitergehend erörtert zu werden. Zudem gilt in den meisten Staaten das Gebot der völkerrechtsfreundlichen Auslegung von innerstaatlichen Normen.

(a) Die Vorrangklausel (*Supremacy Clause*)

Ausgehend von dem Gedanken der Souveränität bestimmt das nationale Recht den Platz und die Wirkung des Völkerrechts in der innerstaatlichen Rechtsordnung. Der Ausgangspunkt für Überlegungen zur Einführung von völkerrechtlichen Normen in die Rechtsordnung der USA ist deshalb die Verfassung, die in ihrer Vorrangklausel (Supremacy Clause) in Art. VI Abs. 2 US-Verfassung bestimmt:

> Art. VI sec. 2 US-Verfassung: "This Constitution, and the laws of the United States, which shall be made in pursuance thereof; and *all treaties* made, or which shall be made, under the authority of the United States, *shall be the supreme law of the land*; and judges in every state shall be bound thereby, anything in the Constitution or laws of any state to the contrary notwithstanding." (Hervorhebung durch den Verfasser)[404]

Mit dieser positiv-rechtlichen Regelung werden die völkerrechtlichen Verträge ("treaties") zum 'obersten Recht des ganzen Landes' erklärt. Die Verträge finden in der Vorrang- und Gerichtsbarkeitsklausel eine ausdrückliche Erwähnung, da die Verfassungsväter in Abkehr von der englischen Rechtstradition auch den völkerrechtlichen Verträgen eine innerstaatliche Geltung als oberstes Bundesrecht zukommen lassen wollten.[405] Die fehlende rechtliche Möglichkeit

---

[403] Vgl. *Ipsen*, Fn 397, S. 1076 ff; *Kunig, Philip*, in Vitztum (Hg.), Völkerrecht, Fn 25, "Völkerrecht und staatliches Recht", S. 101,118 ff; *Rudolf*, Fn 399, S. 240 ff; *Verdross/Simma*, Fn 26, § 847 ff.

[404] Übersetzung des Verfassers: Diese Verfassung und die auf ihr beruhenden Gesetze der Vereinigten Staaten sowie alle Verträge, die von den Vereinigten Staaten abgeschlossen sind oder werden, sind das oberste Recht des ganzen Landes, und die Richter in jedem Gliedstaat sollen daran gebunden sein, ungeachtet etwa entgegenstehender Bestimmungen in der Verfassung oder den Gesetzen der Gliedstaaten. Vgl. *Klein*, Fn 296, ZaöRV 1974, 83,84 m.w.N.

[405] *Groß*, Fn 155, AVR 1993,409,413 f; *Henkin*, Chinese Exclusion, Fn 138, 100 Harvard L.R. 1987,852,866; *Vázquez*, Treaty-Based Rights, Fn 304, 92 Columbia L.Rev. 1992,

der Durchsetzung von Bundesgesetzen und Verträgen gegenüber den Gliedstaaten war mithin eine Ursache für die Einberufung des Verfassungskonvents (1787) zur Ausarbeitung einer neuen Verfassung (1789).[406] Die Vorrangklausel ist daher für die innerstaatliche Geltung von völkerrechtlichen Verträgen konstitutiv.[407]

Der Wortlaut läßt dabei offen, ob es sich um einen nationalen Vollzugsbefehl oder einen Transformationsakt handelt. Die Zustimmung des Senats mit Zweidrittelmehrheit nach der Vertragsabschlußklausel ist keine Voraussetzung für die innerstaatliche Geltung,[408] die ausdrücklich aus der Vorrangklausel folgt, sondern sie betrifft das Zustandekommen eines Vertrages, indem sie eine nationale Beschränkung der Vertragsabschlußkompetenz des Präsidenten darstellt. Auch ein verfassungswidrig zustandegekommener Vertrag kann völkerrechtlich verbindlich sein (vgl. Art. 46 WÜRV) und beansprucht damit über die Vorrangklausel innerstaatliche Geltung, wobei sich seine innerstaatliche Nichtanwendbarkeit erst auf der Ebene der Vorrangfrage aus der Kollision mit der Verfassung ergibt.[409]

(b) Die innerstaatliche Geltung von Regierungsabkommen

Die Regeln des GATT 1947 und der WTO sind keine Verträge in verfassungsrechtlichem Sinne, sondern Regierungsabkommen mit parlamentarischer Beteiligung. Fraglich ist, ob die nicht in der Verfassung genannten Regierungsabkommen ebenfalls von der Vorrangklausel erfaßt werden.[410]

1082,1096 ff; *ders.*, The Four Doctrines, Fn 292, 89 AJIL 1995,695,697 f. Ware v. Hylton, 3 U.S. (Dall. 3) 199,272-276 (1796). Vgl. Abschnitt 3.1.3.

406 Siehe Abschnitt 3.1.3.(a).

407 A.A. *Helm-Busch*, Fn 144, S. 62, welche die Vorrangklausel als deklaratorisch ansieht.

408 A.A. *Bungert*, Einwirkung und Rang von Völkerrecht im innerstaatlichen Rechtsraum - Ein Vergleich des deutschen mit dem US-amerikanischen Recht, DÖV 1994,797,800.

409 Siehe Abschnitt 3.3.3.

410 Zustimmend *Davey*, Fn 293, S. 318 f als "treaty" i.S.d. Vorrangklausel; *Kühner*, Fn 170, 35 JöR 1986,365,377 unter Berufung auf Restatement § 111 Comment (e), vgl. Fn 301; *Helm-Busch*, Fn 144, S. 70 unter Berufung auf Weinberger v. Rossi, 456 U.S. 25, 29 ff (1982), worin jedoch genau das Gegenteil steht, siehe Abschnitt 3.3.1.(b).(dd) und Fn 417.

(aa) *Cotzhausen v. Nazro* (1882)

Der Supreme Court befand in *Cotzhausen v. Nazro* (1882) die Beschlagnahme eines Schals für rechtmäßig, weil ein Bundesgesetz die Beschlagnahme von verbotenerweise eingeführten zollpflichtigen Waren vorsah und die Einfuhr von solchen Waren auf dem Postweg nach einem als Vertrag bezeichneten Regierungsabkommen verboten war.[411] Das Gericht macht dabei keine dogmatischen Ausführungen über die innerstaatliche Wirkung von Regierungsabkommen, sondern wendet es einfach wie ein Gesetz oder einen Vertrag an.

(bb) *US v. Belmont* (1937)

In *US v. Belmont* (1937) wendete sich das Bankhaus Belmont in New York gegen die Einziehung eines Deposits durch die US-Bundesregierung, die nach dem sog. 'Litvinov Assignment' als Teil des Regierungsabkommens über die Anerkennung der Sowjetunion (1933) von dieser das in den USA belegene Vermögen von in der UdSSR verstaatlichten Unternehmen abgetreten bekam. Das angerufene Bundesgericht hatte die Einziehung zurückgewiesen, da die Verstaatlichung in der Sowjetunion nicht das in New York belegene Vermögen betreffen kann.

Der Supreme Court wies die Kritik an der Verstaatlichung nach der *Act of State Doctrin* zurück, wonach die Handlungen einer unabhängigen Regierung nicht in einem Gericht eines anderen Staates in Frage gestellt werden können. Im Anschluß führte er aus, daß sich der Vorrang der Verträge ("treaties") gegenüber dem Recht und der Politik der einzelnen Gliedstaaten aus dem ausdrücklichen Wortlaut der Vorrangklausel ergibt. Dasselbe Ergebnis folgt für Regierungsabkommen ("international compacts and agreements") aus der ausschließlichen Befugnis der Bundesgewalt für die auswärtigen Angelegenheiten, die nicht durch die einzelnen Gliedstaaten beeinträchtigt werden kann.[412]

---

[411] Cotzhausen v. Nazro, 107 U.S. 214 (1882) zum Treaty of Bern (1874) über den internationalen Postverkehr.

[412] US v. Belmont, 301 U.S. 324,331 (1937): "Plainly, the external powers of the United States are to be exercised without regard to state laws or policies. ... And while this rule in respect of treaties is established by the express language of clause 2, article 6, of the Constitution, the same rule would result in the case of all international compacts and agreements from the very fact that complete power over international affairs is in the national government and is not and cannot be subject to any curtailment or interference on

Diese Entscheidung bestimmt das Rangverhältnis von Regierungsabkommen und dem Recht der Gliedstaaten, womit sie die innerstaatliche Geltung von Regierungsabkommen impliziert. Während die innerstaatliche Geltung für Verträge auf dem ausdrücklichen Wortlaut der Vorrangklausel beruht, gilt sie aufgrund der dahinter stehenden Gründe auch für die Regierungsabkommen. Die innerstaatliche Wirkung von Regierungsabkommen wird nicht am Wortlaut der Vorrangklausel festgemacht, sondern unter Verweis auf *US v. Curtiss-Wright Export Corp.* (1936) als ungeschriebenes Verfassungsrecht angesehen. Diese Argumentation korrespondiert mit der Annahme, daß die Ermächtigung zum Abschluß von Regierungsabkommen nicht aus der Verfassung, sondern unabhängig vom Verfassungstext aus der Souveränität der USA fließt und nur durch die Verfassung beschränkt wird.[413]

(cc) *Reid v. Covert* (1957)

In *Reid v. Covert* (1957) ging es um ein Regierungsabkommen zwischen der USA und Großbritannien, wonach auch zivile Angehörige von in Großbritannien stationieren Militärpersonen bei Straftaten vor ein US-Kriegsgericht (court-martial) gestellt werden konnten. Die Klägerin, der die Ermordung ihres Ehemanns vorgeworfen wurde, sah darin eine Verletzung des Grundrechts auf eine Jury, weil es im Gegensatz zu einem Zivilgericht beim Kriegsgericht keine Jury gibt. Vier Richter argumentierten, daß es dem Willen dem Verfassungsväter widersprechen würde, die Vorrangklausel so auslegen, daß die USA durch ein Regierungsabkommen ("international agreement") öffentliche Gewalt ausüben könnten, ohne den Beschränkungen der Verfassung zu unterliegen.[414] Mit der gewählten Formulierung entsteht der Eindruck, daß die vier Richter die Regierungsabkommen in die Vorrangklausel einbeziehen wollen. Eine genaue Einordnung in den Wortlaut der Bestimmung unterbleibt. Zwei im Ergebnis zustimmende Richter problematisieren indes überhaupt nicht die in-

---

the part of the several states. Compare United States v. Curtiss-Wright Export Corp. 299 U.S. 304,316 ... [1936]. In respect of all international negotiations and compacts, and in respect of our foreign relations generally, state lines disappear." *Klammerzusatz durch den Verfasser*. Vgl. U.S. v. Pink, 315 U.S. 203,233 (1942); Restatement § 111 Comment (d). *Henkin*, Foreign Affairs, Fn 137, S. 220 f; *Tribe*, Fn 140, § 4-6, S. 230.

[413] Siehe Abschnitt 3.1.1.(b).

[414] Reid v. Covert, 354 U.S. 1,16 ff,17 (1957) *Warren, Ch.J.* und *Black, Douglas* sowie *Brennan, J.J.*: "It would be manifestly contrary to the objections of those who created the Constitution, ... to construe Article VI as permitting the United States to exercise power under an international agreement without observing constitutional prohibitions."

nerstaatliche Wirkung von Regierungsabkommen, sondern verneinen die Gesetzgebungsbefugnis des Kongresses hinsichtlich der Militärjustiz gegen Zivilpersonen.[415] Die Entscheidung hebt die Verurteilung von Zivilisten durch ein Militärgericht in Friedenszeiten auf, weil ihnen vor diesem nicht das in der Verfassung garantierte Recht auf eine Jury gewährt wird. Die Begründung der vier Richter über die Einordnung der Regierungsabkommen in die Vorrangklausel bleibt unscharf und kann als sog. plurality opinion nicht die tragenden Gründe von *US v. Belmont* ersetzen (sog. overruling).

Der Supreme Court befindet sich deshalb noch auf dem Erkenntnisstand von *US v. Belmont* (1937), wonach die innerstaatliche Wirkung von Regierungsabkommen neben der Vorrangklausel als ungeschriebenes Verfassungsrecht verankert ist. Eine andere Möglichkeit wäre die weite Auslegung der Begriffe des Vertrages ("treaties") oder des Bundesrechts ("laws of the United States") gewesen, um darunter auch die Regierungsabkommen zu fassen.[416]

(dd) *Weinberger v. Rossi* (1982)

In *Weinberger v. Rossi* (1982) wandten sich US-Bürger auf den Philippinen gegen die Entlassung als zivile Beschäftigte auf der örtlichen US-Militärbasis aufgrund eines Regierungsabkommens, das die bevorzugte Beschäftigung von Einheimischen vorsah. Die Kläger beriefen sich auf ein Bundesgesetz, das jegliche Diskriminierung bei der Arbeit verbietet, sofern sie nicht durch einen Vertrag erlaubt ist. Das Gericht subsumierte unter den einfachgesetzlichen Begriff des Vertrages ("treaty") im vorliegenden Bundesgesetz auch Regierungsabkommen. Demgegenüber beschränkte es den Begriff des Vertrages ("treaty") in der Verfassung einheitlich auf die Verträge i.S.d. Vertragsabschlußklausel.[417] Für die Abschlußkompetenz und die innerstaatliche Wirkung von Regierungsabkommen zitiert der Supreme Court *Dames & Moore v.*

---

[415] Reid v. Covert, 354 U.S. 1,41 ff und 65 ff (1957) *Frankfurter, J.* und *Harlan, J.* concurring; S. 78 ff *Clark*, J. und *Burton* J. dissenting.

[416] Restatement § 111 RN 2 spielt dabei auf die weite Auslegung von einfachem Bundesgesetz in RN 4 an.

[417] Weinberger v. Rossi, 456 U.S. 25,29 f (1982): "Under the United States Constitution, of course, the word "treaty" has a far more restrictive meaning. Article II, § 2, cl. 2, of that instrument provides that the President 'shall have Power, by and with the Advice and Consent of the Senate, to make Treaties, provided two thirds of the Senators present concur.'"

Regan (1981) sowie *US v. Belmont* (1937), nicht aber *Reid v. Covert* (1957).[418] Die Beschränkung des Begriffs der Verträge in der Verfassung auf Verträge i.S.d. Vertragsabschlußklausel entspricht dem Gedanken der Einheit der Verfassung.

(ee) Regierungsabkommen als Bundesrecht

Sieht man die Regierungsabkommen als ein Äquivalent zu Bundesgesetzen des Kongresses an,[419] dann könnte sich ihre Einordnung unter einen weit verstandenen Begriff Bundesrecht ("laws of the United States") in der Vorrangklausel anbieten. Der Wille der Verfassungsväter zur Stärkung der Bundesgewalt durch die Aufnahme der Verfassung, des Bundesrechts und der Verträge in die Gerichtsbarkeits- und die Vorrangklausel spricht für eine einheitliche Auslegung dieser Begriffe in beiden Verfassungsbestimmungen. Gerade die Aufnahme der Verträge in beide Bestimmungen legt den Schluß nahe, daß auch die Regierungsabkommen darin aufgenommen sein müssen, um ihre innerstaatliche Wirkung anzuordnen und durch die Gerichte abzusichern.[420] Die Verträge werden neben dem Bundesrecht genannt, da es sich bei der Vertragsabschlußklausel um eine (fast) unbegrenzte Rechtsetzungskompetenz handelt, während das Bundesrecht sich auf begrenzte Kompetenzen des Kongresses und des Präsidenten stützt.[421] Vereinbarungen der Gliedstaaten im Gesetzgebungsbereich des Kongresses werden durch dessen Zustimmung ebenfalls zum Bundesrecht.[422]

(ff) Im Einklang mit der Verfassung

Die Vorrangklausel enthält gegenüber der Gerichtsbarkeitsklausel den Zusatz, daß das Bundesrecht im Einklang mit der Verfassung geschaffen werden muß ("which shall be made in pursuance thereof").[423] Wäre damit das formelle Gesetzgebungsverfahren gemeint, so fielen Präsidalabkommen ohne Beteiligung des Kongresses nicht darunter. Die Wendung ist allerdings mehrdeutig und

---

[418] Weinberger v. Rossi, 456 U.S. 25,30 FN 6 (1982).

[419] Siehe Abschnitt 3.1.3.(a) und 3.3.1.(b) und (c).

[420] Siehe Abschnitt 3.1.3.

[421] Siehe Abschnitt 3.1., 3.1.1.(a) und 3.1.1.(b).

[422] Siehe Abschnitt 3.4.(a), insbesondere Fn 649.

[423] Vgl. Art. VI cl. 2 auf S. 121 und Art. III sec. 2 cl. 1 US-Verfassung auf S. 95.

wurde im 18. Jahrhundert außer in der Bedeutung von "infolge von" ("done in consequence of") oder "in Durchführung von" ("in prosecution of") auch als "vereinbar mit" ("consistent") und "nicht in Widerspruch stehen zu" ("not in conflict with") gebraucht. Während die ersten beiden Deutungen für die Articles of Confederation (1781-89) zutreffen, lassen sich die beiden anderen im Verfassungskonvent (1787) belegen.[424] Dieser Zusatz soll auf jeden Fall sicherstellen, daß kein verfassungswidriges Bundesrecht zum 'obersten Recht des ganzen Landes' wird. Das Bundesrecht muß formell und materiell verfassungsgemäß sein, d.h. der Bund bedarf einer Rechtssetzungsbefugnis, das Rechtssetzungsverfahren muß eingehalten worden sein und der Norminhalt muß den übrigen Vorgaben der Verfassung (z.B. Grundrechte) entsprechen. Da sich die Ermächtigung für den Abschluß von Regierungsabkommen aus der Souveränität der Bundesgewalt ableitet, bedürfen nur jene Regierungsabkommen, die ihrer Materie nach eine Beteiligung des Kongresses erfordern, einer vorherigen Ermächtigung oder nachträglichen Zustimmung in Form eines Bundesgesetzes.

(gg) Vor Inkrafttreten der Verfassung

Im Wortlaut der Vorrangklausel findet sich auch die Bestimmung, daß alle Verträge aus der Zeit vor und nach ("made") Inkrafttreten der Verfassung erfaßt werden, Bundesrecht jedoch nur aus der Zeit nach deren Inkrafttreten ("which shall be made"). Durch die Einbeziehung der vor dem Inkrafttreten der Verfassung geschlossenen Verträge soll die innerstaatliche Durchsetzung der Friedensverträge des Unabhängigkeitskrieges gesichert werden. Auf den ersten Blick merkwürdig erscheinen könnte an der Einordnung der Regierungsabkommen unter das Bundesrecht, daß von den völkerrechtlichen Vereinbarungen aus der Zeit vor dem Inkrafttreten der Verfassung nur die Verträge aufgenommen werden, nicht hingegen die Regierungsabkommen. Dies erklärt sich jedoch leicht aus der Verfassungsgeschichte. Das Amt des Präsidenten und mit ihm die Exekutive der Bundesgewalt wurden erst durch die Verfassung von 1789 geschaffen, so daß es vorher keine Regierungsabkommen geben konnte.

---

[424] *Levy*, Original Intent and the Framers' Constitution, New York und London 1988, S. 110 m.w.N.

Die Articles of Confederation unterschieden durchaus zwischen Verträgen ("treaty") und einem Abkommen ("agreement"), welche die einzelnen Gliedstaaten nur mit Zustimmung des Kongresses mit ausländischen Staaten abschließen durften.[425] Der Kongreß besaß die Befugnis für die auswärtigen Angelegenheiten und konnte Verträge und Bündnisse ("treaties and alliances") mit einfacher Mehrheit und der Zustimmung von neun Gliedstaaten abschließen. Die Bundeskompetenz zum Abschluß von Verträgen war jedoch inhaltlich beschränkt: Es durften keine Handelsverträge ("treaty of commerce") abgeschlossen werden, die den Gliedstaaten verbieten, von Ausländern die gleichen Abgaben und Zölle zu fordern wie von eigenen Staatsangehörigen oder die Ein- und Ausfuhr zu regeln.[426] Damit hatte der Kongreß zwar grundsätzlich die Kompetenz für die auswärtigen Angelegenheiten, konnte sich damit aber in wichtigen Handelsfragen gegenüber den Gliedstaaten nicht durchsetzen.[427]

Während der sog. Dickinson-Entwurf für die Articles of Confederation in einem separaten Artikel noch einen permanenten Staatsrat ("Council of State") als den Beginn einer Regierungsorganisation vorsah - dem aber das Eingehen von Verpflichtungen ("Engagements") für die Vereinigten Staaten verboten war -, enthielten die Articles of Confederation letztlich nur ein Kommittee der Staaten ("Committee of the States"). Dies war ein Ausschuß des Kongresses, der die ausdrücklich auf ihn delegierten Befugnisse in der Zeit der Sitzungsunterbrechung des Kongresses wahrnahm.[428] Im Dickinson-Entwurf war die

---

[425] Art. 6 Articles of Confederation: "No State, without the consent of the United States, in Congress assembled, shall ... enter into any conference, agreement, alliance or treaty with any king, prince, or foreign state ..."

[426] Art. 9 Articles of Confederation: "The United States, in Congress assembled, shall have the sole and exclusive right and power ... entering into treaties and alliances provide that no treaty of commerce shall be made, whereby the legislative power of the respective states shall be restrained from imposing such imposts and duties on foreigners as their own people are subjected to, or from prohibiting the exportation or importation of any species of goods or commodities whatsoever ... The United States, in Congress assembled, shall never engage in a war, ... nor enter into any treaty or alliances, ... unless nine states assent to the same;"

[427] *Jensen*, The Articles of Confederation, An Interpretation of the Social-Constitutional History of the American Revolution 1774-1781, 2. Auflage, University of Wisconsin 1948, S. 178.

[428] Vgl. Art. XIX Dickinson-Entwurf: "The Council of State ... shall have power ...; but not to make any Engagements that shall be binding on the United States ..." Der Dickinson-Entwurf und die Articles of Confederation sind abgedruckt in *Jensen*, Fn 427, S. 254 ff, der im Rahmen seiner Ausführungen auf S. 178 die Verpflichtungen

heutige Unterscheidung zwischen Verträgen und Regierungsabkommen schon angelegt, allerdings waren Regierungsabkommen ausdrücklich verboten, um die dominierende Stellung des Kongresses in den auswärtigen Angelegenheiten zu sichern. Da unter den Articles of Confederation nur der Kongreß für die Bundesgewalt Verträge mit einfacher Mehrheit abschließen konnte, ergaben sich keine anderen Vereinbarungen als Verträge. Auch wenn einige völkerrechtliche Abmachungen aus dieser Zeit einen anderen Namen (act, convention, contract) als "Vertrag" (treaty) tragen, ist kein Unterschied zu einem solchen ersichtlich; der Name wurde nur der Bedeutung im einzelnen angepaßt.[429] Die Geschichte der Regierungsabkommen der USA beginnt deshalb mit der Verfassung von 1789 und der Wahl *George Washingtons* zum ersten Präsidenten, wodurch neben der Legislative auch eine Exekutive der Bundesgewalt errichtet wurde.

(hh) Abkommen mit Indianern

Diese Überlegungen können durch eine Betrachtung der innerstaatlichen Wirkung von Vereinbarungen der Bundesgewalt mit indianischen Gemeinwesen (Indianernationen oder -stämme) ergänzt werden. Während solche Vereinbarungen ursprünglich über die Vertragsabschlußklausel als Verträge geschlossen wurden, erreichte das Repräsentantenhaus durch die Verweigerung von Geldmitteln im Jahre 1871 die Zustimmung des Senats zu einem Bundesgesetz, in dem den Gemeinwesen der Indianer innerhalb der USA die Anerkennung als unabhängige Nationen abgesprochen wird, damit künftig Vereinbarungen nur noch als Abkommen mit Zustimmung des Kongresses ("legislated ratification of an agreement") erfolgen können.[430] Diese Zustimmung geschieht in Form

---

("Engagements") als vertragliche Vereinbarungen ("agreements") bezeichnet. *John Dickinson*, Gouverneur von Pennsylvanien, entwarf die Articles of Confederation und unterzeichnete auch die Verfassung. In seinem Entwurf (1776) folgte er einigen Vorgaben eines Diskussionsvorschlages von *Benjamin Franklin* (1775), der in Art. IX einen "executive council" u.a. für die Erledigung der "general continental businesss and interests" und zum Empfang von Ersuchen ("applications") ausländischer Staaten während der Sitzungsunterbrechungen des Kongresses vorsah; abgedruckt in *Parry* (Hg.), The Consolidated Treaty Series, New York 1969, Band 46 (1775-1778), S. 57 ff.

429 Vgl. Parry (Hg.), Fn 428, Band 46 (1775-1778) bis Band 50 (1786-1790). Eine Ausnahme sind die Kapitulationen (Articles of Capitulation) von Saratoga 1777 und Yorktown 1781, die von den militärischen Befehlshabern unterzeichnet wurden.

430 Act of March 3, 1871, 16 Stat 544,566, 25 U.S.C. 71: "No Indian nation or tribe within the territory of the United States shall be acknowledged or recognized as an independent

eines Bundesgesetzes aufgrund der Handelsklausel. In der Handelsklausel wird der Handel mit Indianerstämmen gleichrangig neben dem Handel zwischen den Gliedstaaten und ausländischen Staaten genannt. Die Gemeinwesen der Indianer waren ursprünglich als Völkerrechtssubjekte anerkannt, mit denen die europäischen Staaten Verträge abschlossen. Jedoch wurden die sog. "Wilden" im Laufe der Eroberung des Kontinents durch die USA "domestiziert" ("domestic dependent nations"),[431] so daß die Abkommen mit ihnen als innerstaatliche Vereinbarungen mit noch verbliebenen völkerrechtlichen Elementen anzusehen sind.[432] Die Gemeinwesen der Indianer haben nach *US v. Wheeler* (1978) noch soviel orginäre Hoheitsgewalt ("inherent souvereignty"), als ihnen nicht ausdrücklich durch Bundesgesetz oder vertragliche Vereinbarung entzogen wurde.[433]

Als Alternative zu zustimmungsbedürftigen Abkommen der Regierung kann der Kongreß auch Bundesgesetze aufgrund der Handelsklausel gegenüber den Indianern erlassen.[434] Der Supreme Court hält sich in bezug auf die Verletzung

---

nation, tribe, or power with whom the United States may contract by treaty; but no obligation of any treaty ... prior to March 3, 1871, shall be invalidated or impaired." Vgl. Antoine v. Washington, 420 U.S. 194,201 ff (1975); Restatement § 303 RN 5. Im Bereich der auswärtigen Angelegenheiten ist ein solches Bundesgesetz des Kongresses unzulässig, da dort der Präsident die ausschließliche Kompetenz kraft Amtes (sole organ) für die Anerkennung von ausländischen Staaten und Regierungen hat; vgl. Art. II sec. 2 cl. 2 US-Verfassung, das ihm das Recht zur Ernennung und zum Empfang von Diplomaten gibt; US v. Curtiss-Wright Export Corp., 299 U.S. 304,319 f (1936); US v. Belmont, 301 U.S. 324,330 (1937). *Henkin*, Foreign Affairs, Fn 137, S. 88.

431 Cherokee Nation v. Georgia, 30 U.S. (5 Peters) 1,16 f (1831); Baker v. Carr, 369 U.S. 186,215 ff (1962); US v. Mazurie, 419 U.S. 544,557 (1975): "Thus it is an important aspect of this case that Indian tribes are unique aggregations possessing attributes of sovereignty over both their members and their territory, Worcester v. Georgia, 31 U.S. (6 Peters) 515,557 ... (1832); they are 'a separate people' possessing 'the power of regulating their internal and social relations ...;' United States v. Kagama, 118 U.S. 375, 381-382 ... (1886); Mc Clanahan v. Arizona States Tax Comm'n, 411 U.S. 164,173 ... (1973).".

432 *Dörr*, Die "Indian Nations and Tribes" in Nordamerika und das Völkerrecht, Ein Beitrag zum Problem der Rechtsfähigkeit, 36 JöR 1987,497 ff und 504 f, zitiert: Indian Nations; *ders.*, Die Wilden und das Völkerrecht, Verfassung und Recht in Übersee 1992,372,384 ff, zitiert: Die Wilden.

433 US v. Wheeler, 435 U.S. 313,322 f (1978); Merrion v. Jicarilla Apache Tribe, 455 U.S. 130,137 und 148 (1982); vgl. *Wilkinson*, American Indians, Time and the Law, New Haven 1987, S. 54 ff; *Tribe*, Fn 140, § 16-14, S. 1468 ff m.w.N.

434 Antoine v. Washington, 420 U.S. 194,204 (1975) m.w.N., wobei die Handelsklausel einen Differenzierungsgrund für eine separate Gesetzgebung bietet.

von vertraglichen Vereinbarungen durch Bundesgesetz mit der *Political Question* Doktrin zurück, mit der er üblicherweise bei völkerrechtlichen Vereinbarungen argumentiert.[435] Andererseits wenden die Gerichte auch die Auslegungsregeln für Verträge mit ausländischen Staaten auf die Vereinbarungen mit Indianerstämmen an.[436]

In *Antoine v. Washington* (1975) ging es um die Verurteilung eines Indianers wegen Wilderei, der sich auf ein durch den Kongreß ratifiziertes Abkommen von 1891 mit den Colville Confederated Tribes berief, das den Indianern auch nach Übergabe eines Teils ihres Gebietes das Recht zu jagen und fischen garantiert. Der Supreme Court faßte die legislative Ratifikation von Abkommen mit indianischen Gemeinwesen unter den Begriff des Bundesrechts ("laws of the United States") in der Vorrangklausel und verglich sie in ihrer innerstaatlichen Wirkung mit den darin genannten Verträgen.[437] Die Gleichsetzung von parlamentarisch ratifizierten Abkommen und Verträgen entspricht dem vom Supreme Court entwickelten Äquivalenzgedanken bezüglich Verträgen und Gesetzen des Kongresses.

Da die Beziehungen der Bundesgewalt zu den Indianern von Anfang an als Sonderbeziehungen gesehen wurden, kann nicht angenommen werden, daß die tragenden Gründe von *Antoine v. Washington* die frühere Entscheidung *US v. Belmont* (1937) in bezug auf die Einordnung von Regierungsabkommen ersetzt. Allerdings hat der Supreme Court in *Loving v. US* (1996) die verfassungsrechtlichen Anforderungen einer legislativen Delegation auf Behörden von indianischen Gemeinwesen auch auf die auswärtigen Angelegenheiten übertragen.[438] Hinsichtlich der Vorrangklausel ist insoweit kein wesentlicher Unterschied zwischen Abkommen mit indianischen Gemeinwesen und Regie-

---

[435] Lone Wolf v. Hitchcock, 187 U.S. 554,565 f (1903) unter Berufung auf Chinese Exclusion, 130 U.S. 581,600 (1889); *Dörr*, Indian Nations, Fn 432, 36 JöR 1987, 489,501; *ders.*, Die Wilden, Fn 432, Verfassung und Recht in Übersee 1992,372, 385; vgl. *Williams-Vedder*, Die Rechtsstellung der eingeborenen Völker in den USA und Kanada nach nationalem Recht und Völkerrecht, Frankfurt a.M. u.a. 1995, S. 28 ff.

[436] Washington v. Washington State Commercial Passenger Fishing Vessel Association, 443 U.S. 658,690 (1979) modified, 444 U.S. 816 (1979). Restatement § 303 RN 5.

[437] Antoine v. Washington, 420 U.S. 194,201 (1975): "... that a legislated ratification of an agreement between the Executive Branch and an Indian tribe is '[Law] of the United States ... made in Pursuance' of the Constitution and, therefore, like 'all Treaties made,' is made binding upon affected States by the Supremacy Clause." Ferner S. 204 f.

[438] Loving v. US, 517 U.S. 748, 16 S.Ct. 1737,1750 f (1996); siehe Abschnitt 3.1.2.(b).

rungsabkommen mit ausländischen Staaten ersichtlich, als beide an die Rechtsetzungskompetenz der Bundesgewalt anknüpfen. Handelsabkommen finden in beiden Fällen ihre Grundlage in der Handelsklausel. Aus den genannten Gründen sollten alle Regierungsabkommen entgegen *US v. Belmont* unter den Begriff des Bundesrechts in der Vorrangklausel gefaßt werden. Die inhaltliche Auslegung eines Verfassungsbegriffs sollte einer verfassungsergänzenden Auslegung vorgezogen werden. Die Regeln des GATT 1947 und die WTO-Übereinkommen fallen deshalb unter den Begriff des Bundesrechts ("laws of the United States") in der Vorrangklausel.

(c) Proklamation und amtliche Veröffentlichung

Während nach der Vorrangklausel alle Verträge und das Bundesrecht als 'oberstes Recht des ganzen Landes' innerstaatliche Geltung beanspruchen, verlangt der Supreme Court in *Haver v. Yaker* (1869) neben der Ratifikation noch zusätzlich die Proklamation des Vertrages durch den Präsidenten als Voraussetzung einer innerstaatlichen Wirkung gegenüber dem Individuum.[439] In *Altman & Co v. US* (1912) bezeichnet das Gericht als Ratifikation die Zustimmung des Senats i.S.d. Vertragsabschlußklausel und erweitert das Erfordernis der Proklamation durch den Präsidenten auf Regierungsabkommen.[440] Im Gegensatz dazu wird mit Ratifikation nach völkerrechtlichem Sprachgebrauch die Erklärung gegenüber dem Vertragspartner verstanden, jetzt oder ab einem gewissen Zeitunkt an die Vereinbarung gebunden zu sein.[441] Der

---

[439] Haver v. Yaker, 76 U.S. (9 Wall.) 32,35 (1869): "As the individual citizen, on whose rigths of property it [the treaty] operates, has no means of knowing anything of it while before the Senate, it would be wrong in principle to hold him bound by it, as the law of the land, until it was ratified and proclaimed." *Klammerzusatz durch den Verfasser.* Die Gerichte wenden die völkerrechtlichen Vereinbarungen meistens ohne ausdrückliche Nennung der Proklamation an.

[440] Altman & Co. v. US, 224 U.S. 583,601 (1912): "While it may be true that this commercial agreement, made under authority of the tariff act of 1897, § 3, was not a treaty possessing the dignity of one requiring ratification by the Senate of the United States, it was an international compact, negotiated between the representatives of two sovereign nations, and made in the name and on behalf of the contracting countries, and dealing with important commercial relations between the two countries, and was proclaimed by the President. If not technically a treaty requiring ratification, nevertheless it was a compact authorized by the Congress of the United States, negotiated and proclaimed under the authority of its President." Vgl. S.Rep.No. 258, 78th Cong., 1st Sess. 47,48 (1943) zu Handelsabkommen aufgrund der Trade Agreements Act (1943).

[441] Vgl. Art. 2 I b WÜRV.

Begriff der Ratifikation in seiner unterschiedlichen Bedeutung - nach Völkerrecht und der Rechtsprechung des Supreme Court - bezieht sich auf das Zustandekommen der Vereinbarung, die Proklamation durch den Präsidenten betrifft ihre innerstaatliche Geltung.

Das für den internationalen Handel zuständige Gericht (Court of International Trade) und Vertreter der amerikanischen Literatur sehen die Proklamation als das Instrument an, womit die völkerrechtliche Vereinbarung in die Rechtsordnung der USA eingeführt wird.[442] Die Proklamation ist hingegen nicht der Rechtsgrund der innerstaatlichen Geltung, die auf der Vorrangklausel beruht. Staatliche Stellen, die verpflichtet sind, die völkerrechtlichen Verpflichtungen der USA zu erfüllen, würden einer nicht proklamierten Vereinbarung keine Beachtung schenken. Aus diesem Grunde wird die Proklamation und Veröffentlichung im Rahmen der innerstaatlichen Geltung und nicht erst bei der Frage der unmittelbaren Anwendbarkeit behandelt.

Die Proklamation ist die öffentliche Verkündung der Vereinbarung durch den Präsidenten. Sie erfolgt im "Federal Register" (Bundesanzeiger). Wichtige Proklamationen werden mit Angabe ihrer Fundstelle im Federal Register zusätzlich im "United States Code Congressional and Administrative News" (USCCAN) abgedruckt. Die Proklamation kann den ganzen Vertragstext, einen Teil davon oder nur einen Hinweis auf die Vereinbarung enthalten. Dies

---

[442] United States Cane Sugar Refiners' Ass'n v. Block, 544 F.Supp. 883,892 f (CIT 1982): "The specific part of the Geneva Protocol implemented by Proclamation 4941 ... The provision was made a part of United States law by the President, first pursuant to his powers under section 350 on the Tariff Act of 1930, as amended (Proclamation 2929), then pursuant to his powers under section 201 of the Trade Agreements Act of 1962. The provision, as promulgated by the President pursuant to this authority, is now located in Headnote 2.", bestätigt 683 F.2d 399,400 ff (C.C.P.A.1982) zur Bestimmung über Zucker in der Zolliste der USA in der Kennedy Runde (1967); Footwear Distributors and Retailers of America v. US, 18 CIT 391,414 (1994): "GATT, including its clause regarding most-favored nations, become part of U.S. law via executive order ...". *Hudec*, Fn 206, S. 197 ff sieht in der Proklamation einen rechtsgestaltenden Akt; *Jackson*, World Trade, Fn 13, S. 293; *ders.*, GATT in US Law, Fn 351, 66 Michigan L.R. 1966,250,282-292 schreibt auf S. 290 "GATT (including all its related protocols) ..., it becomes domestic law only by virtue of a 'proclamation.'" *Jackson/Davey/Sykes*, Fn 179, Sec. 6.6, S. 325, "... this proclamation is the direct source of domestic law applied by U.S. courts and customs officials."; *Wright*, The Control of American Foreign Relations, New York 1922, S. 255: "... the treaty must be proclaimed to have validity as the law of the land ..."

entspricht dem Grundsatz der Publizität des Rechts als Teil des Rechtsstaatsprinzips. Der tragende Gedanke ist, daß gegen niemanden eine Rechtsfolge aus einer Rechtsnorm ("law") abgeleitet werden darf, die nicht zuvor öffentlich bekannt gemacht wurde. Den Rechtsunterworfenen muß die Möglichkeit gegeben werden, ihr Verhalten auf die neue Rechtslage einzustellen. Ausreichend kann deshalb nicht allein der allgemeine Hinweis auf die Existenz der Vereinbarung sein, sondern der für die Rechtsunterworfenen relevante Vertragsinhalt muß nach *Ware v. Hylton* (1796) durch eine Veröffentlichung der Allgemeinheit zugänglich gemacht werden.[443] Die Vereinbarung stellt hinsichtlich ihrer innerstaatlichen Geltung ein Äquivalent zu einem Gesetz des Kongresses dar, das ebenfalls der Veröffentlichung bedarf.[444] Eine Befassung des Senats oder beider Kammern des Kongresses mit einer völkerrechtlichen Vereinbarung kann nicht ausreichen, da zwar die parlamentarische Befassung in öffentlich zugänglichen Protokollen festgehalten wird, die allerdings regelmäßig nur die Zustimmungs- und Implementierungsnormen enthalten, nicht aber unbedingt den gesamten Vertragstext.[445]

Die übliche Veröffentlichung von völkerrechtlichen Vereinbarungen findet in den amtlichen Sammlungen "Treaties and Other International Acts Series and Other International Agreements" (T.I.A.S.) sowie in den Sammelbänden "United States Treaties and Other International Agreements" (U.S.T.) statt, die vom State Department herausgegeben werden. Allerdings sind sie etwa acht Jahre in Verzug. Vor 1950 wurden Vereinbarungen zusätzlich in den "Statutes at Large" (Bundesgesetzblatt) veröffentlicht.[446] In der Zeit bis zur

---

443 Ware v. Hylton, 3 U.S. (Dall. 3) 199,272 und 276 (1796) mit *Justice Iredell* in der 'plurality opinion': "The present Constitution of the *United States* affords the first instance of any government, which by saying, treaties should be *the supreme law of the land*, made it indispensable that they should be published for the information of all." Vgl. *Henkin*, Foreign Affairs, Fn 137, S. 476 in Fn 95.

444 Foster & Elam v. Neilson, 27 U.S. (2 Pet.) 253,314 f (1829): "Our Constitution declares a treaty to be the law of the land. It is consequently, to be regarded in courts of justice as equivalent to an Act of the Legislature, ..." Ware v. Hylton, 3 U.S. (Dall. 3) 199,277 (1796). *Tribe*, Fn 140, § 4-5, S. 225 f.

445 *Charnovitz*, Fn 273, 8 Minne. J. Global Trade 1994,195,221 weist darauf hin, daß das Zustimmungs- und Implementierungsgesetz zur NAFTA am Tage der Verabschiedung wegen eines administrativen Fehlers im Congressional Record vergessen wurde; siehe 139 Cong. Rec. H10047 (1993).

446 Näher dazu Restatement § 312 RN 4 und 5.

Veröffentlichung sind völkerrechtliche Vereinbarungen als Sonderdrucke im "Government Printing Office" (GPO) für jedermann gegen Entgelt erhältlich.

Da die Proklamation und die amtliche Veröffentlichung nicht in der Verfassung erwähnt werden, bilden beide ungeschriebene Voraussetzungen im Rahmen des Rechtsstaatsprinzips für die innerstaatliche Geltung der Vereinbarung. Geheime Vereinbarungen können auf völkerrechtlicher Ebene verbindlich sein, jedoch werden sie kein 'oberstes Recht des ganzen Landes'. Will der Präsident der Vereinbarung innerstaatliche Geltung verschaffen, dann ist die Proklamation der erste Schritt und die Veröffentlichung der zweite Schritt für ihren Vollzug. Damit hält der Präsident sowohl die Bindungswirkung auf völkerrechtlicher Ebene als auch die innerstaatliche Geltung einer völkerrechtlichen Vereinbarung in seinen Händen.[447]

Das Protokoll über die Provisorische Anwendung (PPA) und das Allgemeine Zoll- und Handelsabkommen von 1947 wurden vom Präsidenten proklamiert und in der T.I.A.S.-Sammlung sowie in den "Statutes at Large" veröffentlicht.[448] Der die Entwicklungsländer betreffende Teil IV (1966) des Allgemeinen Abkommens wurde in den USA nicht proklamiert.[449]

Gleich mehrere sich gegenseitig korrigierende und ergänzende Proklamationen sind den WTO-Übereinkommen gewidmet. Mit der Proklamation 6763 vom 23.12.1994 verkündet der Präsident den Abschluß der WTO-Übereinkommen und die Zustimmung des Kongresses durch die *Uruguay Round Agreements Act (1994)*.[450] Diese Proklamation - aufgrund der *Omnibus Trade and Competi tiveness Act (1988)* und der *URAA* - paßt den Außenzoll der USA (Harmonized Tariff Schedule, HTS) an das Ergebnis der Uruguay-Runde zum 1.1.1995 an, sofern nicht der USTR vorher das Nichtinkrafttreten der WTO-Übereinkommen bekannt gibt. Die Proklamation 6780 vom 23.3.1995 verkündet das Inkrafttreten der WTO-Übereinkommen zum 1.1.1995 und bestimmt abweichend nach Art. 65 TRIPS Übereinkommen, daß dieses Übereinkommen für

---

[447] *Wright*, Fn 442, S. 255.

[448] Proclamation 2761A of December 30, 1947, 12 F.R. 8863; T.I.A.S. No. 1700 sowie 61 Stat. pts. [Teilbände] 5 und 6, [Seite] A3 (1947). *Klammerzusätze durch den Verfasser.*

[449] *Hudec*, Fn 206, S. 202 erklärt die Nichtproklamation damit, daß Teil IV keine rechtlichen Verpflichtungen für die USA enthalten habe.

[450] Proclamation 6763 of December 23, 1994, 60 F.R. 1007 ff, 19 U.S.C. 3511.

die USA erst ein Jahr später in Kraft tritt.[451] Ferner gewährt der Präsident gegenüber einigen ausländischen Staaten, darunter Japan und die Mitgliedstaaten der EG, den gesetzlichen Schutz von Musterwaren, weil diese Staaten einen adäquaten Schutz garantieren. Zudem korrigiert diese Proklamation sowie die Proklamation 6857 vom 11.12.1995 "gewisse technische Irrtümer" der Proklamation 6763 in bezug auf die Implementierung im HTS.[452] Alle genannten Proklamationen verweisen auf die WTO-Übereinkommen, ohne deren Vertragstext umfassend wiederzugeben.

Die WTO-Übereinkommen selbst wurden bislang amtlich veröffentlicht in einem Sonderdruck mit etwa 820 der über 26.000 Originalseiten. Der Sonderdruck ist erhältlich im Government Printing Office (GPO).[453] Er umfaßt ohne vollständiges Inhaltsverzeichnis die Final Act, das Übereinkommen zur Errichtung der WTO, die multilateralen Übereinkommen sowie die Ministeriellen Deklarationen, Entscheidungen und Übereinkünfte der Uruguay-Runde. Bei den plurilateralen Übereinkommen wurde auf eine Wiedergabe des Übereinkommens über Milchprodukte und des Übereinkommens über Flugzeuge verzichtet, da die USA nicht Vertragspartei des ersteren wurden und bei letzterem keine Änderungen gegenüber dem Abkommen unter dem GATT 1947 bestehen. Diese Auffassung ist allerdings bedenklich, weil das Abkommen unter dem GATT 1947 mit dessen Aufhebung außer Kraft getreten ist.[454] Für das Übereinkommen über öffentliche Ausschreibungen (Government Procurement) sind die Länderlisten der wichtigsten Handelspartner der USA enthalten, darunter von Japan, der EG und ihren Mitgliedstaaten. Diese Länderlisten sind überwiegend in englischer Sprache, teilweise aber auch in französischer (Belgien, Frankreich, Luxemburg, Schweiz) oder spanischer Sprache (Spanien) abgefaßt. Nicht abgedruckt sind alle anderen Handelszugeständnisse, die in den Länderlisten über Zölle (Schedules) oder in Länderlisten zu anderen Übereinkommen (z.B. GATS) enthalten sind.

Fraglich ist, ob die Veröffentlichung einer völkerrechtlichen Vereinbarung allein in einer - nicht englischen - Originalsprache ausreicht. Im Internationalen

---

[451] Proclamation 6780 of March 23, 1995, 60 F.R. 15845 ff, 19 U.S.C. 3511.

[452] Proclamation 6857 of December 11, 1995, 60 F.R. 64817 ff, 19 U.S.C. 3511.

[453] USTR, Uruguay Round of Multilateral Trade Negotiations, General Agreement on Tariffs and Trade, Washington, DC, 1994, ISBN 0-16-045022-5, erhältlich im GPO, SSOP, Washington, DC 20402-9328.

[454] Siehe Abschnitt 2.3.

Privatrecht (conflict of laws) gibt es auch Situationen, in denen ein fremdes Recht in fremder Sprache zur Anwendung kommt.[455] Jedoch sind dann zumindest die Anknüpfungspunkte für den Anwendungsbereich in der Landessprache vorhanden und der Rechtsunterworfene begibt sich aktiv (z.B. durch Heirat) in die Anwendungssituation. Aus diesem Grunde ist der Überraschungseffekt - einer fremdsprachigen Norm ausgesetzt zu sein - für den Rechtsunterworfenen geringer als bei der Anwendung einer völkerrechtlichen Vereinbarung.

Zudem gilt die Vereinbarung primär zwischen den Vertragsparteien. Ihre innerstaatliche Geltung ist nur eine Möglichkeit, den Verpflichtungen nachzukommen. Eine Alternative für die innerstaatliche Geltung der Vereinbarung ist die Umsetzung der Verpflichtungen durch nationale Gesetzgebung. Beides sind gleichwertige Formen der innerstaatlichen Rechtsetzung. Dabei erfordert der Publizitätsgrundsatz als Teil des Rechtstaatsprinzips, daß der Rechtsetzungsgeber sich der den Rechtsunterworfenen bekannten (amtsüblichen) Sprache bedient. Zwar werden sich mit Handelsabkommen überwiegend Kaufleute und Unternehmen befassen, welche die fremde Originalsprache beherrschen, jedoch können bei der innerstaatlichen Wirkung auch andere fremdsprachenunkundige Personen betroffen werden (z.B. Wettbewerb bei Importen). Eine Zulassung von Fremdsprachen, die an allgemeinbildenden Schulen (High School) unterrichtet werden, ist ebenfalls abzulehnen, weil das Ausbildungsergebnis in der amerikanischen Bevölkerung überwiegend nicht ausreicht, um fremdsprachige (Rechts-) Texte zu verstehen.

Der Gedanke aus dem Internationalen Privatrecht - die Anknüpfungspunkte des Anwendungsbereichs von fremdsprachigen Normen in der amtsüblichen Sprache zu veröffentlichen - ist auf die Länderlisten der WTO-Übereinkommen nicht übertragbar, weil darin teilweise völlig unterschiedliche Produkte und Wirtschaftsbereiche aufgezählt werden, so daß die Rechtsunterworfenen keine Vorstellung darüber erhalten, in welchen Situationen die Übereinkommen letztlich Anwendung finden. Die Rechtsunterworfenen müssen zumindest durch eine englische Übersetzung die Möglichkeit bekommen, eine Vorstellung über das anwendbare Recht zu erhalten. Eine nur fremdsprachige Veröffentlichung ist daher nicht ausreichend. Wenn die Vertragssprache nicht Englisch ist, muß neben der englischen Übersetzung zusätzlich die Originalsprache

---

[455] *Scoles/Hay*, Conflict of Laws, 2. Auflage, St. Paul, Minnesota 1992, S. 1 ff.

veröffentlicht werden, da im Zweifelsfalle diese Sprache und ihre Rechtsbegriffe entscheidend sind.[456]

Eine Veröffentlichung in einer privaten Vertragssammlung[457] oder durch die internationale Organisation selbst (z.B. CD-ROM der WTO)[458] reicht nicht aus, da der willentliche Akt und die Garantiefunktion für die Richtigkeit des Inhalts des Rechtsetzungsgebers fehlt. Die Entstehung der innerstaatlichen Wirkung von Recht darf nicht in fremde Hände - die eines privaten Herausgebers oder einer internationalen Organisation - gelegt werden. Als ausreichend anzusehen wäre die Aufnahme einer nichtamtlichen Veröffentlichung in das GPO oder ein amtlicher Hinweis auf eine solche (z.B. CD-ROM der WTO). Angesichts der heute weiten Verbreitung von CD-ROM Systemen in der Bevölkerung und in den öffentlich zugänglichen Bibliotheken ist auch eine Veröffentlichung auf diesem elektronischen Medium mit dem althergebrachten Printmedium Papier gleichzustellen. Bislang fehlt jedoch im GPO ein derartiger amtlicher Hinweis.

Fraglich ist, ob ein entsprechender Hinweis in der amtlich veröffentlichten Vereinbarung genügt. Art. XIV Abs. 3 und 4 WTOÜ bestimmt, daß die WTO-Übereinkommen beim Generaldirektor der WTO hinterlegt werden.[459] Der Hinweis besagt jedoch nicht, an welchem Ort die Hinterlegung tatsächlich stattfindet und ob Privatpersonen bzw. Unternehmen dort Einsicht nehmen können. Privatpersonen und Unternehmen in den USA kann auch nicht zugemutet werden, ihr Recht irgendwo in Genf zu suchen.

---

456 Restatement § 325 (1) und Comment (f); *Rudolf*, Fn 402, S. 208 f; siehe Fn 479; vgl. Art. 33 WÜRV.

457 Z.B. 33 ILM 1994,1125-1272 ohne Länderlisten.

458 WTO, The Results of the Uruguay Round, CD-ROM, ISBN 92-870-01145-6, Genf 1996 (£ 620).

459 Art. XIV Abs. 3 und 4 WTOÜ: "(3) Bis zum Inkrafttreten dieses Übereinkommens wird der Wortlaut dieses Übereinkommens und der Multilateralen Handelsübereinkommen beim Generaldirektor der VERTRAGSPARTEIEN des GATT 1947 hinterlegt ... Dieses Übereinkommen und die Multilateralen Handelsübereinkommen sowie alle Änderungen derselben werden zum Zeitpunkt des Inkrafttretens dieses Übereinkommens beim Generaldirektor der WTO hinterlegt.

(4) ... Plurilateralen Handelsübereinkommens ... Die Übereinkommen werden beim Generaldirektor der VERTRAGSPARTEIEN des GATT 1947 hinterlegt. Zum Zeitpunkt des Inkrafttretens dieses Übereinkommens werden die betreffenden Übereinkommen beim Generaldirektor der WTO hinterlegt."

Eine Ausnahme kann es nur für Sekundärrecht einer internationalen Organisation geben, sofern dies in dem amtlich veröffentlichten Gründungsvertrag ausdrücklich oder konkludent vorgesehen ist und die Veröffentlichung des Sekundärrechts durch die Organisation in den Mitgliedstaaten erhältlich ist. Beispielsweise ist für Gemeinschaftsakte der EG - Verordnungen, Richtlinien und Entscheidungen - in Art. 254 (191 a.F.) EGV die Veröffentlichung im *Amtsblatt der Europäischen Gemeinschaften* oder ihre Bekanntgabe an die Adressaten festgesetzt.[460] Eine Veröffentlichungspflicht ist für völkerrechtliche Vereinbarungen der Europäischen Gemeinschaft im EG-Vertrag nicht vorgesehen.[461] Trotzdem wird mit Hinweis auf das dem Gemeinschaftsrecht innewohnende Rechtsstaatsprinzip die Veröffentlichung von Vereinbarungen der Gemeinschaft gefordert, sofern diese unmittelbare Wirksamkeit entfalten sollen.[462]

Der Gerichtshof der Europäischen Gemeinschaften (EuGH) hat nur in wenigen Fällen Gelegenheit gehabt, sich zur Bedeutung der Veröffentlichung zu äußern. Im Fall *Hoogovens Groep* (1985) hielt er eine Nichtigkeitsklage gegen eine ergangene Entscheidung bereits vor ihrer Zustellung oder Veröffentlichung für zulässig.[463] Im Fall *Sevince* (1990) hat der Gerichtshof eine unmittelbare Wirkung von nicht veröffentlichten Beschlüssen eines Assoziationsrates gegenüber Behörden angenommen.[464] Nach *Rechtssache C-96/95* (1997) ist für die inner-

---

[460] Vgl. Artt. 15 EGKS-Vertrag und 163 EURATOM-Vertrag.

[461] Vgl. Artt. 133 (113 a.F.), 300 (228 a.F.) und 310 (238 a.F.) EGV.

[462] *Vedder, Christoph* in Grabitz/Hilf (Hg.), Kommentar zur Europäischen Union, München, 14. Ergänzungslieferung Oktober 1999, Art. 228 Rn 42; Krück, Fn 1, S. 155. Wenn für den Abschluß der Vereinbarung die Form einer Verordnung gewählt wird, ergibt sich ihre Veröffentlichungspflicht aus Art. 254 EGV; diese Verordnung enthält aber möglicherweise nicht den gesamten Text der Vereinbarung.

[463] EuGH, Rs. 172 und 226/83, Hoogovens Groep, Slg. 1985,2831,2845 f (Tz 8): "Vor der Prüfung der von der Kommission erhobenen Einrede der Unzulässigkeit ist festzustellen, daß Artikel 33 Absatz 3 EGKS-Vertrag, wo die förmliche Maßnahmen - Zustellung oder Veröffentlichung - aufgeführt sind, von denen an die Frist für Nichtigkeitsklagen zu laufen beginnt, einen Kläger nicht daran hindert, beim Gerichtshof Klage zu erheben, sobald die streitige Entscheidung ergangen ist, ohne deren Zustellung oder Veröffentlichung abzuwarten."

[464] EuGH, Rs. C-192/89, Sevince, Slg. 1990 I-3461,3504 (Tz 24) zum Assoziationsabkommen mit der Türkei (1963): "Den im Ausgangsverfahren fraglichen Bestimmungen kann auch nicht allein deshalb eine unmittelbare Wirkung abgesprochen werden, weil es an einer Veröffentlichung der Beschlüsse Nrn. 2/76 und 1/80 fehlt. Die fehlende Veröffentlichung dieser Beschlüsse mag zwar der Begründung von Verpflichtungen für den ein-

staatliche Umsetzung einer Richtlinie der EG die wörtliche Wiedergabe der Gesetzesvorschrift nicht notwendig, sondern es kann ein allgemeiner rechtlicher Rahmen genügen, wenn die Begünstigten in der Lage sind, ihre Rechte zu erkennen und gegebenenfalls vor den nationalen Gerichten geltend zu machen; im vorliegenden Fall reichte die bloße allgemeine Verweisung auf das Gemeinschaftsrecht jedoch nicht.[465]

Alle drei Entscheidungen betreffen allerdings nur Sekundärrecht von Verträgen, die in den Mitgliedstaaten der EG veröffentlicht sind. Diese Rechtsprechung ist auf die Integration von völkerrechtlichen Vereinbarungen in die Rechtsordnung der USA nicht übertragbar, weil die dortige Rechtstradition für die innerstaatliche Wirkung eine Proklamation der Vereinbarung und die Publikation des Norminhalts voraussetzt.[466] Die innerstaatliche Wirkung erleichtert einem Staat die Erfüllung seiner völkerrechtlichen Verpflichtungen. Ohne Proklamation und ausreichende amtliche Veröffentlichung wird die Vereinbarung nicht Bestandteil der Rechtsordnung der USA, die ihren Verpflichtungen dann auf andere Weise nachkommen muß. Niemand kann sich in einem innerstaatlichen Verfahren auf noch nicht veröffentlichte Teile der WTO-Übereinkommen

---

zelnen entgegenstehen; sie nimmt ihm jedoch nicht die Möglichkeit gegenüber einer Behörde auf die ihm durch diese Beschlüsse zuerkannten Rechte zu berufen."

465 EuGH, Rs. 96/95, Kommission / Deutschland, Slg. 1997 I 1653,1678 ff: "[Tz 35:] Nach ständiger Rechtsprechung ... verlangt die Umsetzung einer Richtlinie in innerstaatliches Recht nicht notwendig, daß ihre Bestimmungen förmlich und wörtlich in einer ausdrücklichen, besonderen Gesetzesvorschrift wiedergegeben werden; je nach dem Inhalt der Richtlinie kann ein allgemeiner rechtlicher Rahmen genügen, wenn er tatsächlich die vollständige Anwendung der Richtlinie in so klarer und bestimmter Weise gewährleistet, daß - soweit die Richtlinie Ansprüche des einzelnen begründen soll - die Begünstigten in der Lage sind, von allen ihren Rechten Kenntnis zu erlangen und diese gegebenenfalls vor den nationalen Gerichten geltend zu machen. Diese Voraussetzung ist besonders wichtig, wenn die Richtlinie darauf abzielt, den Angehörigen anderer Mitgliedstaaten Rechte zu verleihen ... [Tz 36:] Im vorliegenden Fall stellt jedoch die bloße allgemeine Verweisung auf das Gemeinschaftsrecht, die § 2 Absatz 2 des Ausländergesetzes vorsieht, keine Umsetzung dar, die die vollständige Anwendung der beiden Richtlinien 90/364 und 90/365, die darauf abzielen, den Angehörigen anderer Mitgliedstaaten Rechte zu verleihen, tatsächlich in hinreichend klarer und bestimmter Weise gewährleistet ... [Tz 40:] Zu dem Vorbringen, die fraglichen Richtlinien seien im *Amtsblatt der Europäischen Gemeinschaften* veröffentlicht worden, ist lediglich festzustellen, daß eine solche Veröffentlichung die in Artikel 5 beider Richtlinien ausdrücklich vorgesehene Verpflichtung der Mitgliedstaaten, die erforderlichen Umsetzungsmaßnahmen zu erlassen, nicht entfallen läßt." *Klammerzusätze durch den Verfasser.*

466 Siehe Fn 442 und Fn 443.

berufen, solange diese noch nicht amtlich veröffentlicht oder zugänglich gemacht wurden.[467]

(d) Nicht unmittelbar anwendbare Vereinbarungen

Obwohl die Verfassung in der Vorrangklausel undifferenziert "alle Verträge" nennt, unterscheidet der Supreme Court erstmals in *Foster & Elam v. Neilson* (1829) zwischen unmittelbar anwendbaren (self-executing) und nicht unmittelbar anwendbaren (non-self-executing) völkerrechtlichen Verträgen.[468] Während das Gericht nur die 'unmittelbar anwendbaren Verträge' als ohne weiteres geltendes Recht (law) beachtet, bedürfen die 'nicht unmittelbar anwendbaren Verträge' der innerstaatlichen Konkretisierung durch den Gesetzgeber, damit sich ein Individuum auf sie berufen kann. In der Literatur wird hieraus teilweise der Schluß gezogen, daß die 'nicht unmittelbar anwendbaren Verträge' nicht Bestandteil der Rechtsordnung der USA werden.[469] Nichts in der Entscheidung indiziert jedoch, daß diese Verträge kein Bestandteil der innerstaatlichen Rechtsordnung als oberstes Bundesrecht in den USA sind. Fordert ein Vertrag von der Legislative oder Exekutive (political departments) eines der Vertragsstaaten, eine bestimmte Verpflichtung zu erfüllen, dann dürfen die nationalen Gerichte in den USA nicht allein aus dem Vertrag ein subjektiv-öffentliches Recht für den Bürger entnehmen. Ist die Verpflichtung jedoch erfüllt, dann können die Gerichte dem Vertrag sehr wohl Wirksamkeit verschaffen. Der Rechtsgrund dafür stellt dann die nationale Konkretisierungsmaßnahme dar.

Als eine Verpflichtung der USA bindet auch der nicht unmittelbar anwendbare Vertrag die Exekutive und Legislative, die im Vertrag enthaltene Verpflich-

---

[467] Siehe Abschnitt 3.3.2.(i). und 3.4.(d).

[468] Foster & Elam v. Neilson, 27 U.S. (2 Pet.) 253,314 f (1829): "Our Constitution declares a treaty to be the law of the land. It is consequently, to be regarded in courts of justice as *equivalent to an Act of the Legislature*, whenever it operates of *itself* without the aid of any legislative provision. But when the terms of the [treaty] stipulation import a contract - when either of the parties engages to perform a particular act - the treaty addresses itself to the political, not the judicial department and the Legislature must execute the contract before it can become rule for the court ... [S. 315:] Until such Act [of Legislature] shall be passed, the court is not at liberty to disregard the existing laws on the subject." *Hervorhebungen und Klammern durch den Verfasser.* Siehe Abschnitt 3.3.2.

[469] *Helm-Busch*, Fn 144, S. 65; *Hudec*, Fn 206, S. 187 f; *Vázquez*, The Four Doctrines, Fn 292, 89 AJIL 1995,695,703.

tung im Namen der USA zu erfüllen. Die völkerrechtliche Verpflichtung wird somit zu einer nationalen Zielbestimmung staatlichen Handelns.[470] Unter dem Gesichtspunkt der völkerrechtsfreundlichen Auslegung kann sie bei der inhaltlichen Auslegung von nationalen Bestimmungen Beachtung erlangen, weil ein Verhalten des Kongresses und der Exekutive in Einklang mit den internationalen Verpflichtungen der USA vermutet wird.[471] Die Überlegungen zu den Verträgen i.S.d. Vertragsabschlußklausel gelten gleichermaßen für die Regierungsabkommen. Unabhängig von der Frage der unmittelbaren Anwendbarkeit waren die Regeln des GATT 1947 Teil I bis III und sind die WTO-Übereinkommen - soweit veröffentlicht - Bestandteil der Rechtsordnung der USA. Die innerstaatliche Geltung besagt aber noch nichts über die unmittelbare Anwendbarkeit oder über den Rang der völkerrechtlichen Normen in der innerstaatlichen Normenhierarchie.

---

[470] Ware v. Hylton, 3 U.S. (Dall. 3) 199,272 (1796) mit *Justice Iredell* in der plurality opinion: "At the same time I admit, that a treaty, when executed pursuant to full power, is valid and obligatory, in point of *moral obligation*, on all, as well on the Legislature, Executive and Judicial Departments, ... as on every individual of the nation, unconnected officially with either; because it is a promise in effect by the whole nation to another nation, and if not in fact complied with, unless there be valid reasons for non-compliance, the public faith is violated." *Henkin*, Chinese Exclusion, Fn 138, 100 Harvard L.R. 1987,853,867.

[471] Restatement § 115 Comment (a); *Jackson/Davey/Sykes*, Fn 179, Sec. 3.3, S. 133 f und Sec. 6.6., S. 324 zu den Nebenabkommen der Tokio-Runde.

3.3.2. Die unmittelbare Anwendbarkeit

Völkerrechtliche Vereinbarungen enthalten Verpflichtungen auf völkerrechtlicher Ebene zwischen Staaten und Internationalen Organisationen, wobei es den Völkerrechtssubjekten überlassen bleibt, wie sie ihren Verpflichtungen nachkommen. Bei der innerstaatlichen Wirkung der Vereinbarungen unterscheidet man zwei Arten: die unmittelbar anwendbaren (self-executing) Verträge und die nicht unmittelbar anwendbaren (non-self-executing) Verträgen. Während die Bestimmungen der unmittelbar anwendbaren Verträge ohne weiteren nationalen Umsetzungsakt innerstaatlich direkt von Behörden und Gerichten anwendbar sind, richten sich die nicht unmittelbar anwendbaren Verträge nur an das Völkerrechtssubjekt und benötigen einer nationalen Konkretisierung durch Vollzugsakte, um innerstaatliche Wirkung zu entfalten.

Die sich an das Problem der unmittelbaren Anwendbarkeit anschließende und manchmal auch mit ihm verwechselte Frage ist, ob sich Privatpersonen auf eine völkerrechtliche Vertragsbestimmung vor einer Behörde oder einem Gericht berufen können.[472] Eine Vertragsbestimmung ist schon dann unmittelbar anwendbar, wenn sie in einem Normenkontrollverfahren oder Organstreit zwischen staatlichen Stellen direkte Verwendung finden kann, ohne daß sich auch Privatpersonen darauf vor Gericht berufen können. Ein subjektiv-öffentliches Recht aus der Vertragsbestimmung, das Privatpersonen notfalls auch einklagen können, ist eine qualitative Steigerung. Da in der Rechtsprechung der USA regelmäßig nicht scharf zwischen diesen beiden Fragen getrennt und mit der unmittelbaren Anwendbarkeit die Berufung von Privatpersonen vor Gericht auf die Vertragsbestimmung gemeint wird,[473] soll in dieser Arbeit bezüglich der unmittelbaren Anwendbarkeit gleich auf das subjektiv-öffentliche Recht abgestellt werden. Die Frage nach der unmittelbaren Anwendbarkeit muß für jede Vertragsbestimmung individuell beantwortet werden.

---

472 *Jackson*, Status of Treaties in Domestic Legal Systems: A Policy Analysis, 86 AJIL 1992,310,316 f.

473 *Jackson*, Effect of Treaties, Fn 308, S. 158 f m.w.N. Das Restatement, § 111 Comment (h) verweist auf die Klagebefugnis (standing to assert claim). *Vázquez*, Treaty Based-Rights, Fn 304, 92 Columbia L.Rev. 1992,1082,1120 f und 1130 ff tritt für eine Vermeidung des Begriffs "self-executing" ein und will die einzelnen darunter verstandenen Probleme direkt ansprechen (z.B. political question, standing).

(a) Ein Frage des Völkerrechts oder nationalen Rechts

Fraglich ist, ob die Tatbestandsmerkmale einer Differenzierung in unmittelbar oder nicht unmittelbar anwendbare Vertragsbestimmungen aus völkerrechtlicher, nationaler oder einer gemischten Sicht zu beurteilen sind.[474] Dabei sollte berücksichtigt werden, daß einerseits die Vertragsparteien eine Vereinbarung über die unmittelbare Anwendbarkeit als *inhärente* Vertragseigenschaft treffen und andererseits die nationalen Rechtsordnungen verfassungsrechtliche Vorgaben in bezug auf die unmittelbare Anwendbarkeit enthalten und beide Beurteilungsebenen in Wechselwirkung stehen können.[475] Eine Vertragsbestimmung kann auf innerstaatlicher Ebene keine unmittelbare Anwendbarkeit entfalten, wenn sie dazu nicht bereits auf völkerrechtlicher Ebene nach Inhalt, Zweck und Fassung geeignet ist.[476] Die Frage der unmittelbaren Anwendbarkeit erfordert deshalb streng genommen einen *zweistufigen* Aufbau des Normenkomplexes auf völkerrechtlicher und nationaler Ebene. In den USA jedoch wird die unmittelbare Anwendbarkeit als eine *einheitliche* Frage des nationalen Rechts unter Berücksichtigung von völkerrechtlichen Auslegungskriterien angesehen.[477]

Sofern ein Vertrag die unmittelbare Anwendung weder vorschreibt noch ausschließt, ist sie nur ein Mittel der innerstaatlichen Umsetzung der Vertragspflichten. Um die Differenzierung in unmittelbar und nicht unmittelbar anwendbare Vereinbarungen nicht willkürlich erscheinen zu lassen, muß sie nach dem nationalstaatlichen Gebot der Rechtsstaatlichkeit nach festen voraussehbaren Kriterien geschehen. Während diese Differenzierung in einem Staat mit einer monistischen Auffassung eher der Verdrängung von völkerrechtlichen Verträge aus der nationalen Rechtsordnung dient, wird sie in Staaten mit

---

[474] Zum Streitstand siehe *Buchs*, Das Phänomen der unmittelbaren Anwendbarkeit völkerrechtlicher Vertragsbestimmungen in der Rechtsprechung der Gerichte Deutschlands, Österreichs, der Schweiz und der Vereinigten Staaten von Amerika, Baden-Baden 1993, S. 41 ff m.w.N.

[475] *Bleckmann*, Begriff und Kriterien der innerstaatlichen Anwendbarkeit völkerrechtlicher Verträge, Versuch einer allgemeinen Theorie des self-executing treaty auf rechtsvergleichender Grundlage, Berlin 1970, S. 104 ff und 123 ff.

[476] *Rudolf*, Fn 402, S. 173 f.

[477] *Jackson*, Effect of Treaties, Fn 308, S. 153 f; Restatement § 111 Comment (h) und RN 5, § 112 (1).

dualistischer Auffassung eher als Instrument zur Durchsetzung der völkerrechtlichen Verträge herangezogen.[478]

(b) *Foster & Elam v. Neilson* (1829)

Die heute weltweit übliche Unterscheidung in unmittelbar und nicht unmittelbar anwendbare Verträge ist eine Rechtsfortbildung der Gerichte in den USA, welche auf die Entscheidung *Foster & Elam v. Neilson* (1829) zurückgeführt wird.[479] Der Supreme Court sieht in bewußter Abkehr der US-Verfassung von der britischen Tradition einen Vertrag als ein Äquivalent zu einem Bundesgesetz des Kongresses an, sofern er selbst rechtsgestaltend wirkt ("operates of itself") und sich nicht an die politischen Gewalten (Legislative oder Exekutive) richtet. Im Rahmen einer Vertragsauslegung untersucht das Gericht den Wortlaut und schließt aus der Wendung der englischen Fassung in der Zeitform des Futurums ("shall be") auf eine Verpflichtung der politischen Gewalten. Weitere Kriterien zur Beurteilung der unmittelbaren Anwendbarkeit enthält die Entscheidung nicht. Als Konsequenz der Differenzierung können die Vertragsparteien die allgemeine Regel der Vorrangklausel durch die inhaltliche Gestaltung des Vertrages relativieren.[480]

Fraglich ist, ob diese Unterscheidung in unmittelbar und nicht unmittelbar anwendbare Verträge mit der Verfassung vereinbar ist. Weder in der Vertragsabschluß-, noch in der Vorrang- oder der Gerichtsbarkeitsklausel findet sich ein Anhalt für eine unterschiedliche innerstaatliche Wirkung von völkerrechtlichen Vereinbarungen. Die Vorrangklausel bestimmt in Abkehr von der britischen Tradition, daß "alle" Verträge oberstes Recht in den USA sein sollen und die Gerichtsbarkeitsklausel erstreckt den Jurisdiktionsbereich der Bundes-

---

[478] In Großbritannien dient die Ablehnung der unmittelbaren Anwendbarkeit als Ausdruck der Gewaltenteilung dem Schutz der innerstaatlichen Rechtsordnung (durch Parlamentsakte) vor Verträgen der Krone ohne parlamentarische Zustimmung, vgl. *Buchs*, Fn 474, S. 31 ff, 39; *Vázquez*, The Four Doctrines, Fn 292, 89 AJIL 1995,695,697 f.

[479] Foster & Elam v. Neilson, 27 U.S. (2 Pet.) 253,314 (1829), siehe Abschnitt 3.3.1.(b)., insbesondere Fn 468; Vgl. Ware v. Hylton, 3 U.S. (Dall. 3) 199,271-273 und 277 (1796); Restatement § 111; *McNair*, The Law of Treaties, Oxford 1961, S. 78 ff. In US v. Arredondo, 31 (6 Pet.) 691,734-744 (1832) und US v. Percheman, 32 U.S. (7 Pet.) 50 (1833) hielt das Gericht den selben Vertrag unter Berücksichtigung der spanischen Fassung für unmittelbar anwendbar.

[480] *Vázquez*, The Four Doctrines, Fn 292, 89 AJIL 1995,695,701 f; *ders.*, Treaty-Based Rights, Fn 304, 92 Columbia L.Rev. 1992,1082,1122.

gerichte auf "alle" Streitigkeiten, die aus einem Vertrag entstehen. Sieht man beide Verfassungsbestimmungen vorrangig als ein Instrument, um die Verletzung von Verträgen durch ihre Einklagbarkeit seitens Privater zu vermeiden, dann widerspricht die Differenzierung der Intention der Verfassungsväter.[481] Sieht man in ihnen hingegen ein Instrument einer zu stärkenden Bundesgewalt, um die Verträge als ein Mittel ihrer Außenpolitik gegenüber und in den Gliedstaaten durchzusetzen, dann liegt die Wahl der mittelbaren oder unmittelbaren Anwendbarkeit im Rahmen der Vertragsgestaltung in den Händen der Bundesgewalt. Für diese Zielrichtung spricht auch der Versuch des Kongresses, während der Zeit der Articles of Confederation (1781-89) durch eine unverbindliche Resolution im Jahre 1787 die Verträge gegenüber den Gliedstaaten für verbindlich zu erklären, sowie der Wortlaut der Vorrangklausel in der US-Verfassung, wonach die Richter in jedem Gliedstaat ungeachtet deren Gesetze und Verfassung an die Verträge gebunden sind.[482] Die Vorrangklausel bestimmt zwar, daß die vertraglichen Vereinbarungen oberstes Bundesrecht werden, nicht hingegen, welche innerstaatliche Wirkungen damit genau verbunden sind. Die Verfassungsbestimmungen verlangen daher nicht die unmittelbare Anwendbarkeit von allen Verträgen, sondern stellen dies im Rahmen der inhaltlichen Vertragsgestaltung in den freien Willen der Bundesgewalt als Vertragspartei.

(c) Der Wille der Vertragsparteien

Die entscheidende Frage ist somit, wann eine Vertragsbestimmung unmittelbar anwendbar ist und wann sie einer Konkretisierung durch den nationalen Rechtsetzungsgeber bedarf. Dies ist nach *Foster & Elam v. Nielson* eine Frage der Vertragsauslegung. Kriterien zur Beurteilung der unmittelbaren Anwendbarkeit sind in der Rechtsprechung der gemeinsame Wille der Vertragsparteien, der Wortlaut, der Zweck, die Vertragspraxis unter Berücksichtigung der rechtlichen und politischen Folgen sowie die Vertragsmaterialien.[483] Man kann den

---

[481] *Vázquez*, The Four Doctrines, Fn 292, 89 AJIL 1995,695,700, 706 und 722; *ders.*, Treaty-Based Rights, Fn 304, 92 Columbia L.Rev. 1992,1082,1084 ff, 1097, 1101 ff, 1134 ff und 1059 ff plädiert für die unmittelbare Anwendbarkeit von allen Verträgen in den USA, wobei sich das Individuum vor Gericht nicht darauf berufen kann, wenn es keine gerichtsfähige Verpflichtung (judicially enforceable obligations) ist, eine Klagebefugnis (standing) oder ein Anspruch (right of action) fehlt.

[482] Ware v. Hylton, 3 U.S. (Dall. 3) 199,276 f (1796).

[483] *Jackson*, Effect of Treaties, Fn 308, S. 152 f m.w.N.

Parteiwillen als ein subjektives Tatbestandsmerkmal und die übrigen Kriterien als objektive Tatbestandsmerkmale ansehen.[484] Fraglich ist, in welcher Reihenfolge und mit welcher Gewichtung die einzelnen Kriterien in die Auslegung eingestellt werden.

In *Sei Fujj v. State* (1952) bestimmt der Supreme Court von Kalifornien als maßgebliches Kriterium für die unmittelbare Anwendbarkeit den Willen der Vertragsparteien wie er sich im Wortlaut manifestiert, und, sofern dieser unklar ist, ergänzend auf die Vertragsmaterialien zurückgegriffen werden muß.[485] Ziel der Vertragsauslegung ist die Bestimmung des gemeinsamen Parteiwillens, wobei ein eindeutiger Wortlaut eine Sperrwirkung gegenüber weiteren Hilfskriterien entfaltet.

Im Gegensatz dazu nimmt das für Kalifornien zuständige Berufungsgericht in *People of Saipan v. US Dept. of Interior* (9th Cir.1974) ohne ausdrückliche Nennung des Parteiwillens für die Auslegung gleichwertig folgende Kriterien an: (1) den Zweck der Vereinbarung und die Ziele der Vertragsparteien, (2) die Existenz von innerstaatlichen Verfahren und Institutionen, um den Vertrag unmittelbar auszuführen, (3) das Vorhandensein und die Durchführbarkeit von alternativen Erfüllungsmethoden und (4) die mittel- und langfristigen sozialen Folgen einer unmittelbaren oder nicht unmittelbaren Anwendung.[486]

---

[484] *Buchs*, Fn 474, S. 46 ff.

[485] Sei Fujii v. State, 38 Cal.2d 718,721; 242 P.2d 617,620 (Cal.1952) abgedruckt in *Steiner/Vagts/Koh*, Fn 338, S. 553: "In determing whether a treaty is self-executing courts look to the intent of the signatory parties as manifested by the language of the instrument, and, if the instrument is uncertain, recourse must be had to the circumstances surrounding its execution ... Secretary of State Stettinius, Chairman of the United States delegation at the San Francisco Conference where the charter was drafted, stated in his report to President Truman that Article 56 ..."; Diggs v. Richardson, 555 F.2d 848,851 (D.C.Cir.1976); Tel-Oren v. Libyan Arab Republic 774 F.2d 774,808 ff (D.C.Cir. 1984), cert. denied, 470 U.S. 1003 (1985); US v. Postal, 589 F.2d 862,876 (5th Cir. 1979), cert. denied 444 U.S. 832 (1979); Frovo-la v. USSR, 761 F.2d 370,373 (7th Cir.1985); American Baptist Churches in the USA v. Meese, 712 F.Supp. 756,770 (N.D.Cal.1989); Linder v. Calero Portocarrero, 747 F.Supp. 1452 (S.D.Fla.1990), ohne die Wendung aufzugreifen 963 F.2d. 332 (11th Cir.1992). Restatement § 111 (4)(a) und Comment (h).

[486] People of Saipan v. US Dept. of Interior, 502 F.2d 90,97 (9th Cir.1974) cert. denied, 420 U.S. 1003 (1975): "The extend to which an international agreement establishes affirmative and judicially enforceable obligations without implementing legislation must be determined in each case by reference to many contextual factors: [1] the purpose of the

In *US v. Postal* (5th Cir.1979) wird zur Bestimmung des Parteiwillens die Sperrwirkung des eindeutigen Wortlautes angenommen und bei dessen Unklarheit die in *People of Saipan v. US* genannten Kriterien herangezogen.[487] Durch die Kombination der beiden Entscheidungen werden aus den gleichwertigen Kriterien subsidiäre Hilfskriterien.

In *Tel-Oren v. Libyan Arab Republic* (D.C.Cir.1984) betrachtet das Gericht auf der Suche nach dem Willen der Vertragsparteien die Vereinbarung als Ganzes ("as a whole").[488] Was das Gericht darunter versteht, wird nicht näher erläutert. Die als Autorität dazu zitierte Entscheidung *Diggs v. Richardson* (D.C.Cir. 1976) wiederholt die Formel über die Sperrwirkung eines eindeutigen Wortlauts aus *Sej Fujii v. State* und verweist ferner auf die Entscheidung *People of Saipan v. US*. Demgegenüber werden in *Handel v. Artukovic* (C.D. Cal.1985) bei einer Betrachtung der Vereinbarung als Ganzes die in *People of Saipan v. US* aufgeführten Kriterien gleichberechtigt ohne Sperrwirkung eines eindeutigen Wortlauts aufgeführt.[489]

In *Frovola v. USSR* (7th Cir.1985) wird zur Bestimmung des Parteiwillens eine Sperrwirkung eines eindeutigen Wortlauts angenommen und bei Unklarkeiten folgende subsidiäre Hilfskriterien genannt: (1) die Sprache und der Zweck des Abkommens insgesamt, (2) die Vertragsmaterialien, (3) die Natur der Verpflichtungen, (4) das Vorhandensein von alternativen Vollzugsmechanismen, (5) die Verleihung eines subjektiven Anspruchs sowie (6) die Fähigkeit der Judikative zur Lösung des Streites.[490]

---

treaty and the objectives of its creators, [2] the existence of domestic procedures and institutions appropriate for direct implementation, [3] the availability and feasibility of alternative enforcement methods, and [4] the immediate and long-range social consequences of self- or non-self-execution." Handel v. Artukovic, 601 F.Supp. 1421,1425 (C.D. Cal.1985) unternimmt die mit Klammern gekennzeichnete Einteilung.

[487] US v. Postal, 589 F.2d 862,876 f (5th Cir.1979), cert. denied 444 U.S. 832 (1979).

[488] In Tel-Oren v. Libyan Arab Republic, 774 F.2d 778,810 (D.C.Cir.1984), cert. denied, 470 U.S. 1003 (1985): "When no right is explicitly stated, courts look to the treaty as a whole to determine whether it evidences an intent to provide a private right of action. See Diggs v. Richardson, 555 F.2d 848,851 (D.C.Cir.1976)."

[489] Handel v. Artukovic, 601 F.Supp. 1421,1425 (C.D.Cal.1985).

[490] Frovola v. USSR, 761 F.2d 370,373 (7th Cir.1985): "Whether a treaty is self-executing is an issue for judicial interpretation in discerning the intent of the parties to the agreement: (1) the language and purposes of the agreement as a whole; (2) the circumstances surrounding its execution; (3) the nature of the obligations imposed by the agreement; (4) the availability and feasibility of alternative enforcement mechanisms; (5) the

In *Goldstar (Panama) S.A. v. US* (4th Cir.1992) nimmt das Gericht eine Vermutung gegen eine unmittelbare Anwendbarkeit an und betrachtet auf der Suche nach dem Willen der Vertragsparteien die Vereinbarung als Ganzes.[491] Die als Autorität für die Vermutung gegen die unmittelbare Anwendbarkeit zitierten beiden Entscheidungen gehen zwar davon aus, daß Verträge konzeptionell nur zwischen den Vertragsstaaten wirken und sich das Individuum nicht darauf berufen kann, sehen jedoch in der Vorrangklausel eine Änderung dieser Prämisse für die USA, sofern der Vertrag unmittelbar anwendbar ist.[492] Allerdings die Voraussetzung einer unmittelbar Anwendbarkeit gilt es erst zu klären. Eine Vermutung gegen eine unmittelbare Anwendbarkeit läßt sich daraus nicht entnehmen. Für die Bedeutung einer Betrachtung der Vereinbarung als Ganzes wird auf *Diggs v. Richardson* verwiesen, die von einer Sperrwirkung des eindeutigen Wortlauts ausgeht.

Der Supreme Court erkannte in *Sumitomo Shoji America, Inc. v. Avagliano* (1982) eine eigene Auslegungsregel für Verträge, wonach die klare Bedeutung des Wortlauts die Auslegung kontrolliert, sofern nicht das Ergebnis unvereinbar ist mit dem Willen der Vertragsparteien oder ihren Erwartungen.[493] Das Gericht ergänzt diese Auffassung in *US v. Stuart* (1989), demzufolge auch ausservertragliche Quellen, wie die Vertragsmaterialien und die Vertragspraxis,

---

implications of permitting a private right of action; and (6) the capability of the judiciary to resolve the dispute ... Of course, if the parties' intent is clear from the treaty's language courts will not inquire into the remaining factors." American Baptist Churches in the USA v. Meese, 712 F.Supp. 756,770 (N.D.Cal.1989).

[491] Goldstar (Panama) S.A. v. US, 967 F.2d 965,968 (4th Cir.1992): "International treaties are not presumed to create rights that are privately enforceable ... Courts will only find a treaty to be self-executing if the document, as a whole, evidences an intent to provide a private right of action. US v. Thompson, 928 F.2d 1060,1066 (11th Cir.) cert. denied 112 S.Ct. 270 (1991); Diggs v. Richardson 555 F.2d 848,851 (D.C.Cir.1976)"; vgl. *Vázquez*, The Four Doctrines, Fn 292, 86 AJIL 1995,695,710.

[492] Foster & Elam v. Neilson, 27 U.S. (2 Pet.) 253,314 (1829); Head Money Cases, 112 U.S. 580,589-99 (1884).

[493] Sumitomo Shoji America, Inc. v. Avagliano, 457 U.S. 176,180 (1982): "The clear import of treaty language controls unless 'application of the words of the treaty according to their obvious meaning affects a result inconsistent with the intent or expectations of its signatories.' Maximov v. United States, 373 U.S. 49,54 ... (1963)." Rainbow Navigation, Inc. v. Dept. of Navigation, 686 F.Supp. 354,359 (D.C.1988); *Jackson*, Effect of Treaties, Fn 308, S. 165 m.w.N.

Hinweise auf den gemeinsamen Parteiwillen geben können.[494] Daneben fragt das Gericht nach dem Sinn hinter einer Vertragsbestimmung.[495] Bei der Möglichkeit einer engen oder weiten Auslegung ist nach dem Grundsatz einer liberalen Auslegung der weiten Auslegung der Vorzug zu geben. Die Vertragspraxis wird als ein Beweis einer authentischen ("proper") Auslegung des Vertrages angesehen, weil das Verhalten der Vertragsparteien im allgemeinen ihr Verständnis vom Vertragsinhalt verdeutlicht.[496] Die beiden Entscheidungen erwähnen den Begriff der unmittelbaren Anwendbarkeit nicht ausdrücklich, sondern unterstellen diese im Rahmen ihrer Auslegung. Während einige Bundesgerichte in bereits genannten Entscheidungen die Auslegungsregeln des Supreme Court nicht aufgreifen,[497] wendet das Berufungsgericht in *Haitian Refugee Center, Inc. v. Baker* (11th Cir.1991) sie explizit auf die Frage der unmittelbaren Anwendbarkeit an.[498] In *Sale v. Haitian Centers Council, Inc.* (1993) untersucht der Supreme Court ohne weitere dogmatische Ausführungen zur Bestimmung des Parteiwillens den Wortlaut eines Vertrages und bestätigt das Ergebnis durch Äußerungen von Staatenvertretern auf der Entwurfskonferenz.[499]

---

494 US v. Stuart, 489 U.S. 353,365 f (1989) zitiert aus Sumitomo und ergänzt nach einer wörtlichen Auslegung: "Nontextual sources that often assist in 'giving effect to the intent of the Treaty parties,' ... such as a treaty's ratification history and its subsequent operation ..."; abweichend *Justice Scalia* (dissenting) auf S. 372 f: "The agreement's language is the best evidence of its purpose and its parties' intent ... Only when a treaty provision is ambiguous have we found it appropriate to give authoritative effect to extratextual materials."

495 Sumitomo Shoji America, Inc. v. Avagliano, 457 U.S. 176,186 f (1982): "The primary purpose of the corporations provisions of the Treaties was ..."; US v. Stuart, 489 U.S. 353,368 (1989): "... the evident purpose behind Art. ..."

496 US v. Stuart, 489 U.S. 353,368 f (1989): "The practice of treaty signatories counts as evidence of the treaty's proper interpretation, since their conduct generally evinces their understanding of the agreement they signed. See Trans World Airlines v. Franklin Mint Corp., 466 U.S. 243,259 ... (1984); Factor v. Laubenheimer, 290 U.S. 276,293-295 ... (1933)." Vgl. Shanks v. Dupont, 28 U.S. (3 Pet.) 242,249 (1830).

497 Frovola v. USSR, 761 F.2d 370,373 (7th Cir.1985); American Baptist Churches in the USA v. Meese, 712 F.Supp. 756,770 (N.D.Cal.1989); Goldstar (Panama) S.A. v. US, 967 F.2d 965,968 (4th Cir.1992).

498 Haitian Refugee Center, Inc. v. Baker, 949 F.2d 1109,1114 f (11th Cir.1991).

499 Sale v. Haitian Centers Council, Inc., 509 U.S. 155,184 ff (1983) zu Art. 33 der Genfer Flüchtlingskonvention mit einer bemerkenswerten dissenting opinion von *Justice Blackmun* S. 194 f unter Berufung auf Art. 32 WÜRV, in der er sich gegen den Rückgriff auf die Vertragsmaterialien wendet, wenn der Vertragstext nicht unverständlich ist oder zu

Eine einheitliche Formel für die Bestimmung der unmittelbaren Anwendbarkeit hat sich bislang nicht durchgesetzt. Die in der Literatur vertretene Auffassung, daß die Gerichte den Parteiwillen gegenüber objektiven Kriterien vernachlässigen,[500] findet keine Stütze in den untersuchten Entscheidungen. Allen Entscheidungen mit der einzigen Ausnahme von *People of Saipan v. US* ist gemein, daß sie letztlich nur den gemeinsamen Parteiwillen durch Auslegung bestimmen wollen. Die Mehrzahl der Gerichte favorisiert eine Sperrwirkung eines eindeutigen Wortlauts. Die größte Autorität nach der Stare Decisis Doktrin für die Bundesgerichte entfaltet die Formel aus *Sumitomo Shoji America, Inc. v. Avagliano* (1982), wonach die klare Bedeutung des Wortlauts die Auslegung kontrolliert, sofern nicht das Ergebnis unvereinbar ist mit dem Willen der Vertragsparteien oder ihren Erwartungen. Der Wortlaut nimmt somit eine bestimmende Funktion ein, sofern er nicht durch andere Hilfskriterien widerlegt wird.

Nach dem Grundsatz der Parteiherrschaft vor amerikanischen Gerichten muß die Prozeßpartei, für welche die unmittelbare Anwendbarkeit günstig ist, diese vortragen und entsprechende Nachweise liefern. Dies erfordert die Erforschung und Präsentation von Vertragsmaterialien, den Nachweis der Vertragpraxis eventuell in Form eines Briefes der Exekutive (Amicus Curiae) sowie die Beurteilung von alternativen Erfüllungsmethoden und langfristigen sozialen Folgen.

Zwischen den innerstaatlichen und völkerrechtlichen Auslegungsgrundsätze kann es Unterschiede geben. Nach den in Art. 31 WÜRV niedergelegten Grundsätzen handelt es sich bei der Bewertung des Wortlautes, des Zweckes und der Vertragspraxis um gleichwertige Auslegungsmethoden, während die Vertragsmaterialien nach Art. 32 WÜRV nur ergänzend herangezogen werden.[501] Eine Vereinbarung ist danach nach Treu und Glauben in Übereinstimmung mit der gewöhnlichen, ihren Bestimmungen in ihrem Zusammenhang ("context") zukommenden Bedeutung und im Lichte ihres Zieles und Zweckes auszulegen.[502] Der Zusammenhang erfaßt den Wortlaut samt Präambel, Anla-

---

offensichtlich absurden und unvernünftigen Ergebnissen führt. - Die USA ist allerdings nicht Vertragspartei der WÜRV.

[500] *Buchs*, Fn 474, S. 57 ff und 80 ff.

[501] *Sinclair*, The Vienna Convention on the Law of Treaties, 2. Auflage, Manchester 1984, S. 119 ff; *Verdross/Simma*, Fn 26, §§ 776 f.

[502] Vgl. Art. 31 I WÜRV.

gen und sonstigen Übereinkünften anläßlich des Vertragsabschlusses.[503] Außer dem Zusammenhang sind in gleicher Weise auch die spätere Vertragspraxis zu berücksichtigen, aus der die Übereinstimmung der Vertragsparteien hervorgeht.[504] In den USA wird die Vertragspraxis überwiegend nur subsidiär verwendet.

Während die Vertragsmaterialien in den USA gerne herangezogen werden, ist man diesen gegenüber auf völkerrechtlicher Ebene eher zurückhaltend, weil sie nur selten vollständig zur Verfügung stehen und zudem nicht immer die wahren Absichten der Staaten wiedergeben. Nach Art. 32 WÜRV dürfen die Vertragsmaterialien bei der Auslegung nur berücksichtigt werden, um das nach den anderen Kriterien bereits gefundene Ergebnis zu bestätigen oder um den Ausschlag zu geben, sofern es mehrdeutig, unklar, offensichtlich sinnwidrig oder unvernünftig ist.[505] Dies entspricht der Auffassung des Supreme Court, nicht jedoch der aller anderen Gerichten.

Wenn die USA dem Wiener Übereinkommen über das Recht der Verträge (1969) beitreten, müßten die Gerichte in den USA ihre Auslegungsmethoden dem Übereinkommen anpassen, weil die einschlägigen Vertragsbestimmungen dann innerstaatliches Recht werden. Das Wiener Übereinkommen wurde von den USA nicht ratifiziert, weil das Foreign Relations Committee des Senats dessen Zustimmung nach der Vertragsabschlußklausel von einer Interpretationserklärung abhängig machte, wonach die Kompetenz des Präsidenten für Präsidialabkommen kraft Amtes in Frage gestellt worden wäre.[506] Da die unmittelbare Anwendbarkeit die ausschlaggebende Frage für die innerstaatliche Wirkung von völkerrechtlichen Vereinbarungen in den USA ist, kann davon ausgegangen werden, daß der Supreme Court noch nicht das letzte Wort dazu gesprochen hat.

---

503 Vgl. Art. 31 II WÜRV.

504 Vgl. Art. 31 III WÜRV.

505 *Sinclair*, Fn 501, S. 115 ff; *Verdross/Simma*, Fn 26, § 779.

506 *Ackerman/Glove*, Fn 157, 108 Harvard L.R. 1995,799,902 FN 464 m.w.N.

(d) Willensäußerungen, Vorbehalte und Widersprüche

Zur Bestimmung des gemeinsamen Parteiwillens haben die Gerichte auf Äußerungen des Präsidenten,[507] (innerstaatliche) Äußerungen des Leiters der US-Delegation,[508] Vertreter anderer Staaten während einer Entwurfskonferenz,[509] des Senats[510] oder des Kongresses[511] abgestellt.[512] Allerdings können die Gerichte froh sein, wenn sie überhaupt dokumentierte Äußerungen von Beteiligten finden, die Rückschlüsse auf den Willen der Vertragsparteien in bezug auf die unmittelbare Anwendbarkeit erlauben. Der gemeinsame Wille der Vertragsparteien wird faktisch ersetzt durch die teilweise aus dem Zusammenhang gerissenen Äußerungen von Einzelpersonen. Dabei besteht die Gefahr, daß die dokumentierten Äußerungen von einzelnen Personen fälschlicherweise als der gemeinsame Wille der Vertragsparteien angenommen werden. Nur selten jedoch gibt es eine eindeutige Äußerung der am Vertragsabschluß beteiligten Personen über die unmittelbare Anwendbarkeit zum Zeitpunkt des Vertragsabschlusses.

---

[507] Frovola v. USSR, 761 F.2d 370,376 (7th Cir.1985), Äußerungen von Präsident Ford über die Unverbindlichkeit der Helsinki Schlußakte der KSZE kurz vor der Unterzeichnung. Vgl. US v. Stuart 489 U.S 353,367 f (1989), in der das Gericht auf eine Nichtstellungnahme des Präsidenten zur umstrittenen Bestimmung in dem den Vertrag begleitenden Bericht an den Senat und in seiner Proklamation eingeht.

[508] US v. Postal, 589 F.2d 862,881 f (5th Cir.1979), cert. denied 444 U.S. 832 (1979) untersucht Äußerungen des Leiters der US-Delegation in einer Anhörung vor dem Senate Foreign Relations Committee; Sei Fujii v. State, 38 Cal.2d 718; 242 P.2d 617 (Cal. 1952), abgedruckt in *Steiner/Vagts/Koh*, Fn 338, S. 553,555 untersucht den Bericht des Leiters der US-Delegation über die Gründungskonferenz der VN in San Francisco an Präsident Truman.

[509] In Sale v. Haitian Centers Council, Inc., 113 S.Ct. 2549, 125 L.Ed. 2d 128 (1993) sucht der US Supreme Court den gemeinsamen Willen der Vertragsstaaten in den Äußerungen der Staatenvertreter während der Entwurfskonferenz der Genfer Flüchtlingskonvention.

[510] In Re Demjanjuk v. Meese, 784 F.2d 1114,1116 (D.C.Cir.1986) macht der Senat in seiner Zustimmung die Ratifikation von einer vorherigen innerstaatlichen Implementierungsgesetzgebung abhängig. Nach Auffassung des zeitlich früheren Berichts des Senate Committee on Foreign Relations sollte dies bestätigen, daß der Vertrag nicht unmittelbar anwendbar ist. In US v. Stuart 489 U.S. 353,366 f (1989) untersucht das Gericht Äußerungen in der Debatte und dem Committee on Foreign Relations des Senats.

[511] Cameron Septic Tank Co. v. Knoxville, 227 U.S. 39,49 (1913).

[512] Vgl. Restatement, § 111 Comment (h).

Nachträgliche Erklärungen sind grundsätzlich unbeachtlich, da der Gesinnungswandel eines am Zustandekommen des Vertrages Beteiligten keinen Einfluß mehr auf die bereits entstandene Vertragseigenschaft haben kann. Nachträgliche Stellungnahmen der Exekutive über die Frage der unmittelbaren Anwendbarkeit einer bestimmten Vertragsbestimmung können jedoch als angewandte Praxis bei der Auslegung Gewicht haben, das Gericht ist aber nicht daran gebunden[513] und kann die Ansicht zurückweisen.[514]

Der Senat kann seine Zustimmung zu Verträgen von der Abgabe von Vorbehalten durch den Präsidenten oder von der Ratifikation vorausgehender innerstaatlicher Gesetzgebung des Kongresses abhängig machen.[515] Wenn der Präsident diese Vorbehalte nicht abgeben will, muß er die Ratifikation der Vereinbarung unterlassen. Ein vom Präsidenten auf völkerrechtlicher Ebene gegenüber den Vertragspartnern erklärte Vorbehalt bewirkt, daß die USA die Wirkung einzelner Vertragsbestimmungen in der Anwendung auf sich ausschließen oder ändern.[516] Fraglich ist, ob der Präsident durch einen Vorbehalt die inhärente Vertragseigenschaft der unmittelbaren Anwendbarkeit für die USA ausschließen kann. Dieser Vorbehalt würde sich nicht nur auf einzelne Vertragsbestimmungen beziehen, sondern die Vereinbarung insgesamt erfassen. Die Änderung der Vertragseigenschaft von einer unmittelbaren in eine nicht un-

[513] Factor v. Laubenheimer, 290 U.S. 276,295 (1933): "And in resolving doubts the construction of a treaty by the political department of the government, while not conclusive upon the courts called upon to construe it, is nevertheless of weight." US v. Postal, 589 F.2d 862,881 ff (1979), cert. denied, 444 U.S. 832 (1979); US v. Stuart, 489 U.S. 353,369 (1989); Restatement § 112 Comment (c); *Henkin*, Foreign Affairs, Fn 137, S. 206. Vgl. Art. 31 III b WÜRV.

[514] Warren v. US, 340 U.S. 523,525 ff (1951) wo der Secretary of State in einem Bericht an den Präsidenten Teile der Shipowner's Liability Convention (ILO 1936) für self-executing hielt, das Gericht sich aber dagegen entschied. In Sumitomo Shoji America, Inc. v. Avagliano, 457 U.S. 176,179 ff (1982) folgte der District Court sowie der Court of Appeals nicht der Interpretation des State Department, sondern erst der Supreme Court. *Jackson*, Effect of Treaties, Fn 308, S. 155 f.

[515] *Henkin*, US Ratification of Human Rights Conventions: The Ghost of Senator Bricker, 89 AJIL 1995,341,346 ff m.w.N. *Glennon*, Senate Role, Fn 159, 77 AJIL 1983,257, 259 ff.; Restatement, §§ 303 Comment (d) und 314, wonach Bedingungen im inhaltlichen Zusammenhang ("plausible relation") mit dem Vertrag zulässig sind, nicht hingegen z.B. die Entlassung eines Kabinettsmitgliedes. INS v. Chadha, 462 U.S. 919,946 und 952 ff (1983), siehe Fn 174, verlangt nur die förmliche Gesetzesform.

[516] Vgl. *Verdross/Simma*, Fn 26, §§ 730 ff; *Ipsen*, Fn 397, S. 148 f; vgl. Artt. 2 I d und 19 ff WÜRV.

mittelbare Anwendbarkeit der gesamten Vereinbarung erscheint eher mit dem Ziel und Zweck des Vertrages unvereinbar.[517] Eine nachträgliche Erklärungen des Senats über die nicht unmitelbare Anwendbarkeit (*non-self-executing declaration*) ist hingegen nach *INS v. Chadha* (1983) unzulässig, weil nach Abschluß des Vertragsverfahrens nur beide Häuser des Kongresses zusammen in der Form eines Bundesgesetzes das Recht verändern können.[518]

Wenn sich die Absichten von Präsident und Senat oder Kongreß widersprechen, ist fraglich, auf wessen Wille vorrangig abzustellen ist. Da der Präsident die USA auf völkerrechtlicher Ebene vertritt, kann es gegen seinen Willen keine unmittelbare Anwendbarkeit eines Vertrages geben. Der Kongreß hingegen besitzt die Gesetzgebungskompetenz und kann die unmittelbare Anwendbarkeit durch den zustimmenden Gesetzgebungsakt anordnen.[519] Im umgekehrten Fall, wenn der Präsident für und der Senat oder der Kongreß gegen eine unmittelbare Anwendbarkeit ist, kann der Präsident zwar auf völkerrechtlicher Ebene eine unmittelbar anwendbare Vereinbarung abschließen,[520] aber im Rahmen der innerstaatlichen Geltung würde diese verfassungswidrig zustande gekommene Vereinbarung nichtig sein.[521] Nur bei Regierungsabkommen kraft Amtes kann der Präsident unabhängig von den Äußerungen des Kongresses eine unmittelbare Anwendbarkeit durchsetzen. Im Ergebnis kann es bei Vereinbarungen, die der Zustimmung des Senats bzw. des Kongresses bedürfen, weder gegen den Willen des Präsidenten noch gegen des Willen des Senats oder Kongresses eine unmittelbare Anwendbarkeit geben; allein der Kongreß kann im Rahmen seiner Gesetzgebungsbefugnisse die Anwendung des Vertragsinhaltes durch ein Bundesgesetz anordnen.

(e) Das Erfordernis von innerstaatlichen Vollzugsakten

Sofern sich die Vereinbarung ihrem Wortlaut nach nur an den Staat richtet (z.B. "parties engage to perform",[522] "calls upon all states",[523] "use their best

---

[517] Vgl. Art. 19 c WÜRV.

[518] *Helm-Busch*, Fn 144, S. 66 unter Hinweis auf INS v. Chadha, 462 U.S. 919 (1983).

[519] *Henkin*, Foreign Affairs, Fn 137, S. 206.

[520] Siehe Abschnitt 3.6.2.

[521] Siehe Abschnitt 3.3.3.(a).

[522] Foster & Elam v. Neilson, 27 U.S. (2 Pet.) 253,314 (1829).

[523] Diggs v. Richardson 555 F.2d 848,849 und 851 (D.C.Cir. 1976) zu einer Resolution des Sicherheitsrates der VN.

efforts"[524]), ist sie nicht unmittelbar anwendbar und bedarf noch einer Konkretisierung durch den nationalen Rechtssetzungsgeber, damit die innerstaatlichen Verwaltungsbehörden und Gerichte aus der völkerrechtlichen Norm Rechtsfolgen für den Einzelfall ableiten dürfen.[525] Das Erforderlichsein von innerstaatlichen Implementierungsakten beweist den Willen der Vertragsparteien gegen eine unmittelbare Anwendbarkeit.[526] Die Vereinbarung ist in einem solchen Falle nur ein Auftrag oder eine Ermächtigung an den innerstaatlich zuständigen Rechtsetzungsgeber, die erforderlichen Maßnahmen zu treffen. Privatpersonen können sich auf eine solche Vertragsbestimmung vor dem Erlaß der erforderlichen innerstaatlichen Maßnahmen nicht berufen, auch wenn die USA sich durch die der Nichtumsetzung auf völkerrechtlicher Ebene haftbar machen würde. Das Gericht könnte die Klage unter Hinweis auf die *Political Question* Doktrin als unzulässig abweisen, da eine Entscheidung in einem Streit über die Erfüllung von Vertragspflichten nicht den Gerichten, sondern den politischen Gewalten (Kongreß und Exekutive) obliegt.[527]

(f) Inhärent nicht unmittelbare Anwendbarkeit

In der Literatur und in der Rechtssprechung wird teilweise vertreten, daß es Vertragsmaterien gibt, die ihrer Natur nach nicht geeignet sind, unmittelbar anwendbar zu sein (inherently non-self-executing). Als Beispiel werden dazu die Befugnis des Kongresses zur Kriegserklärung,[528] die Festlegung von Straf-

---

524 INS v. Stevic, 467 U.S. 407,429 (1984).

525 Foster & Elam v. Neilson 27 U.S. (2 Pet.) 305,314 (1929); Restatement § 111 (4) (a) und (b); *Vázquez*, Treaty-Based Rights, Fn 304, 92 Columbia L.Rev. 1992,1082,1123 ff.

526 Tel-Oren v. Libyan Arab Republic 774 F.2d 774,808 f (D.C.Cir.1984), cert. denied, 470 U.S. 1003 (1985): "A treaty that provides that party states will take measures through their own laws to enforce its proscriptions evidences its intent not to be self-executing." Frovola v. USSR., 761 F.2d 370,376 (7th Cir.1985); Handel v. Artukovic, 601 F.Supp. 1421,1425 (C.D.Cal.1985); Bertrand v. Sava, 684 F.2d 204,218 (2d Cir. 1982); US v. Postal, 589 F.2d 862,876 f (5th Cir.1979), cert. denied 444 U.S. 832 (1979).

527 Siehe Abschnitt 3.1.2.(b); Baker v. Carr, 369 U.S. 186,217 (1962); Kritisch dazu *Vázquez*, Treaty-Based Rights, Fn 304, 92 Columbia L.Rev. 1992,1082,1129 ff der auf S. 1132 bei Vertragsbestimmungen, die Verpflichtungen im Ermessen der Parteien enthalten, eher die Abwesenheit von justitiablen Standards annimmt.

528 Art. 1 sec. 8 cl. 11 US-Verfassung.

taten[529] sowie für die Ausgabe[530] und Erhebung[531] von finanziellen Mitteln genannt, wozu auch die Festsetzung von Zöllen gehört.[532] Wie bereits erwähnt, stellt sich das Problem bereits bei der Vertragsabschlußklausel und bei der legislativen Delegation, wird aber regelmäßig bei der unmittelbaren Anwendbarkeit mitdiskutiert.[533] Der Supreme Court hat hierzu noch keinen Fall entschieden, so daß die Frage offen ist. Die Befugnis des Kongresses zur Kriegserklärung unterscheidet sich tatsächlich von all seinen anderen Kompetenzen, da sie kein Äquivalent zu einer Gesetzgebung darstellt und die Verfassungsväter sie wegen der weitreichenden Folgen für die Nation ausschließlich in die Hände der beiden Häuser des Kongresses legen wollten.[534] Die Befugnis zur Festlegung von Straftaten sollte sicherstellen, daß keine Bestrafung ohne vorherige Definition der Tat geschah.[535]

In bezug auf die Erhebung von Einnahmen und die Ausgabe von finanziellen Mitteln ist zu unterscheiden, daß nach dem Wortlaut der Bestimmung über die Erhebung von Einnahmen ("bills") nur die formellen Gesetze an das innerstaatliche Gesetzgebungsverfahren gebunden sind, während der Wortlaut der Bestimmung über die Ausgaben ("by law") keine Beschränkung auf formelle Gesetze des Kongresses enthält.[536] Das Budgetrecht über die verbindliche Festle-

---

[529] Art.1 sec. 8 cl. 10 US-Verfassung: "The Congress shall have power ... To define and punish piracies and felonies committed on the high seas, and offenses against the law of nations;"

[530] Art. 1 sec. 9 cl. 7 US-Verfassung: "No money shall be drawn from the treasury but in consequence of appropriations made by law;"

[531] Art. 1 sec. 7 cl. 1 US-Verfassung: "All bills for raising revenue shall originate in the house of Representatives;"

[532] Vgl. Edwards v. Carter, 580 F.2d. 1055,1058 (D.C.Cir.1978) obiter dictum, cert. denied 326 U.S. 907 (1978); The Over The Top, 5 F.2d 838,845 und 849 f (D.Conn. 1925); Hopson v. Krebs, 622 F.2d 1375,1380 (9th Cir.1980). Restatement § 111 (4)(c) und Comment (i); *Henkin*, Constitutionalism, Fn 144, S. 63; *ders.*, Foreign Affairs, Fn 137, S. 203; *Jackson*, Effect of Treaties, Fn 308, S. 150; *Tribe*, Fn 140, § 4-5, S. 226.

[533] Siehe Abschnitt 3.1.1.(a) und 3.1.2.(b).

[534] *Paust*, Self-Executing Treaties, 82 AJIL 1988,760,780. Restatement § 111, RN 6 sieht keinen Unterschied zwischen der Handelsklausel und der War Power Clause. Vgl. Edwards v. Carter, 580 F.2d 1055,1058 f FN 7 (D.C.Cir.1978); Dellums v. Bush, 752 F.Supp. 1141,1145 f (D.C.1999).

[535] *Henkin*, Chinese Exclusion, Fn 138, 100 Harvard L.R. 1987,853,868 f. Einige Gliedstaaten bestraften Vergehen gegen das Völkergewohnheitsrecht ohne die Tat vorher zu definieren, vgl. Respublica v. DeLongchamps, 1 Dall. 111 (Pa.1784).

[536] *Paust*, Fn 534, 82 AJIL 1988,760,780 f; *Steiner/Vagts/Koh*, Fn 338, S. 557.

gung aller Einnahmen und Ausgaben des Staates ist das orginäre Recht des Parlaments.[537] Der Senat als ursprüngliches Bundesorgan von Regierungsvertretern der Gliedstaaten kann dieser parlamentarischen Rolle im Rahmen der Vertragsabschlußklausel nicht gerecht werden.[538] Aus diesem Grunde können Verträge ("treaty") über die Erhebung von Staatseinnahmen, z.B. in Form von Zöllen, verfassungsrechtlich nicht als unmittelbar anwendbar abgeschlossen werden. Da Verträge über die Vorrangklausel innerstaatlich die Wirkung eines Bundesgesetzes erlangen, können in ihnen aber Staatsausgaben als unmittelbar anwendbar vorgesehen werden.

Im Hinblick auf die legislative Delegation hat es der Gesetzgeber selbst in der Hand, wie weit er Befugnisse zum Abschluß von unmittelbar anwendbaren Regierungsabkommen auf den Präsidenten delegieren will. Das Ermächtigungsgesetz für Regierungsabkommen, welche die Erhebung von Einnahmen in Form von Zöllen beinhalten, kann der Verfassungsvorgabe dadurch entsprechen, daß es seinen Ausgang im Repräsentantenhaus nimmt. Ferner kann der Kongreß im Rahmen eines sog. *"fast track"*-Mandats Verhandlungsziele formulieren und sich die Annahme des Verhandlungsergebnisses durch eine gemeinsame Resolution in Gesetzesform vorbehalten. Eine grundsätzliche Versagung der Delegierbarkeit von bestimmten Materien würde auch gegen die Stellung des Präsidenten als Vertreter der USA auf völkerrechtlicher Ebene ("sole organ") sprechen und seine Glaubwürdigkeit und Verhandlungsfähigkeit bei seinen Verhandlungspartnern in Frage stellen. Die Zollfestsetzungen der Handelsrunden im GATT 1947 wurden ohne implementierende Gesetzgebung unmittelbar durch Abschluß und Verkündung durch den Präsidenten geändert.[539] Im Ergebnis können auch Handelsabkommen über Zölle als unmittelbar anwendbar abgeschlossen werden.

(g) Die fehlende Gegenseitigkeit

Die Annahme eines gemeinsamen Parteiwillens für eine unmittelbare Anwendbarkeit kann schwierig sein in Fällen, in denen Staaten am Vertrag beteiligt

---

[537] *Fisher, Louis*, How Tightly Can Congress Draw the Purse Strings?, in *Henkin/Glennon/Rogers*, Fn 156, S. 46,50 f zitiert *James Madison* in Federalist No. 48: "the legislative department alone has access to the pockets of the people."

[538] Siehe Abschnitt 3.1.1.(a).

[539] United States Cane Sugar Refiners' Ass'n v. Block, 544 F.Supp. 883,892 f (CIT 1982); siehe Abschnitt 3.3.1.(c), Fn 442 und Abschnitt 3.3.2.(h).

sind, welche die unmittelbare Anwendbarkeit nicht kennen (z.B. das Vereinigte Königreich).[540] Hier erhebt sich die Frage, ob das Argument der fehlenden Gegenseitigkeit als eines der tragenden Prinzipien des Völkerrechts der unmittelbaren Anwendbarkeit entgegensteht. Versteht man die unmittelbare Anwendbarkeit als ein nationales Problem, dann genießt der Parteiwille der USA für die innerstaatliche Rechtsordnung der USA den Vorrang, obwohl die Auffassungen der anderen Vertragsparteien aufgrund der gemeinsamen Vertragsverhandlungen nicht schlechthin ignoriert werden können.[541] Grundsätzlich greifen die Gerichte in den USA auf den gemeinsamen subjektiven Willen aller am Vertrag beteiligten Parteien zurück.

In dem *Ware v. Hylton* (1796) zugrundeliegenden Friedensvertrag zwischen USA und Großbritannien (1783) konnte sich kein gemeinsamer Parteiwille bilden, da der Vertragspartner Großbritannien eine unmittelbare Anwendbarkeit nicht kennt. Trotzdem hat der Supreme Court den Friedensvertrag auch ohne ausdrücklichen Parteiwillen aufgrund der Vorrangklausel als unmittelbar anwendbar in den USA angesehen.[542] Die fehlende unmittelbare Anwendbarkeit bei einem Vertragspartner ist insofern kein Hindernis für ihre Annahme in der Rechtsordnung der USA.[543] Ein Berufungsgericht befand in *US v. Postal* (5th Cir. 1979), daß bei Verträgen, an denen Staaten beteiligt sind, die eine unmittelbare Anwendbarkeit nicht kennen, der Wille der USA für eine unmittelbare Anwendbarkeit in der eigenen Rechtsordnung klar zum Ausdruck kommen muß.[544] Nach dieser Auffassung besteht eine Vermutung gegen die unmittelbare Anwendbarkeit, sofern nicht der Wille der USA dafür beim Abschluß der Vereinbarung positiv nachgewiesen wird.[545] Allerdings wird in Abwesenheit

---

[540] *McNair*, Fn 479, S. 80 ff.

[541] *Buchs*, Fn 474, S. 56 f.

[542] Ware v. Hylton, 3 U.S. (Dall. 3) 199,272 und 279 (1796).

[543] Restatement, § 111, RN 5; *Vázquez*, The Four Doctrines, Fn 292, 89 AJIL 1995,695, 704.

[544] US v. Postal, 589 F.2d 862,881 f (5th Cir.), cert. denied 444 U.S. 832 (1979): "The Convention on the High Seas ... has been ratified by over fifty nations, some of which do not recognize treaties as self-executing. ... This is not to say that by entering into such a multilateral treaty the United States cannot without legislation execute provisions of it, but one would expect that in theses circumstances the United States would make that intention clear. The lack of mutuality between the United States and countries that do not recognize treaties as self-executing would seem to call for as much. Here there was no such manifestation."

[545] *Vázquez*, The Four Doctrines, Fn 292, 89 AJIL 1995,695,708 f.

einer Vereinbarung zur unmittelbaren Anwendbarkeit die Verpflichtung zur Vertragserfüllung den einzelnen Vertragsparteien überlassen. Die unmittelbare Anwendbarkeit erleichtert den USA die Erfüllung der vertraglichen Verpflichtungen. Im Gemeinschaftsrecht der EG wird in der fehlenden unmittelbaren Anwendbarkeit beim Vertragspartner nach *HZA Mainz / Kupferberg* (1982) ebenfalls "für sich allein noch keine fehlende Gegenseitigkeit bei der Durchführung des Abkommens" gesehen.[546] Es bleibt den USA unbenommen, im Falle einer fehlenden Umsetzung der Verpflichtung in einem anderen Staat, die eigenen Verpflichtungen aus dem Vertrag zu suspendieren.

(h) Die Anwendbarkeit der Regeln des GATT 1947

Die Regeln des GATT 1947 enthalten keine ausdrückliche Bestimmung über die unmittelbare Anwendbarkeit. Deshalb ist diese Frage unter Berücksichtigung der von den Gerichten entwickelten Grundsätzen zu beurteilen. Viele der Artikel des Allgemeinen Handels- und Zollabkommens (1947) sind inhaltlich hinreichend bestimmt und lesen sich, als wenn sie auf eine unmittelbare Anwendbarkeit zielen.[547] Einige der Bestimmungen sind Teilen der Satzung der ITO entnommen, die dazu bestimmt waren, unmittelbar anwendbar zu sein.[548] Hingegen ist das Allgemeine Abkommen von 1947 nicht in Kraft getreten, sondern das GATT 1947 wird über das Protokoll über die Provisorische Anwendung (PPA) angewandt. Für die Bestimmung des Parteiwillens ist von dessen Wortlaut auszugehen. Der Wortlaut von Art. 1 PPA ("undertake ... to apply provisionally") suggeriert eine unmittelbar anwendbare Bestimmung,

---

[546] EuGH, Rs. 104/81, HZA Mainz / Kupferberg, Slg. 1982,3641,3663 f (Tz 18): "Wenn somit jede Vertragspartei für die vollständige Erfüllung der von ihr eingegangenen [S. 3664:] Verpflichtungen verantwortlich ist, steht es ihr doch zu, die rechtlichen Maßnahmen zu bestimmen, die zur Erreichung dieses Ziels innerhalb ihrer Rechtsordnung geeignet sind, es sei denn, die Auslegung des Abkommens nach seinem Sinn und Zweck ergibt, daß diese Maßnahmen im Abkommen selbst festgelegt sind. Mit dieser Einschränkung ist in dem Umstand, daß die Gerichte der einen Partei möglicherweise einigen Bestimmungen des Abkommens unmittelbare Geltung zuerkennen, während die Gerichte der anderen Partei diese unmittelbare Geltung möglicherweise ablehnen, für sich allein noch keine fehlende Gegenseitigkeit bei der Durchführung des Abkommens zu sehen." *Klammerzusatz durch den Verfasser*. A.A. Generalanwalt *Simone Rozès*, Slg. 1982,3641, 3674.

[547] Für eine teilweise unmittelbare Anwendbarkeit *Brand*, GATT in US Law, Fn 352, 26 Stanford J.Int.'l L. 1990,479,508.

[548] *Jackson*, GATT in US Law, Fn 351, 66 Michigan L.R. 1967,249,285.

jedoch der Wortlaut von Art. 2 und 3 PPA ("shall make effective such provisional application") richtet sich an die Regierungen der Vertragsparteien und indizieren die Notwendigkeit von weiteren innerstaatlichen Umsetzungsakten. Auch die Verhandlungsmaterialien über das Allgemeine Abkommen zeigen, daß eine unmittelbare Anwendung nicht beabsichtigt war.[549] Das Erfordernis von weiteren innerstaatlichen Umsetzungsakten indiziert die nicht gewollte unmittelbare Anwendbarkeit. Geht man aufgrund der Beteiligung von Staaten, die eine unmittelbare Anwendung nicht kennen, von dem Erfordernis eines klar zum Ausdruck kommenden Willens dafür seitens der USA aus, dann ist eine unmittelbare Anwendbarkeit ebenfalls abzulehnen. Für die Tokio-Runde hat der Kongreß in seinem Zustimmungs- und Implementierungsgesetz die Berufung von Privaten auf die Nebenabkommen ausdrücklich ausgeschlossen.[550]

In *Footwear Distributors and Retailers of America v. US* (CIT 1994) verneinte das Gericht die anzuerkennende Wirkung einer für den Kläger günstigen Panel-Entscheidung unter dem Beihilfenebenabkommen der Tokio-Runde (1979), weil der verletzte Staat (Brasilien) innerhalb des GATT 1947 die Möglichkeit der Abhilfe durch Aussetzung oder Zurücknahme eigener Handels konzessionen hat.[551] Die in der Rechtsordnung selbst vorgesehene Alternative zur strikten Befolgung der Rechtsnormen schließt demzufolge einen Befolgungsan-

---

[549] *Jackson*, GATT in US Law, Fn 351, 66 Michigan L.R. 1967,249,286 zitiert einen US-Delegierten, der davon ausging, daß die Bestimmungen des PPA nach dessen Inkrafttreten verwirklicht werden.

[550] Trade Agreements Act of 1979, sec. 3 (a) und (f), Public Law 96-39, 19 U.S.C. 2504 (d): "Unspecified private remedies not created. Neither the entry into force with respect to the United States of any agreement approved under section 2503(a) [Tokio-Nebenabkommen] of this title, nor the enactment of this Act, shall be construed as creating any private right of action or remedy for which provision is not explicitly made under this Act or under the laws of the United States"; *Klammerzusatz durch den Verfasser*. Vgl. zum Freihandelsabkommen mit Israel 19 U.S.C. 2112.

[551] Footwear Distributors and Retailers of America v. US, 18 CIT 391,414 (1994): "Hence, the courts traditionally refrain from disturbing 'the very delicate, plenary and exclusive power of the President as the sole organ of the federal government in the field of foreign relations'. Curtiss-Wright v. United States [gemeint US v. Curtiss-Wright], 299 U.S. at 320. However cogent the reasoning of the GATT panels reported above, it cannot and therefore does not lead to the precise domestic, judicial relief for which the plaintiff prays. That is, that relief simply does not attach. Rather, a party in Brazil's position, having sought and obtained a favorable panel ruling, has and has had relief available to it via suspension of its obligations to the offending party pursuant to Article XXIII of the General Agreement." *Klammerzusatz durch Verfasser*.

spruch der Norm aus. Dies enspricht einem ursprünglichen Sinn der GATT-Ordnung, die letztlich eine Wahrung der ausgehandelten Balance von gegenseitigen Handelsvorteilen sucht. Hat eine obsiegende Partei jedoch keine Handelskonzessionen zum Aussetzen oder Zurücknehmen, zeigt sich die Unvollkommenheit dieser Rechtsordnung. Die verschiedenen Reaktionsmöglichkeiten der Mitglieder auf einen Normverstoß können allerdings nicht die Verpflichtung zur Erfüllung der Grundnorm in Abrede stellen. Die Möglichkeit von Sanktionen ist kein Freibrief für den Normverstoß.

Eine Ausnahme im GATT 1947 zugunsten einer unmittelbaren Anwendbarkeit wurde anerkannt für den Fall, daß eine Proklamation mit ausreichender Ermächtigung die unmittelbare Anwendbarkeit der Vereinbarung vorsieht. In *United States Cane Sugar Refiners' Ass'n v. Block* (CIT 1982) hat das Gericht eine unmittelbare Anwendbarkeit der Zollisten (Schedules) angenommen.[552] Das vom Gericht verwendete Wort "law" impliziert eine Außenwirkung mit Achtungsanspruch gegenüber Privaten.[553] Ansonsten sind die Regeln des GATT 1947 aus den zuvor genannten Gründen nicht unmittelbar anwendbar. Sie gelten aber als Zielbestimmungen staatlichen Handelns und müssen im Rahmen einer völkerrechtsfreundlichen Auslegung beachtet werden.

(i) Die Anwendbarkeit der WTO-Übereinkommen

Mangels einer ausdrücklichen Bestimmung über die unmittelbare Anwendbarkeit in den WTO-Übereinkommen sind die von den Gerichten entwickelten Grundsätze heranzuziehen. Einige Bestimmungen sind inhaltlich hinreichend konkret, um ohne innerstaatlichen Umsetzungsakt innerhalb der Rechtsordnungen der Mitglieder angewandt zu werden. In Betracht kommen zum Beispiel die Gebote zur Meistbegünstigung, Inländergleichbehandlung und Vorschriften über den Schutz geistigen Eigentums aus dem inhaltlich genau gefaßten TRIPS-Übereinkommen.[554] Auch zielt die Einführung der obligatorischen Streitbeilegung auf eine Verrechtlichung der Welthandelsrechtsordnung.

---

[552] United States Cane Sugar Refiners' Ass'n v. Block, 544 F.Supp. 883,892 f (CIT 1982); siehe Abschnitt 3.3.1.(c), Fn 442 und Abschnitt 3.3.2.(f).

[553] Black's Law Dictionary, Fn 136, siehe "Law".

[554] Siehe Abschnitt 2.2.(a).(aa) - (cc) und (b).

Der Annahme der unmittelbaren Anwendbarkeit könnten hingegen nach Art. XVI Abs. 4 WTOÜ erforderliche innerstaatliche Umsetzungsakte widersprechen.[555] Die Vorschrift richtet sich an die Mitglieder der WTO und enthält für diese eine allgemeine Treuepflicht, sicherzustellen, daß ihr nationales Recht und ihre innerstaatlichen Verfahren in Einklang mit den Regeln der WTO stehen. Die Bestimmung zeigt Parallelen zu Art. 10 (5 a.F.) EGV, wonach die Mitgliedstaaten der EG gegenüber der Gemeinschaft und anderen Mitgliedstaaten eine Treuepflicht haben und verpflichtet sind, dem Gemeinschaftsrecht innerstaatliche Geltung zu verschaffen.[556] Dies wurde allerdings nicht als Hindernis, sondern vielmehr als Teil der Begründung im Fall *Costa / ENEL* (1964)[557] für die unmittelbare Anwendbarkeit und den Anwendungsvorrang des Gemeinschaftsrechts sowie im Fall *Francovich* (1991)[558] für einen Schadensersatzanspruch wegen Nichtumsetzung von Gemeinschaftsrecht herangezogen. Eine solche Vorschrift ist Ausdruck des allgemeinen Grundsatzes *"pacta sunt servanda"* und steht einer unmittelbaren Anwendbarkeit einzelner Normen nicht entgegen. Die Begründung des EuGH zugunsten der unmittelbaren An-

---

[555] Art. 10 Abs. 4 WTOÜ: "Jedes Mitglied stellt sicher, daß seine Gesetze, sonstigen Vorschriften und Verwaltungsverfahren mit seinen Verpflichtungen aufgrund der als Anlage beigefügten Übereinkommen in Einklang stehen."

[556] Art. 10 EGV: "Die Mitgliedstaaten treffen alle geeigneten Maßnahmen allgemeiner oder besonderer Art zur Erfüllung der Verpflichtungen, die sich aus diesem Vertrag oder aus Handlungen der Organe der Gemeinschaft ergeben. Sie erleichtern dieser die Erfüllung ihrer Aufgaben. Sie unterlassen alle Maßnahmen, welche die Verwirklichung der Ziele dieses Vertrages gefährden könnten."

[557] EuGH, Rs. 6/64, Costa/ENEL, Urteil vom 15.7.1964, Slg. 1964,1251,1269 f: "Diese Aufnahme der Bestimmungen des Gemeinschaftsrechts in das Recht der einzelnen Mitgliedstaaten und, allgemeiner, Wortlaut und Geist des Vertrages haben zur Folge, daß es den Staaten unmöglich ist, gegen eine von ihnen auf der Grundlage der Gegenseitigkeit angenommene Rechtsordnung nachträglich einseitige Maßnahmen ins Feld führen. Solche Maßnahmen stehen der Anwendbarkeit der Gemeinschaftsrechtsordnung daher nicht entgegen. Denn es würde eine Gefahr für die Verwirklichung der in Artikel 5 Absatz 2 aufgeführten Ziele des Vertrages bedeuten und dem Verbot des Artikels 7 widersprechende Diskriminierungen zur Folge haben, wenn das Gemeinschaftsrecht je nach der nachträglichen innerstaatlichen Gesetzgebung von einem Staat zum anderen verschiedene Geltung haben könnte."

[558] EuGH, Rs. C-6/90 und C-9/90, Francovich, Urteil vom 19.11.1991, Slg. 1991 I 5351, 5414 Rn 36: "Die Verpflichtung der Mitgliedstaaten zum Ersatz dieser Schäden findet auch in Artikel 5 EWG-Vertrag eine Stütze, nach dem die Mitgliedstaaten alle geeigneten Maßnahmen allgemeiner oder besonderer Art zur Erfüllung ihrer Verpflichtungen aus dem Gemeinschaftsrecht zu treffen haben. Zu diesen Verpflichtungen gehört auch diejenige, die rechtswidrige Folgen eines Verstoßes gegen das Gemeinschaftsrecht zu beheben ..."

wendbarkeit ist allerdings auch nicht übertragbar, da im Unterschied zum Gemeinschaftsrecht das WTO-Recht nicht pauschal in die Rechtsordnungen aller Mitglieder aufgenommen wurde. Im Falle der USA werden die WTO-Übereinkommen durch ein Zustimmungs- und Implementierungsgesetz innerstaatlich umgesetzt, das auch noch Raum für ihre innerstaatliche Geltung läßt.

Nach *US v. Postal* (5th Cir.1979) müßte angesichts der Beteiligung am Abschluß der WTO-Übereinkommen von Staaten, die keine unmittelbare Anwendbarkeit kennen (z.B. Vereinigtes Königreich), der dafür sprechende Wille der USA deutlich zum Ausdruck kommen.[559] Seit dem Freihandelsabkommen USA-Kanada (1988), dem NAFTA-Abkommen (1992) und auch den WTO-Übereinkommen hat sich eine Rechtstradition bei der Implementierung herausgebildet, die nur eine einseitige Berufung der Bundesregierung auf die Handelsabkommen erlaubt.[560] Diese wiederholte Regelung zeigt den Willen der an der Rechtsetzung beteiligten Akteure - Präsident, USTR und Kongreß - zugunsten einer (eingeschränkten) unmittelbaren Anwendbarkeit von Handelsabkommen.

Sektion 102 (c) *Uruguay Round Agreements Act (1994)* enthält eine ausdrückliche Regelung, wonach niemand außer den Vereinigten Staaten vor Gericht Rechte in Form eines Klageanspruchs oder einer Verteidigung ("action or defense") aus den WTO-Übereinkommen geltend machen kann.[561] Auch wenn die Formulierung mit 'Klageanspruch und prozessualer Verteidigung' nur die Situtation vor Gericht anspricht, ist damit die allgemeine Anwendbarkeit innerhalb der Rechtsordnung gemeint, weil die Gerichte sich letztlich in der Rolle des Streitentscheiders für diese Frage befinden. In den Anhörungen vor dem Kongreß wurde die Beschränkung der unmittelbaren Wirkung als ein Schutz der nationalen Souveränität angesehen.[562] Entgegen der Absicht der Verfassungsväter, die in der Geltendmachung durch Privatpersonen eine weitere Absicherung der Einhaltung von völkerrechtlichen Vereinbarungen erblickten, wird die innerstaatliche Vollzugsaufsicht über die WTO-Überein-

---

[559] Siehe Abschnitt 3.3.2.(g).

[560] Siehe Abschnitt 3.3.

[561] Siehe Fn 395.

[562] *Jackson*, The Great 1994 Sovereignty Debate: United States Acceptance and Implementation of the Uruguay Round Results, 36 Columbia Journal of Transnational Law 1997, 157,172 f.

kommen durch den Kongreß auf die Bundesexekutive beschränkt.[563] Voraussetzung einer Berufung auf die WTO-Übereinkommen seitens der Bundesregierung ist allerdings die amtliche Veröffentlichung der Norm in den USA.[564]

Fraglich ist, ob Entscheidungen der WTO-Streitbeilegung innerhalb der Rechtsordnung der USA unmittelbar anwendbar sind. In Sektion 123 URAA sind spezielle Verfahren für die Implementierung der Entscheidungen aufgrund eines Konsultationsprozesses zwischen USTR, Kongreß, Vertreter des privaten Sektors und Behördenleitern vorgesehen.[565] Diese Verfahren zeigen, daß die Entscheidungen der WTO-Streibeilegung nicht unmittelbar anwendbar sind.[566]

Gliedstaaten und Privatpersonen können sich nicht unmittelbar auf die WTO-Übereinkommen berufen, sondern nur auf Rechte aus der *Uruguay Round Agreements Act (1994)*. Dieses Konzept der Möglichkeit einer nur einseitigen Berufung auf Rechte gibt es auch zum Beispiel im Bereich der öffentlichen Störung (sog. public nuisance), auf die sich nur die öffentliche Hand gegenüber Privatpersonen berufen kann, nicht aber Privatpersonen gegenüber dem Staat oder anderen Privatpersonen.[567] Im Zustimmungs- und Implementierungsgesetz wird anschließend ausdrücklich der Wille des Kongresses genannt, das Feld von Prozeßrechten abschließend zu regeln, um einer anderen Auslegung vorzubeugen.[568]

---

[563] Siehe Abschnitt 3.1.3.(a)., 3.3.3.(e) und 3.4.(d).

[564] Siehe Abschnitt 3.3.1.(c).

[565] Siehe Abschnitt 3.3.3.(e).

[566] *Leebron*, Fn 269, S. 218 ff, insbesondere 222.

[567] Black's Law Dictionary, Fn 136, "public nuisance".

[568] Section 102 (c) URAA, Public Law 103-465, 108 Stat. 4818:

"(2) INTENT OF CONGRESS.- It is the intention of the Congress through paragraph (1) to occupy the field with respect to any cause of action or defense under or in connection with any of the Uruguay Round Agreements, including by precluding any person other than the United States from bringing any action against any State of political Subdivision thereof or raising any defense to the application of State law under or in connection with any of the Uruguay Round Agreements –

(A) on the basis of a judgement obtained by the United States in an action brought under any such agreement or

(B) on any other basis." Vgl. 19 U.S.C. 3512.

3.3.3. Die Rangwirkung von Vereinbarungen

Die Vorrangklausel der US-Verfassung ordnet die innerstaatliche Geltung der völkerrechtlichen Vereinbarungen als oberstes Bundesrecht an, das die Richter in den Gliedstaaten bindet ungeachtet von entgegenstehendem Recht der Gliedstaaten. Dadurch begründet sie unmittelbar den Vorrang von Bundesrecht und Verträgen des Bundes vor dem Recht der Gliedstaaten,[569] besagt aber nichts über das Rangverhältnis von völkerrechtlichen Vereinbarungen zu anderem Bundesrecht. Bevor auf die Regierungsabkommen näher eingegangen wird, sollen die Verträge untersucht werden, anhand derer sich die Einordnung der völkerrechtlichen Vereinbarungen entwickelt hat.

(a) Verträge und Verfassung

Für das Rangverhältnis von Verfassung und Verträgen wurde in *Missouri v. Holland* (1920) die Frage aufgeworfen, ob auch Verträge, die sich nicht im Einklang mit der Verfassung befinden, trotzdem oberstes Recht in den USA sind und sogar der Verfassung vorgehen.[570] Bei einer wörtlichen Auslegung der Vorrangklausel fällt auf, daß nur die Gesetze des Kongresses im Einklang mit der Verfassung ("in pursuance of") gemacht sein müssen, während die völkerrechtlichen Verträge nur von den USA ("under the authority of the United States"), nicht aber im Einklang mit Verfassung abgeschlossen sein müssen. Das Gericht ließ es dabei ausdrücklich offen, ob mit der Wendung bei Verträgen mehr gemeint sei, als die Einhaltung der Formalien für den Vertragsabschluß. Systematisch betrachtet nennt die Vorrangklausel in ihrer Aufzählung des obersten Bundesrechts die Verfassung vor den Bundesgesetzen und Verträ-

---

[569] Ware v. Hylton, 3 U.S. (3 Dall.) 199 (1796); Fairfax's Devisee v. Hunter's Lessee, 11 U.S. (7 Cranch) 603 (1813); Martin v. Hunter's Lessee, 14 U.S. (1 Wheat.) 304 (1816); Sturges v. Crowninshield, 17 U.S. (4 Wheat.) 122 (1819); Gibbons v. Ogden, 22 U.S. (9 Wheat.) 1 (1824). *Henkin*, Chinese Exclusion, Fn 138, 100 Harvard L.R. 1987,853,871; *Klein*, Fn 296, ZaöRV 1974,83,94 ff m.w.N.

[570] Missouri v. Holland, 252 U.S. 416,433 (1920). Obiter dictum: "Acts of Congress are the supreme law of the land only when made in pursuance of the Constitution, while treaties are declared to be so when made under the authority of the United States. It is open to question whether the authority of the United States means more than the formal acts prescribed to make the convention."

gen.[571] Die Verträge können nach der Gerichtsbarkeitsklausel auch zum Gegenstand eines gerichtlichen Verfahrens gemacht werden. Dies sagt allerdings nichts darüber aus, ob nur Rechte und Pflichten aus dem Vertrag geltend gemacht werden können oder ob die Vereinbarkeit mit der Verfassung selbst überprüfbar ist.

Im Rahmen einer teleologischen Auslegung ist davon auszugehen, daß alle am Zustandekommen des Vertrages beteiligten Verfassungsorgane an die Beschränkungen der Verfassung gebunden sind. Die Verfassung will mit ihren Vorgaben alle Teile der drei Gewalten - Legislative, Exekutive und Judikative - binden. Da der Präsident und der Senat nicht jeder für sich gegen die Verfassung verstoßen darf, ist nicht einzusehen, warum beide dies zusammen dürfen sollen.[572] Dieses Auslegungsergebnis wird auch durch die historische Sichtweise bestätigt, wonach die Väter der Verfassung das Übereinstimmungserfordernis in bezug auf die völkerrechtlichen Verträge nur vermieden, weil sie auch die Verträge aus der Zeit vor der Annahme der Verfassung erfassen wollten. Durch die Aufnahme der Verträge in die Vorrang- und die Gerichtsbarkeitsklausel sollte insbesondere die Anwendung der Friedensverträge, die den Revolutionskrieg beendeten, gesichert werden.[573] Aus diesem Grunde wurde auch der Begriff des Vertrages in der Vorrangklausel wie in der Gerichtsbarkeitsklausel ergänzt um die zeitliche Bestimmung des Abschlusses vor und nach dem Inkrafttreten der Verfassung von 1789 ("treaties made, or which shall be made"). Die Verfassung mit ihren Vorgaben, z.B. den Grundrechten aus den Zusatzartikeln der Verfassung, beansprucht deshalb Vorrang vor den völkerrechtlichen Verträgen.[574]

---

[571] Marbury v. Madison, 5 U.S. (Cranch 1) 137,180 (1803) obiter dictum: "It is also not entirely unworthy of observation, that in declaring what shall be the supreme law of the land, the constitution itself is first mentionend;" zum Verhältnis von Verfassung und Bundesgesetzen.

[572] Reid v. Covert, 354 U.S. 1,17 (1957): "The prohibitions of the Constitutions were designed to apply to all branches of the National Government and they cannot be nullified by the Executive or by the Executive and the Senate combined." Als sog. pluralitiy opinion entfaltet diese Entscheidung keine Präzedenzwirkung.

[573] Ware v. Hylton, 3 U.S. (Dall. 3) 199,276 f (1796) zum Friedensvertrag mit Großbritannien (1783); Reid v. Covert, 354 U.S. 1,16 f (1957). *Henkin*, Chinese Exclusion, Fn 138, 100 Harvard L.R. 1987,853,869; *Vázquez*, Treaty-Based Rigths, Fn 304, 92 Columbia L.Rev. 1992,1082,1107.

[574] *Henkin*, Foreign Affairs, Fn 137, S. 185 ff. Restatement § 302 (2), Comment (b). Vgl. Reid v. Covert, 354 U.S. 1,17 (1956); siehe Abschnitt 3.3.1.(b).(cc).

Verträge müssen mit der Verfassung in Einklang stehen, um innerstaatliche Wirkung entfalten zu können. Die Vorrangklausel ist deshalb im Wege einer tatbestandreduzierenden Auslegung auf verfassungsgemäße Verträge zu beschränken. Unmittelbar anwendbare Verträge, die gegen Verfassungsbestimmungen verstoßen, können im Völkerrecht zwar gültig sein, werden jedoch innerhalb der Rechtsordnung der USA nicht als Recht angewandt.[575]

(b) Verträge und Bundesgesetze

Nach *Murray v. The Schooner Charming Betsy* (1804) sollte ein Gesetz des Kongresses niemals unter Verletzung des Völkerrechts interpretiert werden, solange es eine andere Möglichkeit gibt.[576] Daraus hat sich das Gebot einer völkerrechtsfreundlichen Auslegung von Gesetzen entwickelt.[577] Kommt es bei der Auslegung zu einer inhaltlich unlösbaren Kollision, dann fragt es sich, ob der Vertrag oder das Bundesgesetz den Vorrang einnimmt. Der Supreme Court hat schon in der frühen Entscheidung *US v. Schooner Peggy* (1801) dem zeitlich späteren Vertrag den Vorrang eingeräumt, weil ein Vertrag genauso in den Gerichten zu beachten sei wie ein Bundesgesetz.[578] Im *Cherokee Tobacco Case* (1870) wurde diese sog. "last in time rule" (lex posterior derogat legi priori) explizit formuliert, wonach die zeitlich spätere Rechtsnorm den Vorrang erhält.[579] Damit gelten im Verhältnis von Verträgen und Bundesgesetzen dieselben Vorrangregeln wie zwischen den Bundesgesetzen.

---

[575] *Henkin*, International Law, Fn 309, 82 Michigan L.R. 1984,1555,1562 f; *Jackson*, Effect of Treaties, Fn 308, S. 147; vgl. Art. 46 WÜRV und Abschnitt 3.6.

[576] Murray v. The Schooner Charming Betsy, 6 U.S. (2 Cranch) 64,118 (1804): "... an act of congress ought never to be construed to violate the law of nations, if any other possible construction remains." Whitney v. Robertson, 124 U.S. 190,194 (1888): "When the two [a treaty and an act of Congress] relate to the same subject, the courts will always endeavor to construe them so as to give effect to both, if that can be done without violating the language of either." *Klammerzusatz durch den Verfasser.* Vgl. Lauritzen v. Larsen 345 U.S. 571,578 (1958).

[577] Restatement § 114; Paust, Fn 534, 82 AJIL 1988,760,765.

[578] US v. Schooner Peggy, 5 U.S. (1 Cranch) 103,109 (1801): "But yet where a treaty is the law of the land, and as such affects the rights of parties litigating in court, that treaty as much binds those rights, and is as much to be regarded by the Court, as an act of Congress."

[579] Cherokee Tobacco Case, 78 U.S. (11 Wall.) 616,620 f (1870): "The effect of treaties and acts of Congress, when in conflict, is not settled by the Constitution. But the question is not involved in any doubt as to its proper solution. A treaty may supersede a prior act of Congress and an act of Congress may supersede a prior treaty."

Demgegenüber klingt in der Entscheidung *Head Money Cases* (1884) eine allgemeine Bevorzugung der Bundesgesetze an, weil eine höhere Anzahl von Verfassungsorganen bei ihrem Zustandekommen beteiligt ist.[580] Während die Verträge i.S.d. Vertragsabschlußklausel vom Präsidenten und dem Senat gemacht werden, bedürfen die Bundesgesetze ("Statutes" und "Act") der Mitwirkung des Präsidenten, des Senats sowie zusätzlich des Repräsentantenhauses. Dieser Ansatz wird jedoch vom Gericht nicht weiter verfolgt.

Nach *Whitney v. Robertson* (1887)[581] und dem *Chinese Exclusion Case* (1888)[582] basiert die Wirkung der Verträge und der Bundesgesetze auf der Vor-

---

[580] Head Money Cases, 112 U.S. 580,599 (1884): "The Constitution gives it [a treaty] no superiority over an Act of Congress ... Nor is there anything, in its essential character or in the branches of the government by which the treaty is made, which gives it this superior sanctity. A treaty is made by the President and the Senate. Statutes are made by the President, the Senate and the House of Representatives ... If there be any difference in this regard, it would seen to be in favor of an Act in which all three of the bodies participate ... so far as a treaty made by the United States with any foreign Nation can become the subject of judicial cognizance in the courts of this country, it is subject to such Acts as Congress may pass for its enforcement, modification or repeal." *Klammerzusatz vom Verfasser.*

[581] Whitney v. Robertson, 124 U.S. 190,194 (1887): "When the stipulations [of the Treaty] are not self executing they can only be enforced pursuant to legislation to carry them into effect, and such legislation is as much subject to modification and repeal by Congress as legislation upon any other subject. If the Treaty contains stipulations which are self executing, that is, require no legislation to make them operative, to that extent they have the force and effect of a legislative enactment Congress may modify such provisions, so far as they bind the United States, or supersede them altogether. By the Constitution a Treaty is placed on the same footing, and made of like obligation, with an Act of legislation. Both are declared by that instrument to be the supreme law of the land, and no superior efficacy is given to either over the other ... but if the two are inconsistent, the one last in date will control the other, provided always the stipulation of the Treaty on the subject is self executing." *Klammerzusatz vom Verfasser.*

[582] Chinese Exclusion Case, 130 U.S. 581,602 f (1888): "The treaties were of no greater legal obligation than the Act of Congress. By the Constitution, laws made in pursuance thereof and treaties made under the authority of the United States are both declared to be the supreme law of the land, and no paramount authority is given to one over the other. A treaty, it is true, is given in its nature a contract between nations, and is often merely promissory in its character, requiring legislation to carry its stipulations into effect. Such legislation will be open to future repeal or amendment. If the treaty operates by its own force, and relates to a subject within the power of Congress, it can be deemed in that particular only the equivalent of a legislative Act, to be repealed or modified at the pleasure of congress. In either case the last expression of the sovereign will must control."

rangklausel, welche beide auf dieselbe Stufe stellt. Voraussetzung ist die unmittelbare Anwendbarkeit des Vertrages. Nicht unmittelbar anwendbare Vertragsinhalte können erst aufgrund einer innerstaatliche Gesetzgebung gerichtlich durchgesetzt werden. Die unmittelbar anwendbaren Vertragsbestimmungen und die erforderliche innerstaatliche Gesetzgebung stehen zur Disposition des Kongresses, der sie durch spätere Gesetzgebung innerstaatlich ändern, ergänzen oder ersetzen kann.

Die Verträge und die Bundesgesetze sind gleichwertig, da die innerstaatliche Wirkung der Rechtsnormen nicht auf den Regeln über ihr Zustandekommen, sondern auf der Vorrangklausel beruht. Der Äquivalenzgedanke bei Verträgen und Bundesgesetzen wurde auch zur Begründung der unmittelbaren Anwendbarkeit von Verträgen in *Foster & Elam v. Neilson* (1829) herangezogen und ist schon in *US v. Schooner Peggy* (1801) angelegt. Eine Kollision zwischen einem Vertrag und einem Bundesgesetz ist nur bei einer unmittelbar anwendbaren Vertragbestimmung im Gesetzgebungsbereich des Kongresses möglich. Bei nicht unmittelbar anwendbaren Verträgen folgen mit der nationalen Konkretisierungsmaßnahme und dem widersprechenden Bundesgesetz zwei innerstaatliche Regelungen in demselben Bereich aufeinander, auf welche die "lex posterior"-Regel Anwendung findet. Aus den genannten Gründen geht ein späterer unmittelbar anwendbarer Vertrag einem früheren Bundesgesetz vor[583] und ein späteres Bundesgesetz verdrängt einen früheren unmittelbar anwendbaren Vertrag.[584]

In der Weiterentwicklung des Gebots der völkerrechtsfreundlichen Auslegung von Gesetzen stellt das Gericht seit *US v. Cook* (1933) die zusätzliche Anforderung, daß der Wille des Gesetzgebers klar zum Ausdruck kommen muß, um die Vertragsverpflichtungen innerstaatlich abzuändern.[585] Mit der Anwendung

---

583 Vgl. US v. Schooner Peggy, 5 U.S. (1 Cranch) 103 (1801); Vorhees v. Fischer & Krecke, 697 F.2d 574 (4th Cir. 1983).

584 Vgl. Head Money Cases, 112 U.S. 580 (1884); Whitney v. Robertson, 124 U.S. 190 (1887); Chinese Exclusion Case, 130 U.S. 681 (1888); Moser v. US, 341 U.S. 41 (1951).

585 Cook v. US, 288 U.S. 102,120 (1933): "A treaty will not be deemed to have been abrogated or modified by a later statute unless such purpose on the part of Congress has been clearly expressed." Vgl. Chew Hoeng v. US, 112 U.S. 536,550 (1884) obiter dictum; US v. Payne, 264 U.S. 446,448 (1924); Clark v. Allen, 331 U.S. 503,510 f (1947); Washington v. Washington State Com. Passenger Fishing Vessel Ass'n, 433 U.S. 658, 690, modified, 444 U.S. 816 (1979).

dieser sog. "clear intent"-Regel wurde jedoch mangels einer ausdrücklichen Willensmanifestation des Kongresses bislang immer durch eine konforme Auslegung des Bundesgesetzes eine innerstaatliche Abänderung einer Vertragsverpflichtung vermieden.[586] Danach besteht eine Vermutung, daß der Gesetzgeber den internationalen Verpflichtungen der USA nachkommen wollte.

(c) Der Rang von Regierungsabkommen

Im Gegensatz zu den Verträgen war die Einordnung der in der Verfassung nicht genannten Regierungsabkommen schon immer umstritten. Die oben vorgenommene Einordnung aller Regierungsabkommen unter den Begriff des Bundesrechts ("laws of the United States") würde alle Probleme entsprechend dem Verhältnis der Gesetze und Verträge untereinander nach der "lex posterior"-Regel lösen.[587] Der Supreme Court ist aber noch auf dem Erkenntnisstand von *US v. Belmont* (1937), wo er den Vorrang von Regierungsabkommen des Bundes gegenüber dem Recht der einzelnen Gliedstaaten außerhalb der Vorrangklausel aus dem föderalen Staatsaufbau und der nationalen Souveränität des Bundes für die auswärtigen Angelegenheiten ableitet.[588] Für das Verhältnis von Regierungsabkommen mit parlamentarischer Beteiligung zu sonstigem Bundesrecht (Verfassung, Bundesgesetze und sog. Federal Common Law) kann grundsätzlich auf die Argumentation zum Verhältnis der Verträge zu sonstigem Bundesrecht verwiesen werden.[589] Umstritten sind jedoch im einzelnen weiterhin die Regierungsabkommen kraft Amtes, Handelsabkommen aufgrund legislativer Delegation sowie die Anwendung der "lex posterior"- und "clear intent"-Regel.

Bei Regierungsabkommen kraft Amtes ist fraglich, ob auch für sie die "lex posterior"-Regelung gilt. In *US v. Guy W. Capps, Inc.* (1953) befand ein Berufungsgericht, daß ein Handelsabkommen als Regierungsabkommen kraft Amtes gegenüber einem älteren Bundesgesetz nachrangig sei, weil der Kongreß durch

---

[586] Restatement § 114 RN 1.

[587] Abschnitt 3.3.1.(b).(ee) - (hh).

[588] US v. Belmont, 301 U.S. 324,331 (1937), siehe Abschnitt 3.3.1.(b). *Millett*, Fn 249, S. 155 ff (160,162,166) stellt für die innerstaatliche Wirkung von Regierungsabkommen auf die Gleichwertigkeit mit Verträgen ab, ohne auf die Vorrangklausel näher einzugehen.

[589] Restatement §§ 111 Comment (a); 115 (3) und Comment (a), (c), 302 (2) und Comment (b), RN 1; 721. Vgl. Reid v. Covert, 354 U.S. 1,17 (1957).

die Handelsklausel die ausschließliche Regelungsbefugnis in diesem Bereich habe. Der Supreme Court bestätigte das Urteil aus anderer Gründen ohne ein Kollisionsverhältnis anzunehmen.[590] In der Literatur wurde die Berufungsentscheidung auf alle Regierungsabkommen kraft Amtes[591] oder nur gegenüber Regelungen des Kongresses innerhalb seiner Gesetzgebungskompetenzen angewandt.[592] Dabei wird argumentiert, daß es gegen das Demokratieprinzip verstoßen würde, wenn der Präsident durch ein späteres Regierungsabkommen kraft Amtes ein Bundesgesetz ohne parlamentarische Mitwirkung verdrängen kann. Demgegenüber hat der Supreme Court die Rangfrage ausdrücklich offen gelassen.[593] Der Präsident besitzt nach dem Grundsatz der Gewaltentrennung in auswärtigen Angelegenheiten selbständige Kompetenzen, die gleichwertig neben den Gesetzgebungsbefugnissen des Kongresses und der Vertragsabschlußklausel (Präsident und Senat) stehen. Die selbständigen Kompetenzen des Präsidenten sind dabei nicht von minderer Qualität als die Kompetenzen mittels legislativer Delegation oder aufgrund der Vertragsabschlußklausel.[594] Ein dem deutschen Recht bekannter Grundsatz nach dem Vorbehalt des Gesetzes ist dem Recht der USA insofern fremd. Der tragende Gedanke für die innerstaatliche Wirkung von Verträgen ist der Äquivalenzgedanke von vertraglichen Vereinbarungen und Bundesgesetzen des Kongresses, der nicht auf die Beteiligung der Verfassungsorgane beim Zustandekommen der Rechtsnorm abstellt. Aus diesem Grunde darf es keinen Unterschied in der innerstaatlichen Wirkung von Regierungsabkommen mit oder ohne parlamentarische Beteiligung geben.

In *Weinberger v. Rossi* (1982) übertrug der Supreme Court die sog. "clear intent"-Regel von den Verträgen auf die Regierungsabkommen, wobei das Gericht noch eine vertragskonforme Auslegung des Gesetzes fand, indem es unter den einfachgesetzlichen Begriff des Vertrages ("treaty") auch Regierungsabkommen subsumierte.[595] Nachträgliche Stellungnahmen des Kongresses haben

---

[590] US v. Guy W. Capps, Inc., 204 F.2d 655,659 f (4th Cir. 1953), 348 U.S. 296 (1955).

[591] Vgl. *Tribe*, Fn 140, § 4-5, S. 229

[592] Vgl. Restatement § 115 Comment (c) und RN 5, z.B. Handel und Steuern.

[593] Nach *Jackson/Davey/Sykes*, Fn 179, Sec 3.2, S. 105 f unter Berufung auf Aufzeichnungen von *Justice Frankfurter* war das Gericht von der Präsidialmacht überzeugt, wollte aber eine Entscheidung über die damals im Kongreß umstrittene Frage des Abschlusses von völkerrechtlichen Vereinbarungen vermeiden.

[594] Vgl. *Henkin*, Foreign Affairs, Fn 137, S. 228.

[595] Weinberger v. Rossi, 456 U.S. 25,31 f (1982): "Thus, if Congress intended to limit the 'treaty exception' in § 106 to Art. II treaties, it must have intended to repudiate these

dagegen nur geringes Gewicht. Bei der Ermittlung der Absicht des Kongresses stellt das Gericht auf die Gesetzgebungsgeschichte anhand der Gesetzesmaterialien ab und mißt somit der historischen Auslegung die ausschlaggebende Bedeutung zu.

In *US v. Palestine Liberation Organization* (PLO) (1988) war einem District Court im Kollisionsfall eine vertragskonforme Auslegung nicht mehr möglich, worauf er unter Berufung auf die "clear intent"-Regel aus *Weinberger v. Rossi* das spätere Bundesgesetz mangels klarer und eindeutiger Willensmanifestation des Kongresses nicht auf die vom Anwendungsbereich des Sitzabkommens mit den VN (1947) erfaßten Mission der PLO anwandte.[596] Zwar sah das Gericht einen Willen des Kongresses, die Mission der PLO zu schließen, jedoch sah es mangels Bezugnahme auf das Sitzabkommen keinen Willen, gegen das Regierungsabkommen zu verstoßen. Das Gesetz wird dabei nicht verfassungswidrig, sofern neben dem Anwendungsbereich der völkerrechtlichen Vereinbarung noch ein selbständiger Anwendungsbereich verbleibt. Hat der Kongreß seine Vorrangabsicht für das spätere Bundesgesetz nicht im Gesetzgebungsverfahren

---

[13] executive agreements that affect the hiring practices of the United States only at its military bases overseas ... It has been a maxim of statutory construction since the decision in Murray v. The Charming Betsy, 2 Cranch 64, 118, (1804), that 'an act of congress ought never to be construed to violate the law of nations, if any other possible construction remains ...' [S. 32:] *We think that some affirmative expression of congressional intent to abrogate the United States' international obligations is required* in order to construe the word "treaty" in § 106 as meaning only Art. II treaties. We therefore turn to what legislative history is available in order to ascertain whether such an intent may fairly be attributed to Congress. [S. 35:] Such post hoc statements of a congressional Committee are not entitled to much weight." *Hervorhebung und Klammerzusätze durch den Verfasser.* Trans World Airlines v. Franklin Mint Corp., 466 U.S. 243,252 (1984).

596 US v. Palestine Liberation Organization, 695 F.Supp. 1456,1464 ff (S.D.N.Y. 1988): "Only where a treaty is irreconcilable with a later enacted treaty and Congress has clearly evinced an intent to supersede a treaty by enacting a statute does the later enacted statute take precedence. ... [S. 1465:] This court acknowledges ... that Congress *has the power* to enact statutes abrogating prior treaties or international obligations entered into by the United States ... however, unless this power is clearly and unequivocally exercised, this court is under a duty to interpret statutes in a manner consonant with existing treaty obligation. ... Recently, the Supreme Court articulated it in *Weinberger v. Rossi, supra*, 456 U.S. at 32 ... (1982) ... [S. 1468:] Congress' failure to speak with one clear voice on this subject requires us to interpret the ATA [Anti-Terrorism Act] as inapplicable to the Headquarters Agreement. ... [S. 1471:] We have interpreted the ATA inapplicable to the PLO Mission to the United Nations. The statute remains a valid enactment of general application." *Klammerzusätze durch den Verfasser.* Vgl. Klinghoffer v. PLO, 937 F.2d 44,45 (2nd Cir. 1991).

manifestiert, gilt somit ein Anwendungsvorrang der völkerrechtlichen Vereinbarungen. Das Gericht lehnt dabei eine Differenzierung der unterschiedlichen Arten von völkerrechtlichen Vereinbarungen ab, da es nach seiner Auffassung für die Entscheidung nicht darauf ankommt.[597]

Die Entscheidung ist vielfach auf Anerkennung und Kritik gestoßen.[598] Eine klare Willensmanifestation des Kongresses wurde auch wegen der *Political Question* Doktrin gefordert.[599] Diese hingegen stützt sich auf den verfassungsrechtlichen Grundsatz der Gewaltentrennung, der einer einfachgesetzlichen Regelung entzogen ist. Im Ergebnis verlangt das Gericht ein sog. Zitiergebot, indem es eine namentliche Erwähnung der internationalen Verpflichtung im abändernden Bundesgesetz erwartet.

Die Wertung zeigt Parallelen zu *Dames & Moore v. Regan* (1981), wonach der Präsident bei einer unklaren Kompetenzverteilung zwischen ihm und dem Kongreß Kompetenzen an sich ziehen kann, wenn der Kongreß gegenüber der Ausübung der Kompetenz durch den Präsidenten schweigt.[600] Im Ergebnis gewinnt die Exekutive an Handlungsspielraum, während der schweigende Kongreß das Nachsehen hat. Jedoch deutet die Parallele auch darauf hin, daß entgegenstehende Aktivitäten des Kongresses in der Sache die Rechtsvermutung zerstören. Das Gebot der völkerrechtsfreundlichen Auslegung ist Teil der allgemeinen

---

[597] US v. Palestine Liberation Organization, 695 F.Supp. 1456,1458 (S.D.N.Y.1988): "We refer to the Headquarters Agreement as a treaty, since we are not concerned here with making a distinction among different forms of international agreement. The applicable law implicates all forms, including the Headquarters Agreement. *Weinberger v. Rossi*, 456 U.S. 25,29-30 ... (1982)."

[598] Die Urteilsrezensionen befassen sich dabei mehr mit der historischen Entwicklung des Streites als mit der rechtlichen Begründung des Urteils. *DeBernardi*, Congressional Intent and Conflicting Treaty Obligations: *United States v. Palestine Liberation Organization*, 23 Cornell Int.'l L.J. 1990,83,105 sieht die Entscheidung von den Folgen her ausgeglichen; *Reisman*, An International Farce: The Sad Case of PLO Mission, 14 Yale J.Int.'l L. 1989,412,431 f begrüßt eine aktivere Kontrolle der Gerichte in auswärtigen Angelegenheiten; *Thomas*, When the Guests Move In: Permanent Observers to the United Nations Gain the Right to Establish Permanent Missions in the United States, 78 Cal. L.R. 1990 I 197, 238 ff kritisiert die Befugnis der UNO, durch Einladung Befreiungsbewegungen und NGOs ein Residenzrecht in New York zu vermitteln, worin er eine Gefahr für die innere Sicherheit sieht.

[599] *Horne*, *United States v. Palestine Liberation Organization*: Continued Confusion in Congressional Intent and the Hierarchy of Norms, 10 Michigan J.Int.'l Law, 1989,935,952.

[600] Dames & Moore v. Regan, 453 U.S. 654 (1981), siehe Abschnitt 3.1.1.(b).(cc).

Gesetzesauslegung. Die Grenze der Auslegung ist allerdings der Wortlaut des Gesetzes. Der Kongreß kann eine Regelung für einen bestimmten Bereich auch ohne Bezugnahme auf andere Regelungen treffen. Einer ausdrücklichen Regelung des Kongresses kann nicht der Anwendungsbereich beschnitten werden, nur weil er eine bestehende unmittelbar anwendbare internationale Verpflichtung nicht zitiert hat. Entsteht eine Kollision, so sollte diese allein durch die Kollisionsnormen - nach der "lex posterior"- oder der "lex specialis"-Regel - gelöst werden.

(d) Die Position der Regeln des GATT 1947

Die Position der Regeln des GATT 1947 ergibt sich aus den aufgezeigten allgemeinen Grundsätzen für Regierungsabkommen. Mangels unmittelbarer Anwendbarkeit können sie kein Bundesrecht oder Recht der Einzelstaaten verdrängen. Für die inhaltlich konkreter abgefaßten Nebenabkommen der Tokio-Runde enthält das Zustimmungsgesetz - wohl aus Klarstellungsgesichtspunkten - eine ausdrückliche Kollisionsnorm in Sektion 3 (a) der *Trade Agreements Act (1979)*, wonach im Kollisionsfall die Bundesgesetze Vorrang vor den Nebenabkommen der Tokio-Runde beanspruchen.[601] Einige Gerichte haben sich unmittelbar mit dem Verhältnis von Bundesrecht zu den Regeln des GATT 1947 befaßt und dabei teilweise auch die "clear intent"-Regel angewandt.[602] Gemeinsam ist den Entscheidungen bis Ende der 80er Jahre, daß sie bestrebt sind, die Vereinbarkeit von Bundesrecht mit den Regeln des GATT 1947 festzustellen.[603] Auch Entscheidungen, die eine Bindung der USA durch das GATT

---

[601] Trade Agreements Act of 1979, sec. 3 (a), Public Law 96-39, 19 U.S.C. 2504 (a): "United States statutes to prevail in conflict. No provision of any trade agreement approved by the Congress under section 2503 (a) [Tokio-Nebenabkommen] or this title, nor the application of any such provision to any person or circumstance, which is in conflict with any statute of the United States shall be given effect under the laws of the United States." *Klammerzusatz durch den Verfasser.*

[602] Bercut-Vandervoort & Co. v. US, 151 F.Supp. 942,947 (C.C.1957); United States Steel Corporation v. US, 618 F.2d 496,501 (CIT 1985); Algoma Steel Corporation, Ltd. v. US, 865 F.2d 141,242 (Fed.Cir.1989).

[603] Vgl. Entscheidungen in Fn 362und 602 sowie US v. Star Industries, Inc., 462 F.2d 557, 560 ff (C.C.P.A.1972) zum sog. Chicken War; United States Cane Sugar Refiners' Ass'n v. Block, 544 F.Supp. 883,893 (CIT 1982), bestätigt 683 F.2d 399,402 ff (C.C.P.A.1982); Fundicao Tupy v. US, 678 F.Supp. 898,901 f (CIT 1988).

1947 ablehnen, haben trotzdem die Vereinbarkeit der fraglichen nationalen Maßnahmen mit ihm ausdrücklich angemerkt.[604]

In *Farr Mann & Co. v. US* (CIT 1982) attestiert das Gericht dem Kongreß einen Willen, den Präsidenten im Wege der legislativen Delegation zu ermächtigen, bei Außenhandelsmaßnahmen im Agrarbereich völkerrechtliche Vereinbarungen zu mißachten.[605] Die umstrittene Proklamation sah es allerdings mit den völkerrechtlichen Verpflichtungen der USA vereinbar, darunter auch mit der Meistbegünstigung des GATT 1947.

In *Suramerica de Aleaciones Laminadas, C.A. v. US* (Fed.Cir. 1992) sieht das Gericht nach einem obiter dictum eine vom GATT 1947 unberührte Stellung der Bundesgesetze. Seine Auffassung stützt es auf die Kollisionsnorm für die Nebenabkommen der Tokio-Runde und will die Befassung mit einer möglichen Verletzung des GATT 1947 ganz im Sinne der *Political Question* Doktrin dem Kongreß überlassen.[606]

In der bemerkenswerten Entscheidung *Mississippi Poulty Association, Inc. v. Madigan* (5th Cir. 1993) verneint das Berufungsgericht die Anwendbarkeit der "clear intent"-Regel und die des Grundsatzes der völkerrechtsfreundlichen Auslegung gegenüber den Regeln des GATT 1947.[607] Dabei ging es um die Begriffsauslegung der Inländergleichbehandlung in einem Bundesgesetz und ihre Vereinbarkeit mit dem GATT 1947. In seiner Begründung verweist das Gericht auf die *Suramerica*-Entscheidung und verlangt für die Anwendung der "clear intent"-Regel eine völlige Aufhebung (*"nullifying"*) der internationalen

---

604 Siehe Fn 362, Abschnitt 3.2.(b).

605 Farr Mann & Co. v. US, 4 CIT 55,63 und 66 (1982).

606 Suramerica de Aleaciones Laminadas, C.A. v. US, 966 F.2d 660,667 f (Fed.Cir.1992) obiter dictum: "While we acknowledge Congress's interest in complying with U.S. responsibilities under the GATT, we are bound not by what we think Congress should or perhaps wanted to do, but by what Congress in fact did. The GATT does not trump domestic legislation; if the statutory provisions at issue here are inconsistent with the GATT, it is a matter for Congress and not this court to decide and remedy. *See 19 U.S.C. § 2504(a). Algoma Steel Corp. v. United States*, 865 F.2d 240,242 ... (Fed.Cir. 1989)."

607 Mississippi Poultry Association, Inc. v. Madigan, 992 F.2d 1359,1365 ff und Fn 33 (5th Cir.), ergänzt, 9 F.3d 1113 (5th Cir.), rehearing granted en banc, 9 F.3d 1116 (5th Cir. 1993), bestätigt ohne Bezugnahme auf die Regeln des GATT, 31 F.3d 293 (5th Cir. 1994) mit 8 zu 7 Stimmen.

Verpflichtung. Bei einer nur teilweise Beeinträchtigung ist dem Wille des Kongresses Geltung zu verschaffen, auch wenn es zu einer Verletzung der internationalen Verpflichtung kommt. Ferner beschränkt das Gericht den Grundsatz der völkerrechtsfreundlichen Auslegung von Bundesgesetzen auf den Begriff der "law of nations", der nach seiner Auffassung nur die traditionellen Regeln sowie die Souveränität der Staaten betrifft, nicht hingegen Handelsabkommen. Kritisch ist dazu anzumerken, daß die *Suramerica*-Entscheidung obita dicta eine Kollisionsnorm anspricht, die nur die Nebenabkommen der Tokio-Runde erfaßt. Ferner sollte es keinen Unterschied machen, ob eine völkerrechtliche Verpflichtung nur beeinträchtigt oder ganz aufgehoben wird. Auch die Reduzierung der völkerrechtsfreundlichen Auslegung auf den Begriffs der "law of nations" zeigt die GATT-feindliche Einstellung des Gerichts. In der Entscheidung über die Wiederanhörung findet sich indes keine Stellungnahme mehr zum GATT 1947.

Im Gegensatz dazu hat das für den internationalen Handel zuständige Gericht (Court of International Trade) in *Footwear Distributors and Retailers of America v. US* (CIT 1994) den Grundsatz der völkerrechtsfreundlichen Auslegung der Bundesgesetze aus *Murray v. Schooner Charming Betsy* (1804) gegenüber dem GATT 1947 und seinen Nebenabkommen ausdrücklich bestätigt. [608] Dabei unterstreicht es die Bedeutung der völkerrechtsfreundlichen Auslegung am Vorabend der seinerzeit noch nicht errichteten WTO. Allerdings eine Beachtung der Entscheidungen aus der Streitbeilegung des GATT 1947 hatte das Gericht angesichts der verschiedenen Reaktionsmöglichkeiten der obsiegenden Partei abgelehnt.[609]

---

[608] Footwear Distributors and Retailers of America v. US, 18 CIT 391,391 f (1994): "... the parties return to this action to finally dispose of issues arising from the time of creation of this Court of International Trade, which is an extension of the great American experiment in judicial review of prerogatives of the sovereign that began with Chief Justice John Marshall's nascent pronouncements that it is 'emphatically the province of and duty of the judicial department to say what the law is', *Marbury v. Madison*, 5 U.S. (1 Cranch) 137,177 (1803), and 'an act of Congress ought never to be construed to violate the law of nations if any other possible construction remains', *Murray v. Schooner Charming Betsy*, 6 U.S. (2 Cranch) 64,118 (1804). These principles remain of the essence in this action on the advent of the new World Trade Organization in furtherance of the *Final Act Embodying the Results of the Uruguay Round of Multilateral Trade Negotiations* to which the United Sates claims commitment."

[609] Siehe Abschnitt 3.3.2.(h).

(e) Die Position der WTO-Übereinkommen

Für das Verhältnis der Regeln der WTO zu älterem Bundesrecht bestimmt das Zustimmungsgesetz in Sektion 102 (a)(1) der *Uruguay Round Agreements Act (1994)*, daß im Kollisionsfalle das Bundesrecht den Vorrang erhält.[610] Späteres Bundesrecht erlangt nach der allgemeinen "lex posterior"-Regel den Vorrang. Während die Kollisionsnorm der Tokio-Runde nur die Bundesgesetze ("statute") erfaßt, enthält die Kollisionsnorm der Uruguay-Runde das gesamte Bundesrecht ("any law of the United States").[611] Obgleich auch die WTO-Übereinkommen Bundesrecht sind, müssen sie gegenüber anderem Bundesrecht zurücktreten.

Ferner ist in Sektion 102 (a)(2) URAA eine restriktive Auslegungsanweisung enthalten, wonach keine Bestimmung des Gesetzes als Ergänzung oder Änderung ("to amend or modify") von aufgezählten Bereichen des Bundesrechts aufgefaßt werden kann, sofern dies nicht ausdrücklich vorgesehen ist. Zu diesen enumerativen Bereichen gehören Regelungen zum Schutz von Menschen, Tieren, pflanzlichem Leben, Gesundheit, Umwelt, Sicherheit am Arbeitsplatz sowie das Außenhandelsregime aufgrund Sektion 301.[612] Im Umkehrschluß kommt für andere Bereiche eine Änderung oder Ergänzung in Betracht. Zwar ist eine Änderung durch die Kollisionsnorm ausgeschlossen, jedoch bleibt eine Ergänzung des Bundesrechts möglich. Die Auslegung und Anwendung der WTO-Übereinkommen und des Zustimmungs- und Implementierungsgesetzes sind zudem nach Sektion 102 (c) URAA der maßgebenden Interpretation durch das *Statement of Administrative Action* (SAA) verpflichtet.[613] Nicht als Ergänzung oder Änderung gilt allerdings der Grundsatz der völkerrechtsfreundlichen Auslegung von Bundesrecht.

Die WTO-Streitbeilegung erhält durch Sektion 123 URAA besondere Aufmerksamkeit in den USA. Bereits während der Streitbeilegung muß der USTR

---

[610] Section 102 (a) (1) URRA, Public Law 103-465, 108 Stat. 4815, 19 U.S.C. 3512:
"Section 102 (a). RELATIONSHIP OF AGREEMENTS TO UNITED STATES LAW.-
(1) UNITED STATES LAW TO PREVAIL IN CONFLICT.- No provision of any of the Uruguay Round Agreements, nor the application of any such provision to any person or circumstance, that is inconsistent with any law of the United States shall have effect."

[611] Vgl. 19 U.S.C. 2504 (a), Fn 601 und 19 U.S.C. 3512 (a) (1), Fn 610.

[612] Section 102 (a) (2) URRA; 19 U.S.C. 3512 (a) (2).

[613] Siehe Abschnitt 3.1.2.(d); Section 102 (d) URAA; 19 U.S.C. 3512 (d).

den Kongreß informieren und konsultieren.[614] Die Gliedstaaten sind über die sie betreffenden Belangen zu konsultieren.[615] Ferner muß er im 'Federal Register' (Bundesanzeiger) von der Öffentlichkeit Stellungnahmen erbitten und alles Material öffentlich zugänglich machen.[616] Für die Entscheidungen der WTO-Streitbeilegung sind komplexe Implementierungsverfahren vorgesehen. Dabei muß unterschieden werden zwischen Verstößen gegen Bundesgesetze, Verwaltungsvorschriften oder -praxis von Bundesbehörden sowie Recht der Gliedstaaten: (1.) Wenn ein Bundesgesetz eine WTO-Verpflichtung verletzt, kann nur durch eine reguläre Gesetzgebung des Kongresses Abhilfe geschaffen werden. (2.) Wenn eine Verwaltungsvorschrift oder -praxis eine WTO-Verpflichtung verletzt, müssen sich vor einer Änderung der USTR, der Kongreß, die Vertreter des privaten Sektors und der Behördenleiter konsultieren.[617] Über den im 'Federal Register' veröffentlichten und erklärten Behördenvorschlag findet eine unverbindliche Abstimmung im 'Committee on Ways and Means' des Repräsentantenhauses und im 'Committee on Finance' des Senats statt.[618] Sonderregeln bestehen noch für die 'International Trade Commission' und das 'Department of Commerce'.[619] (3.) Wenn das Recht von Gliedstaaten eine WTO-Verpflichtung verletzt, kann die Bundesregierung nach Scheitern einer gütlichen Lösung eine Nichtigkeitsklage gegen das Recht der Gliedstaaten führen.[620] Diese vorgesehenen Verfahren schaffen mehr erwünschte Transparenz, Beteiligung von betroffenen Gliedstaaten, Unternehmen und parlamentarische Kontrolle der Bundesregierung. Gleichzeitig bergen sie auch die Gefahr, daß die Position der Bundesregierung zum Gegenstand der innenpolitischen Auseinandersetzung wird.

Nach *Footwear Distributors and Retailers of America v. US* (CIT 1994) entfalten Panel-Berichte der Streitbeilegung des GATT 1947 keine innerstaatliche Bindungswirkung, da der obsiegenden Partei verschiedene Reaktionsmöglichkeiten offen stehen.[621] Die Reaktionsmöglichkeiten auf eine Rechtsverletzung

---

[614] Section 123 (d) und (e) URAA, 19 U.S.C. 3533.

[615] Siehe Abschnitt 3.4.(d).

[616] Section 127 URAA, 19 U.S.C. 3537.

[617] Section 123 (g) URAA, 19 U.S.C. 3533 (g).

[618] Section 123 (g) (1) (C) (F) (3) URAA, 19 U.S.C. 3533 (g) (1) (C) (F) (3).

[619] Section 129 URAA, 19 U.S.C. 3588.

[620] Siehe nachfolgende Ausführungen in diesem Abschnitt und in 3.4.(d).

[621] Siehe Abschnitt 3.3.2.(h).

in der WTO sind zwar gegenüber dem GATT 1947 um die Entschädigung erweitert, jedoch besteht keine freie Wahlmöglichkeit der unterlegenen Partei. Art. XVI Abs. 4 WTOÜ enthält den allgemeinen Treuegrundsatz des in der Streitbeilegung unterliegenden Mitgliedes, alles Erforderliche zu unternehmen, um sein Verhalten mit seinen Verpflichtungen aufgrund der als Anlage beigefügten Übereinkommen - und damit auch den Entscheidungen aus der Streitbeilegung (DSU) - in Einklang zu bringen.[622] Art. 22 Abs. 1 DSU bestimmt, daß die Aussetzung von Zugeständnissen sowie die neue Möglichkeit der Entschädigung nur eine "vorübergehende Maßnahme" sein können, bis die Entscheidung der Streitbeilegung "innerhalb eines angemessenen Zeitraums" umgesetzt wird.[623] Die unterlegene Partei kann sich nicht von der Rechtsbefolgung durch Schadensersatz loskaufen. Auch die Wahlmöglichkeit der Aussetzung von Zugeständnissen seitens der obsiegenden Partei ist nunmehr gestaffelt, als zuerst in demselben Bereich, sodann unter demselben Übereinkommen und zuletzt erst unter anderen Übereinkommen (cross-retaliation) Zugeständnisse zurückgenommen werden dürfen.[624] Diese zeitlich begrenzten Handlungsalternativen können aber nicht über die Verpflichtung zur Rechtsbefolgung hinwegtäuschen.

Als Bundesrecht beanspruchen die WTO-Übereinkommen grundsätzlich auch Vorrang vor dem Recht der Gliedstaaten. Sektion 102 (b) (2) URAA bestimmt jedoch, daß Gerichte nur im Rahmen einer ausdrücklichen Klage der USA auf Nichtigerklärung das Recht von Gliedstaaten oder seine Anwendung als nichtig außer Acht lassen dürfen.[625] Entscheidungen der WTO-Streitbeilegung entfalten dabei keine innerstaatliche Bindungswirkung.[626] Den USA obliegt im Verfahren die Beweislast der Unvereinbarkeit mit den WTO-Übereinkommen,

---

[622] Siehe Abschnitt 3.3.2.(i).

[623] Art. 22 Abs. 1 DSU: "Eine Entschädigung und die Aussetzung von Zugeständnissen oder sonstigen Pflichten sind vorübergehende Maßnahmen, die zur Verfügung stehen, wenn die Empfehlungen und Entscheidungen nicht innerhalb eines angemessenen Zeitraums umgesetzt werden. Jedoch erhält weder eine Entschädigung noch die Aussetzung von Zugeständnissen oder sonstigen Pflichten Vorrang vor der vollen Umsetzung einer Empfehlung, eine Maßnahme mit den unter die Vereinbarung fallenden Übereinkommen in Einklang zu bringen."

[624] Art. 22 Abs. 2 und 3 DSU.

[625] Siehe Fn 395.

[626] Section 102 (b) (2) (B) (i) URRA.

und die Unanwendbarkeit des Rechts der Gliedstaaten tritt erst mit der Rechtskraft des Urteil nach Erschöpfung des innerstaatlichen Rechtsweges ein.[627]

Angesicht dieser Verrechtlichung verdienen die WTO-Übereinkommen und die Entscheidungen ihrer Streitbeilegung eine größere Beachtung als das GATT 1947. Der Rückgriff auf die WTO-Übereinkommen wird aber voraussichtlich gering sein, weil über das inhaltlich umfassende Zustimmungs- und Implementierungsgesetz viele völkerrechtliche Regeln in innerstaatliches Recht transformiert wurden, die nunmehr als Bundesgesetz angewandt werden. Im Ergebnis gebietet die *Uruguay Round Agreements Act (1994)* im Verhältnis zu den WTO-Übereinkommen einen Vorrang des Bundesrechts und errichtet eine Anwendungsvermutung für das Recht der einzelnen Gliedstaaten, die nur durch eine Nichtigkeitsklage der USA zerstört werden kann.[628]

(f) Wechselwirkungen zwischen Völkerrecht und nationalem Recht

Die innerstaatliche Geltung steht unter dem Vorbehalt, daß der Vertrag auch auf völkerrechtlicher Ebene noch verbindlich ist.[629] Die innerstaatliche Rechtsänderung durch den Kongreß unter Verletzung einer unmittelbar anwendbaren Vertragsbestimmung ändert aber nichts an der völkerrechtlichen Verpflichtung selbst. Auch wenn der Supreme Court mißverständlich von der Aufhebung des Vertrages ("repeal" oder "abrogate") durch das Gesetz spricht,[630] kann der Kongreß die vertragliche Verpflichtung selbst nicht antasten. Die vertragliche Vereinbarung bleibt auf völkerrechtlicher Ebene in Geltung und bindet weiterhin die USA. Solange das Gesetz des Kongresses existiert, müssen der Präsident und die Gerichte die älteren unmittelbar anwendbaren Vertragsbestimmungen außer Acht lassen. Wird das Gesetz aufgehoben, erhalten die unmittelbar anwendbaren Vertragsnormen auch innerstaatlich wieder uneingeschränkte Geltung. Trifft der Präsident eine unmittelbar anwendbare Vereinbarung, kann er zwar ein Gesetz des Kongresses oder eines Gliedstaates oder eine Regelung des Common Law nicht aufheben, es aber durch die vertragliche Vereinbarung

---

[627] Section 102 (b) (2) (B) (ii) und (iv) URRA.

[628] Siehe Abschnitt 3.4.(d).

[629] *Henkin*, Foreign Affairs, Fn 137, S. 204.

[630] Head Money Cases, 112 U.S. 580,599 (1884): "... a treaty ... is subject to such acts as Congress may pass for its enforcement, modification, or repeal." La Abra Silver Mining Co. v. US, 175 U.S. 423,460 (1899): "Congress by legislation, and so far as the people and authorities of the United States are concerned, could abrogate a treaty."

für deren Dauer nach der "lex posterior"-Regel suspendieren. In diesem Falle haben die Exekutive und die Gerichte die vertragliche Vereinbarung anstatt des kollidierenden nationalen Rechts anzuwenden.[631] Da die Verfassung keine Brechungsnorm enthält, wonach das spätere Vertragsrecht die Gesetze oder das Common Law bricht, kommt nach der völkerrechtlichen Suspendierung oder Beendigung der vertraglichen Vereinbarung das suspendierte nationale Recht wieder zu uneingeschränkter Geltungskraft.

---

631 Geofroy v. Riggs, 133 U.S. 158,266 (1889): "This article, by its term, suspended, during the existence of the Treaty, the provision of the common law of Maryland and of the Statutes of the State of 1780 and of 1791 ..."; *Henkin*, Chinese Exclusion, Fn 138, 100 Harvard L.R. 1987,853,872 m.w.N. Vgl. Abschnitt 3.3.3.(b) und (c) zur "lex posterior"-, "lex specialis"- und "clear intent"-Regel.

3.4. Die Rolle der Gliedstaaten im internationalen Handel

Die USA sind ein föderal aufgebauter Bundesstaat mit einer Bundesgewalt und 50 Gliedstaaten. Fraglich ist, ob und welche Kompetenzen den Gliedstaaten im Bereich des Außenhandels im Verhältnis zur Bundesgewalt verblieben sind. Die Bestimmungen der Verfassung behandeln die Rolle der Gliedstaaten in bezug auf den internationalen Handel unmittelbar nur in Form von Verboten. In Artikel I Abs. 10 darf kein Gliedstaat nach Ziffer (1.) einen völkerrechtlichen Vertrag, eine Allianz oder Konföderation ("treaty, alliance or confederation") abschließen, (2.) ohne Zustimmung des Kongresses Auflagen oder Zölle auf Ein- oder Ausfuhr legen, soweit dies nicht zur Durchführung der Überwachungsgesetze unbedingt notwendig ist, (3.) ohne Zustimmung des Kongresses Tonnengelder erheben oder eine 'andere Vereinbarung als ein Vertrag' ("agreement or compact") mit einem anderen Gliedstaat oder einem ausländischen Staat schließen, sofern er nicht einer Invasion oder ähnlichen Gefahr im Verzuge ausgesetzt ist.[632] Diese beschränkte Abschlußbefugnis von Vereinbarungen wird "Compact Clause" (Kompaktatsklausel) genannt. Die Rolle der Gliedstaaten im internationalen Handel wird durch diese ausdrücklichen Vorgaben der Verfassung und durch das Verfassungsgefüge begrenzt.

(a) Die Vertragsfähigkeit der Gliedstaaten

Die Frage der Gestaltung externer Beziehungen von Gliedstaaten durch vertragliche Vereinbarungen mit ausländischen Staaten hängt davon ab, ob die Gliedstaaten als staatliche Untergliederungen Völkerrechtsfähigkeit besitzen. In *US v. Curtiss-Wright Export Corp.* (1936) befand der Supreme Court, daß die Kompetenz für auswärtige Angelegenheiten als Ausdruck der Souveränität durch die Unabhängigkeitserklärung (1776) direkt von der Britischen Krone

---

[632] Art. I sec. 10 US-Verfassung:

"1. No state shall enter into any treaty, alliance or confederation; ...

2. No state shall, without the consent of the Congress, lay any imposts or duties on imports or exports, except what may be absolutely necessary for executing its inspection laws: and the net produce of all duties and imposts, laid by any state on imports or exports, shall be for the use of the treasury of the United States; and all such laws shall be subject to the revision and control of the Congress.

3. No state shall without the consent of Congress, lay any duty of tonnage ... enter into any agreement or compact with another state or with a foreign power ..., unless actually invaded, or in such imminent danger as will not admit of delay."

auf die Gemeinschaft der Vereinigten Kolonien (United Colonies) überging, ohne daß die einzelnen Kolonien jemals souveräne Staaten waren.[633] Auch wenn diese Auffassung historisch zweifelhaft ist, sind die tragenden Gründe der Entscheidung bindend. Die Gliedstaaten leiten heute ihre partielle Völkerrechtsfähigkeit aus der Kompaktatsklausel der Verfassung ab. Inhaltlich können Vereinbarungen von Gliedstaaten nur Bereiche betreffen, in denen ihnen eine Regelungskompetenz zusteht.

Nach der Kompaktatsklausel der Verfassung sind den Gliedstaaten Verträge verboten, während sie andere Vereinbarungen mit Zustimmung des Kongresses schließen können. In *Holmes v. Jennison* (1840) erkannte der Supreme Court, daß die drei Begriffe (treaty, agreement oder compact) eine unterschiedliche Bedeutung haben müßten, weil kein Wort in der Verfassung überflüssig ist und dieselbe Bedeutung hat wie ein anderes Wort.[634] Das Verbot der Verträge von Gliedstaaten ist in einem Halbsatz mit Bündnissen und Konföderationen zusammengefaßt, um politische und militärische Beziehungen mit einer ausländischen Macht zu verhindern.[635] Bislang wurde nur der Zusammenschluß der Südstaaten, der zum blutigen Bürgerkrieg (1861-64) führte, als unzulässiger Bündnisvertrag bewertet.[636]

Für die Inhaltsbestimmung von "agreement or compact" zitierte das Gericht in *Holmes v. Jennison* aus dem Lehrbuch von *Emer de Vattel* (1758).[637] Vermutlich hatten die beiden Begriffe seinerzeit eine allgemein bekannte Bedeutung,

---

[633] US v. Curtiss-Wright Export Corporation, 299 U.S. 304,315 ff (1936), siehe Abschnitt 3.1.1. Vgl. US v. Maine, 420 U.S. 515 (1975). Für die Souveränität der Gliedstaaten unter den Articles of Confederation *Stone/Seidman/Sunstein/Tushnet*, Constitutional Law, Boston und Toronto 1986, S. 2; kritisch *Henkin*, International Law, Fn 309, 82 Michigan L.R. 1984,1555,1556 ff.

[634] Holmes v. Jennison, 39 U.S. (14 Pet.) 540,571 f (1840): "In the very next clause of the Constitution, the States are forbidden to enter into any 'agreement' or 'compact' with a foreign nation; and as these word could not have been idly or superfluously used by the framers of the Constitution, they cannot be construed to mean the same thing with the word 'treaty'."

[635] Virginia v. Tennessee, 148 U.S. 503,521 (1893) zitiert obiter dicta *Story*, Commentaries on the Constitution of the United States, (1. Auflage 1833) New York 1970, § 1403; *Groß*, Fn 155, AVR 1993,409,415 und 423.

[636] Williams v. Bruffy, 96 U.S. (6 Otto) 176 (1878).

[637] *Vattel*, Le Droit des Gens ou Principes de la Loi Naturelle appliqués à la Conduite et aux Affaires des Nations et des Souverains, Leyden 1758. In deutscher Übersetzung *Schätzel* (Hg.), Emer de Vattel, dito, Tübingen 1959.

die keiner näheren Erklärung in der Verfassung bedurfte, zumal wichtige Verfassungsväter, wie z.B. *Benjamin Franklin*, *George Tucker* und *James Wilson*, nachweislich das damals weitverbreitete Lehrbuch von *Vattel* besaßen.[638] "Treaty" sind danach zeitlich unbegrenzt oder für eine lange Dauer geschlossen, während "compact or agreement" zeitlich befristet und durch eine einmalige Handlung vollziehbar sind.[639] Die Verfassungsväter gingen vermutlich von seinerzeit bekannten Vertragstypen aus und dachten bei den Verträgen beispielsweise an Friedens-, Freundschafts- und Handelsverträge und bei den anderen Vereinbarungen beispielsweise an Grenzverträge.[640]

In den Articles of Confederation (1781-1789) wurden Beziehungen der Gliedstaaten zu ausländischen Staaten von solchen zu anderen Gliedstaaten der Union unterschieden und in zwei getrennten Absätzen geregelt. Den Gliedstaaten war der Abschluß von Verträgen und anderen Vereinbarungen ("conference, agreement, alliance or treaty") mit ausländischen Staaten sowie von Verträgen untereinander ("treaty, confederation or alliance") grundsätzlich verboten außer mit Zustimmung des Kongresses.[641] Die Zustimmung des Kon-

---

[638] US Steel Corporation v. Multistate Tax Commission, 434 U.S. 452,461 f (1978) m.w.N. und *Weinfeld*, What did the Framers of the Federal Constitution mean by "Agreements or Compacts"?, 3 Chicago Law Review 1936,453,458 f zitieren einen Brief von *Benjamin Franklin* aus dem Jahre 1775, aus dem hervorgeht, daß den Mitgliedern des Kongresses das Lehrbuch von *Vattel* in französischer Sprache vertraut war. *Madison*, The Federalist Paper No. 44, in Fn 156, S. 283: "The remaining particulars of this clause fall within reasonings which are either so obvious, or have been so fully developed, that they may be passed over without remark."

[639] Holmes v. Jennison, 39 U.S. (14 Pet.) 540,572 (1840) unter Verweis auf *Vattel* §§ 152, 153, 154 und 206. Diese Klassifizierung von völkerrechtlichen Vereinbarungen unter Berufung auf *Vattel* findet sich auch bei *Georg Friedrich Martens*, Prècis du Droit des Gens modern de l'Europe: fondé sur les Traités et l'Usage, (Erstausgabe 1788) Göttingen 1789, § 58 und *Wheaton/Phillipson*, Elements of International Law, 5. Auflage (1. Auflage 1836), London und New York 1916, Teil III, Kapitel II, S. 368 f; Kritisch *Engdahl*, Characterization of Interstate Arrangements: When is a Compact not a Compact?, 64 Michigan L.R. 1965,63,67 ff und 77, der "treaty" als nicht-dispositive Übereinkommen - z.B. Handelsverträge und Allianzen - sowie "agreement or compact" als dispositive Übereinkommen - z.B. Grenzabkommen - ansieht.

[640] *Weinfeld*, Fn 638, 3 Chicago Law Review 1936,453,460 ff m.w.N.

[641] Art. 6 Articles of Confederation:

"No State without the consent of the United States in Congress assembled, shall send any embassy to, or receive any embassy from, or enter into any conference, agreement, alliance or treaty with any king, prince or state ...

gresses ersetzte die Zustimmung der Britischen Krone. Aus der Nichteinbeziehung der "agreement" in die Regelung für die Beziehungen zwischen den Gliedstaaten folgt, daß sie keinerlei Beschränkungen unterlagen.[642]

Die ursprüngliche Bedeutung der Begriffe "agreement or compact" ging alsbald verloren und spielt heute keine Rolle mehr.[643] Nach heutigem Sprachverständnis hat ein "compact" einen förmlicheren Charakter als ein "agreement".[644] Mit der Aufzählung der Begriffe in der Kompaktatsklausel wollten die Verfassungsväter die größtmögliche Spanne von Vereinbarungen erfassen, um die für den Bestand der Union als gefährlich angesehene frei Kommunikation von einzelnen Gliedstaaten untereinander und mit ausländischen Staaten abzuschneiden. Auch mündliche oder stillschweigende Abkommen sollten darunter fallen.[645] Vereinbarungen der Gliedstaaten mit Zustimmung des Kongresses sind insgesamt selten und betrafen z.B. eine gemeinsame Brücke über den Niagara-Fluß.[646]

No two ore more States shall enter into any treaty, confederation or alliance whatever between them, without the consent of the United States in Congress assembled, specifying accurately the purposes for which the same is to be entered into, and how long it shall continue."

642 Wharton v. Wise, 153 U.S. 155,167 (1894); US Steel Corporation v. Multistate Tax Commission, 434 U.S. 452,460 (1978); *Weinfeld*, Fn 638, 3 Chicago Law Review 1936,453,456.

643 US Steel Corporation v. Multistate Tax Commission, 434 U.S. 452,463 (1978). *Vagts*, Fn 227, 36 Columbia Journal of Transnational Law 1997,143,151.

644 Virginia v. Tennessee, 148 U.S. 503,520 (1893): "Compacts or agreements - and we do not perceive any difference in the meaning, except that the word 'compact' is generally used with reference to more formal and serious engagements than is usually implied in the term 'agreement' - cover all stipulations affecting the conduct or claims of the parties."

645 Holmes v. Jennison, 39 U.S. (14 Pet.) 540,572 ff (1840): "And the use of all these terms, 'treaty', 'agreement', 'compact', show that it was the intention of the framers of the Constitution to use the broadest and most comprehensive terms; and that they anxiously desired to cut off all connection or communication between a State and a foreign power: and we shall fail to execute that evident intention, unless we give to the word 'agreement' its most extended signification, and so apply it as to prohibit every agreement, written or verbal, formal or informal, positive or implied, by the mutual understanding of the parties. ... [174:] The framers of the Constitution manifestly believed that any intercourse between a State and a foreign nation was dangerous to the Union; ..." *Klammerzusatz durch den Verfasser*. US Steel Corporation v. Multistate Tax Commission, 434 U.S. 452,465 f (1978).

646 *Groß*, Fn 155, AVR 1993,409,416 und 424 m.w.N.; *Henkin*, Foreign Affairs, Fn 137, S. 153 f m.w.N.

Das Erfordernis einer Zustimmung des Kongresses erstreckt sich sowohl auf Vereinbarungen zwischen den Gliedstaaten als auch auf solche mit ausländischen Staaten. Da die Abkommen der Gliedstaaten keinen politischen oder militärischen Inhalt haben dürfen, ist eine Zustimmung des Präsidenten als Sachwalter der Außenpolitik sachlich nicht geboten. Vielmehr dient das Erfordernis der Zustimmung dem Schutz vor einer Gefährdung der nationalen Einheit, die dem Kongreß anvertraut wird.[647] Die Zustimmung des Kongresses kann im voraus oder nachträglich, ausdrücklich oder konkludent erfolgen.[648]

Soweit der Gegenstand der Vereinbarung sich innerhalb der Gesetzgebungskompetenz des Kongresses befindet, wird die Vereinbarung durch dessen Zustimmung zum Bundesrecht.[649] Als Bundesrecht ("laws of the United States") erhält sie in der Vorrangklausel Vorrang vor den Gesetzen der einzelnen Gliedstaaten.[650] Gesetze einzelner Gliedstaaten in Verletzung einer Vereinbarung zwischen Gliedstaaten sind - auch ohne Zustimmung - nichtig, weil der Gesetzgeber eines Gliedstaates nicht gegen die selbst eingegangen vertraglichen Verpflichtungen mit anderen Gliedstaaten verstoßen kann.[651] Die Auslegung einer Vereinbarung mit Zustimmung erfolgt nach den Grundsätzen des

---

[647] *Groß*, Fn 155, AVR 1993,409,427 f; *Vagts*, Fn 227, 89 AJIL 1995,40.

[648] Green v. Biddle, 21 (8 Wheat.) 1,85 ff (1823); Virginia v. Tennessee, 148 U.S. 503, 521 (1893); Cuyler v. Adams, 449 U.S. 433,441 (1981).

[649] Cuyler v. Adams, 449 U.S. 433,441 (1981) zum 'Interstate Agreement on Detainers' (Auslieferungsabkommen) mit vorheriger Ermächtigung durch den Kongreß: "But where Congress has authorized the States to enter into a cooperative agreement, and where the subject matter of that agreement is an appropriate subject for congressional legislation, the consent of Congress transforms the States' agreement into federal law under the Compact Clause." Green v. Biddle, 21 (8 Wheat.) 1,85 ff (1823); Pennsylvania v. Wheeling & Belmont Bridge Co., 54 U.S. (13 How.) 518,565 f (1852); a.A. People v. Central Railroad, 79 U.S. (12 Wall.) 455,456 (1872); Wedding v. Meyler, 192 U.S. 573,581 f (1904); a.A. Hinderlider v. La Plata River & Cherry Creek Ditch Co., 304 U.S. 92,109 (1938); Delaware River Joint Toll Bridge Commission v. Colhurn, 310 U.S. 419,427 f (1940); West Virginia ex rel. Dyer v. Sims, 341 U.S. 22,26 (1951); Petty v. Tennessee-Missouri Bridge Commission, 359 U.S. 275,281 f (1959).

[650] Vgl. Abschnitt 3.3.1.

[651] Green v. Biddle, 21 (8 Wheat.) 1,85 ff (1823) unter Berufung auf Fletcher v. Peck 10 (6 Cranch) U.S. 87,135 ff (1810); Pennsylvania v. Wheeling & Belmont Bridge Co., 54 U.S. (13 How.) 518,565 f (1852).

Bundesrechts,[652] wobei die Absicht des Kongresses im Zweifel Vorrang vor dem Willen der beteiligten Gliedstaaten erhält.[653]

Tatsächlich werden jedoch viele Abkommen von Gliedstaaten und Städten ohne Zustimmung und Intervention des Kongresses abgeschlossen. In *Virginia v. Tennessee* (1893) befand das Gericht für den Fall eines Abkommens zwischen zwei Gliedstaaten, daß eine Zustimmung durch den Kongreß nur dann erforderlich ist, wenn die vertragliche Vereinbarung die politische Macht der Gliedstaaten verstärkt und dadurch die Hoheit ("supremacy") der USA beeinträchtigt wird.[654] Da das Zustimmungserfordernis für Abkommen zwischen Gliedstaaten gleichermaßen für Abkommen von Gliedstaaten mit ausländischen Mächten gilt, ist dieser Grundsatz auch auf Abkommen der Gliedstaaten mit ausländischen Staaten im Bereich des internationalen Handels übertragbar.[655] Danach ist die Zustimmung des Kongresses notwendig, wenn das Abkommen einem Gliedstaat Elemente von völkerrechtlicher Souveränität gibt, die dem Bund zugewiesenen Kompetenzen beeinträchtigt oder ein nationales Interesse betrifft.[656]

---

[652] Delaware River Joint Toll Bridge Commission v. Colhurn, 310 U.S. 419,427 f (1940); West Virginia ex rel. Dyer v. Sims, 341 U.S. 22,28 (1951); Petty v. Tennessee-Missouri Bridge Commission, 359 U.S. 275,278 (1959); Cuyler v. Adams, 449 U.S. 433, 438 (1981).

[653] Petty v. Tennessee-Missouri Bridge Commission, 359 U.S. 275,281 f (1959): "The States who are parties to the compact by accepting it and acting under it assume the conditions that Congress under the Constitution attached. So if there be doubt as to the meaning of the sue-and-be-sued clause in the setting of the compact prior to approval by Congress, the doubt dissipates when the condition attached by Congress is accepted and acted upon by the two States."

[654] Virginia v. Tennessee, 148 U.S. 503,519 (1893) zu einem Grenzabkommen: "Looking at the clause in which the terms 'compact' or 'agreement' appear, it is evident that the prohibition is directed to the formation of any combination tending to the increase of the political power in the states, which may encroach upon or interfere with the just supremacy of the United States." Wharton v. Wise, 153 U.S. 155,168 (1894); New Hampshire v. Maine, 426 U.S. 363,369 (1976); US Steel Corporation v. Multistate Tax Commission, 434 U.S. 452,460 ff (1978); Cuyler v. Adams, 449 U.S. 433,440 (1981).

[655] Restatement § 302 (f).

[656] *Henkin*, Foreign Affairs, Fn 137, S. 155.

(b) Beschränkungen aus dem Verfassungsgefüge

Wichtige Beschränkungen der Gliedstaaten bei der Regelung von Fragen des internationalen Handels ergeben sich aus dem Verfassungsgefüge. Dazu zählen insbesondere die Vertragsabschluß-, die Vorrang- und die Handelsklausel sowie die ungeschriebenen Kompetenzen der Bundesgewalt im Bereich auswärtiger Angelegenheiten. Nach der Vertragsabschlußklausel kann der Bund auch Verträge in Bereichen machen, in dem er ansonsten keine Gesetzgebungsbefugnisse besitzt. Durch die Vorrangklausel gehen die völkerrechtlichen Verträge des Bundes und die Bundesgesetze den Gesetzen und Abkommen der Gliedstaaten vor. Dieser Vorrang der völkerrechtlichen Vereinbarungen des Bundes wurde für die Verträge in *Missouri v. Holland* (1920)[657] und für Regierungsabkommen in *US v. Belmont* (1937)[658] durch den Supreme Court bestätigt.

Die meisten Beschränkungen stützen sich auf die Handelsklausel, entweder mittelbar in Form von Regierungsabkommen mit vorheriger oder nachträglicher Zustimmung durch den Kongreß oder unmittelbar in Form von Bundesgesetzen. Fraglich ist, ob angesichts der verfassungsrechtlichen Zuweisung der Außenhandelsgewalt an den Kongreß die Gliedstaaten noch eine konkurrierende Kompetenz behalten haben. Unter den Articles of Confederation (1781-89) lag die Kompetenz zur Regelung von Handelsfragen ausschließlich bei den einzelnen Gliedstaaten. Die Schaffung der Handelsklausel und der Gesetzgebungsbefugnis zur Regelung von grenzüberschreitenden Handelsfragen dient genauso wie die Aufnahme des Bundesrechts und der Verträge in die Vorrangklausel der Stärkung der Bundesgewalt.[659]

Art. X Zusatzartikel der US-Verfassung bestimmt, daß Befugnisse, die weder auf die Bundesgewalten übertragen, noch den Gliedstaaten verboten sind, den Gliedstaaten oder dem Volke vorbehalten bleiben. Diese Wendung differenziert nicht zwischen ausschließlichen und konkurrierenden Bundeskompetenzen. Im föderalen Staatsaufbau weist die Verfassung bestimmte Kompetenzen der Bundesgewalt zu. Manche davon verbietet sie ausdrücklich den Gliedstaaten, andere nicht. Als Beispiele können Kaperbriefe und die Verträge dienen.

---

[657] Missouri v. Holland, 252 U.S. 416,432 (1920); siehe Abschnitt 3.3.1.(a).

[658] US v. Belmont, 301 U.S. 324,331 (1937); siehe Abschnitt 3.3.1.(b).

[659] *Stone/Seidman/Sunstein/Tushnet*, Fn 633, S. 5.

Kaperbriefe ("letters of marque") dürfen vom Kongreß ausgestellt werden,[660] während ihr Erlaß gleichzeitig den Gliedstaaten verboten ist.[661] Der Bund kann völkerrechtliche Verträge ("treaties") abschließen, die den Gliedstaaten verboten sind. Die Gegenüberstellung von Zuweisungen an den Bund und gleichzeitigen Verboten gegenüber den Gliedstaaten zeigt, daß Zuweisungen an den Bund, die nicht ausdrücklich den einzelnen Gliedstaaten verboten sind, im Rahmen einer konkurrierenden Kompetenz auch von diesen ausgeübt werden können. Die Befugnis zur Regelung des Außenhandels ist deshalb von der ausschließlichen Kompetenz des Bundes für auswärtige Angelegenheiten zu trennen. Der Außenhandel ist zwar dem Bund zur Regelung zugewiesen, diese den Gliedstaaten aber nicht verboten, so daß es sich dabei um eine konkurrierende Gesetzgebungsbefugnis des Bundes und der Gliedstaaten handelt.

(c) Rücksichtnahme auf nationale Interessen

Die Existenz der Handelsklausel gebietet jedoch eine Rücksichtnahme der Gliedstaaten auf nationale Interessen (sog. *Dormant Commerce Clause*). Die Gesetzgebung des Kongresses oder darauf gestützte Maßnahmen des Präsidenten können die bereits ausgeübten Befugnisse der einzelnen Gliedstaaten verdrängen oder einen Bereich in der Absicht abschließend regeln, daß eine künftige Regelung durch den Gliedstaat ausgeschlossen wird (sog. *Preemption*).[662] Auch die Handelsabkommen der USA als Teil des Bundesrechts beschränken die Rechtsetzung der einzelnen Gliedstaaten.[663] Die Formulierungen in den House Reports in bezug auf die *Uruguay Round Agreements Act (1994)* legen

---

[660] Art. II sec. 8 cl. 11 US-Verfassung. Ein Kaperbrief enthält die Befugnis an Private zur Kriegführung gegen den gegnerischen Handel zur See (Prisenrecht). Die USA traten 1908 der Pariser Seerechtsdeklaration (1856) bei, welche die Ausstellung von Kaperbriefen gegenüber den anderen Vertragsstaaten verbietet. *Scheuner, Ulrich* in Strupp/ Schlochauer, Fn 400, Band 2 zur "Kaperei" auf S. 190 ff und zum Pariser Seerechtsdeklaration von 1856 auf S. 739 f.

[661] Art. II sec. 10 cl. 1 US-Verfassung.

[662] *Jackson/Davey/Sykes*, Fn 179, Sec. 3.6, S. 168 ff; *Henkin*, Foreign Affairs, Fn 137, S. 156 ff; *Tribe*, Fn 140, § 6-2 ff, S. 403 ff; *Tate*, The Constitutionality of State Attempts to Regulate Foreign Investment, 99 Yale L.J. 1990,2023,2033 ff m.w.N.; *Maier*, Preemption of State Law: A Recommended Analysis, 83 AJIL 1989,823,824 ff.

[663] Trojan Technologies, Inc. v. Pennsylvania, 916 F.2d 903 (3d Cir.1990), cert. denied, 501 U.S. 1212 (1991) zum US-Canada Free Trade Agreement und GATT Government Procurement Code. *Jackson/Davey/Sykes*, Fn 179, Sec. 3.6., S. 178 f.

eine solche Absicht des Kongresses nahe.[664] Im Bereich des Außenhandels (sog. Foreign Commerce Clause) legen die Gerichte an Regelungen von Gliedstaaten einen strengeren Maßstab an als beim Handel zwischen den Gliedstaaten (sog. Interstate Commerce Clause), da die Befugnisse des Präsidenten und Kongresses gewahrt werden müssen, um auf völkerrechtlicher Ebene mit einer Stimme zu sprechen.[665] Obgleich der Kongreß und der Präsident den Bereich des Außenhandels vorrangig regeln können, sind viele Bereiche den Gliedstaaten zur Ausübung oder Ergänzung überlassen, um z.B. die Betätigung von Ausländern oder die Behandlung von grenzüberschreitenden Transaktionen nach ihren lokalen Gegebenheiten zu regeln.[666]

In *Zschernig v. Miller* (1968) verwarf der Supreme Court ein Gesetz eines Gliedstaates in einem Bereich, in dem es noch keine Aktivitäten des Kongresses oder Präsidenten gab, weil es die Kompetenz der beiden für die äußeren Angelegenheiten beeinträchtigen könnte.[667] Während bei einer extensiven Interpretation die Gliedstaaten keine Regelungen erlassen dürfen, an der ein nationales Interesse besteht, reduziert eine restriktive Interpretation den Anwendungsbereich auf Regelungen, welche die kritische Beurteilung von Handlungen eines ausländischen Staates oder einer internationalen Organisation verlangt.[668] Das Gericht verwarf dabei ausdrücklich nicht *Clark v. Allen* (1947), demzufolge Regelungen mit nur beiläufigen oder mittelbaren Auswir-

---

[664] *Long*, Ratcheting Up Federalism: A Supremacy Clause Analysis of NAFTA and The Uruguay Round Agreements, 80 Minnesota Law Review, 1995,231,257; House Report No 103-826(I), note 2, 23-34, abgedruckt in 1994 U.S.C.C.A.N. 3795-96: "President shall consult with the States ... to achieve conformity of state law and practices with the agreements."

[665] *Bilder*, The Role of States and Cities in Foreign Relations, 83 AJIL 1989,821,824 m.w.N.

[666] *Henkin*, Foreign Affairs, Fn 137, S. 150 f m.w.N.

[667] Zschernig v. Miller, 389 U.S. 429,432 und 441 (1968): "... an intrusion by the State into the field of foreign affairs which the Constitution entrusts to the President and the Congress ... it has a direct impact upon foreign relations, and may well adversely affect the power of the central government do deal with those problems." Das Gericht verwarf damit ein Gesetz des Staates Oregon, welches das Erbrecht eines Ausländers vom Nachweis der Gegenseitigkeit abhängig machte.

[668] Vgl. *Bilder*, Fn 665, 83 AJIL 1989,821,822 ff m.w.N.; *Groß*, Fn 155, AVR 1993,409, 420 f; *Henkin*, Foreign Affairs, Fn 137, S. 163 ff; *Kirgis*, Zschernig v. Miller and the Breard Matter, 92 AJIL 1998,704,708 f; *Tribe*, Fn 140, § 4-6, S. 230. Banco National de Cuba v. Sabbatino, 376 U.S. 398 (1964) zur Act of State Doctrine.

kungen auf ausländische Staaten zulässig bleiben.[669] An diesem Spannungsverhältnis müssen im Rahmen einer Relevanzabwägung u.a. die zunehmende Anzahl von Städtepartnerschaften (über 1000), die von Städten erklärten Atomwaffenfreien Zonen oder die Propagierung von Zufluchten für Flüchtlinge aus Mittelamerika sowie die Kampagne von Städten (über 80) und einzelnen Gliedstaaten (über 23) gegen Investitionen in Südafrika wegen der dort herrschenden Apartheid gemessen werden.[670] Während ein Berufungsgericht in Kalifornien ein Gesetz unter Hinweis auf *Zschernig v. Miller* für verfassungswidrig erklärte, wonach die Verwaltung im Beschaffungswesen US-Firmen bevorzugen müssen (Buy American), entschied der Supreme Court von New Jersey entgegengesetzt.[671] In *National Foreign Trade Council v. Natsios & Anderson III* (1st Cir.1999) erklärte ein Berufungsgericht ein Gesetz des Gliedstaates Massachusetts für verfassungswidrig, das mit wenigen Ausnahmen Geschäfte der öffentlichen Hand mit Firmen verbot, die auch Geschäfte in Myanmar (Birma) machen.[672]

Sowohl die Bundesregierung als auch der Kongreß reagierten bislang kaum auf diese vielfältigen Aktivitäten, obgleich sie teilweise eine kritische Zielrichtung gegen die nationale Außenpolitik hatten. Der Kongreß hätte die einfache Möglichkeit, sie durch Schaffung höherrangiger Bundesgesetze zu unterbinden.[673] Insgesamt gesehen spielen die Gliedstaaten bei der Regulierung des Außenhandels keine eigenständige Rolle; die wesentlichen Entscheidungen fallen auf Bundesebene. Die Interessen der Gliedstaaten werden konzeptionell im Senat geschützt und einem möglichen Mißbrauch der Handelsklausel durch den Bund

---

669 Zschernig v. Miller, 389 U.S. 429,434 (1968); Clark v. Allen, 331 U.S. 503,517 (1947); vgl. kritisch Container Corp. v. Franchise Tax Board, 463 U.S. 159,194-196 (1983).

670 *Bilder*, Fn 665, 83 AJIL 1989,821,822 ff m.w.N.; *Groß*, Fn 155, AVR 1993,409,422 m.w.N.

671 Bethlehem Steel Corp. v. Board of Commissioners, 276 Cal. App. 2d 221 (1969) und K.S.B. Technical Sales Corp. v. North Jersey District Water Supply Commission, 75 N.J. 272 (1977); *Jackson/Davey/Sykes*, Fn 179, Sec. 3.6, S. 165 ff, 178 und Sec. 11.4, S. 550 ff; *Tate*, Fn 662, 99 Yale L.J. 1990,2023,2041 f.

672 National Foreign Trade Council v. Natsios & Anderson III, No. 98-2304, (1st Cir. June 22, 1999).

673 *Bilder*, Fn 665, 83 AJIL 1990,821,823; *Groß*, Fn 155, AVR 1993,409,422 m.w.N.

sollte nach Ansicht des Supreme Court in *Garcia v. San Antonio Metropolitan Transit Authority* (1985) durch den politischen Prozeß begegnet werden.[674]

(d) Die Gliedstaaten und die WTO

Die neuen Verpflichtungen aus der Uruguay-Runde wurden von den Bundesstaaten als eine Gefahr für den Föderalismus angesehen, insbesondere für ihre Regelungen in Bereichen wie z.B. Wirtschaft, Steuern, Produktsicherheit, Gesundheits- und Umweltschutz.[675] Als Ausgleich wurden in Sektion 102 (b) URAA innerstaatliche Konsultations- und Mitwirkungsverfahren zwischen Bundesregierung und Gliedstaaten sowie eine spezielle Nichtigkeitsklage der USA gegen das Recht eines Gliedstaates vorgesehen.[676]

Der Präsident führt über die bestehenden Intergovernmental Policy Advisory Committees on Trade mit den Gliedstaaten Konsultationen, um deren Recht und Rechtsanwendung in Einklang mit den WTO-Übereinkommen zu bringen.[677] Ferner wird über das Büro des USTR ein kontinuierlicher Konsultationsprozeß errichtet, in dem die Gliedstaaten über die sie betreffenden Probleme informiert und angehört werden.[678] In bezug auf WTO-Streitbeilegungsverfahren hat der USTR die Gouverneure der betroffenen Gliedstaaten oder deren Bevollmächtigte über jede Verfahrensstation (Verlangen nach Konsultationen, Einsetzung einer Panel, etc.) zu informieren, mit ihnen Konsultationen zu führen und ihnen Gelegenheit zum Einbringen von Rat und Hilfe für die Bildung der Position der USA zu geben.[679] Der USTR kann auch Repräsentanten einzelner Gliedstaaten in die US-Delegation für die WTO oder eine Streitbeilegung berufen. Die Verantwortung für die Vertretung gegenüber der WTO verbleibt jedoch beim USTR, der den Gesamtinteressen der USA verpflichtet ist. Zur Absicherung der Effektivität der Konsultationen zwischen Bundesexekutive und Gliedstaaten gibt es einen den zeitlichen Vorgaben der WTO-Streitbeilegung angepaßten kurzen Zeitrahmen.

---

674 Garcia v. San Antonio Metropolitan Transit Authority, 469 U.S. 528,551-556, rehearing denied 471 U.S. 1049 (1985). *Henkin*, Foreign Affairs, Fn 137, S. 168.

675 *Jackson*, Fn 562, 36 Columbia Journal of Transnational Law 1997,157,185.

676 Public Law 103-465, 108 Stat. 4815 ff; 19 U.S.C. 3512 (b).

677 Section 102 (b) (1) (A) URAA.

678 Section 102 (b) (1) (B) URAA.

679 Section 102 (b) (1) (C) URAA.

Die Entscheidung über die Erhebung der Nichtigkeitsklage der USA gegen das Recht eines Gliedstaates oder dessen Anwendung obliegt dem Justizministerium.[680] Der Nichtigkeitsklage ist ein Vorverfahren vorgeschaltet.[681] Dreißig Tage vor Klageerhebung hat der USTR dem Haushaltsaussschuß des Repräsentantenhauses und dem Finanzausschuß des Senats einen Bericht über die beabsichtigte Klage, die Anstrengungen für eine Lösung sowie die Einhaltung der innerstaatlichen Konsultationspflichten hinsichtlich eines eventuellen Streitbeilegungsverfahrens der WTO zu geben und mit beiden Ausschüssen Konsultationen zu führen.[682] Während die Nichtigkeitsklage der USA zum Instrument ihrer innerstaatlichen Vollzugsaufsicht wird, bindet das Vorverfahren die Auseinandersetzung in den allgemeinen politischen Prozeß ein und gibt dem betroffenen Gliedstaat Gelegenheit, sein WTO-widriges Verhalten zu beenden, bevor es zur Klage kommt. Das Recht der Gliedstaaten ("State law") im Sinne der Vorschrift umfaßt auch jedes Recht ihrer staatlichen Untergliederungen.[683]

(e) Die Bundesstaatenklausel in Art. XXIV:12 GATT

Da die USA ein Bundesstaat sind, erhebt sich die Frage, ob sie auch für Verstöße gegen die Regeln des GATT 1947 und der WTO durch ihre Gliedstaaten verantwortlich sind. Das GATT 1947 enthält dazu in Art. XXIV:12 eine sog. Bundesstaatenklausel, die im GATT 1994 durch eine Interpretationserklärung modifiziert wird.

Nach Art. XXIV:12 GATT 1947 muß jede Vertragspartei "alle in ihrer Macht stehenden geeigneten Maßnahmen treffen, um in ihrem Gebiet die Beachtung dieses Abkommens durch die regionalen und örtlichen Regierungs- und Verwaltungsstellen sicherzustellen." Diese Ausnahmeklausel war zweimal Gegenstand eines Panelverfahrens gegen Kanada.[684] Die Vertragsparteien sind danach nur verpflichtet, die Einhaltung von Handelsbestimmungen durch staatliche Untergliederungen sicherzustellen, soweit ihnen dazu geeignete rechtliche

---

[680] *Leebron*, Fn 269, S. 228 f; siehe Abschnitt 3.3.3.(e).

[681] Section 102 (b) (2) (A) URAA.

[682] Section 102 (b) (2) (C) URAA.

[683] Section 102 (b) (3) URAA.

[684] Vgl. *Petersmann*, Strengthening the Domestic Legal Framework of the GATT Multilateral Trade System: Possibilities and Problems of Making GATT Rules Effective in Domestic Legal Systems, in Petersmann/Hilf, The new GATT Round of Multilateral Trade Negotiations, Legal and Economic Problems, Deventer und Boston 1988, S. 33, 93 ff.

Maßnahmen zur Verfügung stehen. Zu diesen geeigneten Maßnahmen gehört auch die Ausschöpfung des innerstaatlichen Rechtsweges.[685] Wenn der Bundesstaat allerdings aus Gründen der verfassungsrechtlichen Aufteilung der innerstaatlichen Kompetenzen über keine Möglichkeit der Durchsetzung verfügt, ist er völkerrechtlich auch nicht mehr verpflichtet. Die Bundesstaatenklausel ist deshalb eine positivrechtliche Ausnahme von dem allgemeinen völkerrechtlichen Grundsatz, daß sich kein Vertragsstaat seinen völkerrechtlichen Verpflichtungen unter Berufung auf seine innerstaatliche Rechtslage entziehen kann.[686] Eine solche Bundesstaatenklausel führt zu einem Ungleichgewicht von Rechten und Pflichten zwischen Einheits- und Bundesstaaten. Hier kann die Fähigkeit von Bundesstaaten, Handelszugeständnisse mit ihren Handelspartnern auszutauschen, beeinträchtigt werden.

Im Gegensatz zur Regelung des GATT 1947 begründet die Interpretationserklärung zu Art. XXIV:12 als Vertragsbestandteil des GATT 1994 die ausnahmslose völkerrechtliche Verantwortlichkeit von Bundesstaaten für das Verhalten ihrer staatlichen Untergliederungen und verpflichtet sie weiterhin mit allen ihnen zur Verfügung stehenden Mitteln einen Verstoß gegen die Regeln des GATT 1994 zu bereinigen. Sofern eine innerstaatliche Bereinigung jedoch nicht möglich ist, kann nach erfolgreicher Durchfühung eines Verfahrens der WTO-Streitbeilegung das verletzte Mitglied der WTO eigene Handelszugeständnisse ("concessions") zurücknehmen oder Schadensersatz verlangen.[687] Für die USA ergibt sich daraus keine gesteigerte Verantwortung, da sie innerstaatlich mit der Handels- und Vorrangklausel sowie der einfachgesetzlichen Nichtigkeitsklage über die rechtlichen Möglichkeiten verfügen, um die Regeln der WTO derart in ihre Rechtsordnung einzuführen und durchzusetzen, daß sie

---

[685] Zu diesem Ergebnis kam der Panel-Bericht im Fall South Africa/Canada, Measures affecting the sale of gold coins, GATT Doc. L/5863 (1985), § 67, dessen Annahme durch Kanada blockiert wurde und durch Rücknahme der umstrittenen Maßnahmen zu einer gütlichen Regelung kam, GATT Analytical Index, Art. XXIII, Chronological List of Complaints, No. 82. In einem späteren Paralellfall wurde der Bericht jedoch angenommen, EEC/Canada, Import, distribution and sale of alcoholic drinks by provincial marketing agencies, GATT Doc. L/6304 (1988) sowie Diskussion und Annahme des Berichts in GATT Doc. C/M/218 (1988) 3 ff; BISD 35S/37 (1988). Vgl. *Pescatore/Davey/Lowenfeld*, Handbook of WTO/GATT Dispute Settlement, Band 1 und 2, Den Haag 1995, Loseblattsammlung, Case 65; *Benedek*, Fn 2, S. 40 f.

[686] Vgl. Art. 27 WÜRV.

[687] Understanding on the Interpretation of Article XXIV of the General Agreement on Tariffs and Trade 1994, Nr. 13 ff, ILM 1994,1161,1163.

dem Recht der Gliedstaaten vorgehen. Aus diesem Grunde sind die USA für eine Verletzung der Verpflichtungen aus der WTO (und davor dem GATT 1947) durch das Verhalten ihrer Gliedstaaten völkerrechtlich voll verantwortlich.

4. Zusammenfassung

Die Entwicklung vom GATT 1947 zur WTO hat für die Staatengemeinschaft einen erhöhten normativen Verpflichtungsgrad gebracht: eine Erweiterung der Regeln des Welthandels über Waren hinaus auf Dienstleistungen, Schutz geistigen Eigentums und Absicherung durch eine einheitliche Streitbeilegung, die nicht mehr durch eine angegriffene Partei blockiert werden kann. Umwelt- und Sozialdumping sind noch offene Probleme. Die Einbeziehung von Unternehmen in die WTO-Streitbeilegung, wie es ein amerikanischer Gesetzentwurf für die Zusammensetzung der US-Delegation vorsieht, würde einerseits deren Sachverstand gewinnbringend nutzbar machen, andererseits kann dies aber auch zu Lasten des Handlungsspielraums der Staatenvertreter gehen, die den Interessen des Gesamtstaates verpflichtet sind.

Die Verfassung der USA regelt die Kompetenzausübungen der Bundesgewalt in inneren Angelegenheiten. Im Bereich der auswärtigen Angelegenheiten fließen nach *US v. Curtiss-Wright Export Corp.* (1936) die Kompetenzen der Bundesgewalt aus der Souveränität und werden in ihrer Ausübung nur durch die Verfassung begrenzt. Der Präsident ist das einzige Organ ("sole organ"), das auf völkerrechtlicher Ebene für die USA spricht. Dagegen obliegt dem Kongreß nach der Handelsklausel die Regulierung des Handels mit anderen Nationen. Dieses Spannungsverhältnis wird durch eine sog. legislative Delegation gelöst, indem der Kongreß den Präsidenten in bezug auf den Außenhandel zu einseitigen Maßnahmen und zum Abschluß von Handelsabkommen ermächtigt. Die Kompetenz zum Abschluß der in der Verfassung nicht genannten Regierungsabkommen stützt sich dabei auf ungeschriebene Kompetenzen im Bereich der auswärtigen Angelegenheiten. Angesichts der Handelsklausel hat der Präsident keine Abschlußbefugnisse für Handelsabkommen unabhängig von einer legislativen Delegation. Die Gerichte sind grundsätzlich berufen, auch Klagen gestützt auf völkerrechtliche Vereinbarungen zu hören, können hingegen mangels einer Klagebefugnis (*standing to sue*) oder unter Hinweis auf eine streitige politische Frage (*political question*) die Zulässigkeit einer Klage im Einzelfall verneinen.

Bezüglich des GATT 1947 war bis zuletzt umstritten, ob der Präsident eine ausreichende Ermächtigung zum Abschluß und seiner innerstaatlichen Verkündung hatte. Der Kongreß hat sich einer eindeutigen Ablehnung oder Zustimmung kontinuierlich ausdrücklich enthalten. Wenn die Ermächtigung zu Beginn tatsächlich nicht ausreichend war, so hat er doch spätestens mit den Vorgaben von Verhandlungszielen für die Uruguay-Runde dem GATT 1947 stillschweigend zugestimmt und es zwischenzeitlich geduldet. Für den Abschluß der WTO-Übereinkommen erhielt der Präsident ein *"fast track"*-Mandat, das Konsultationen des Kongresses und von Interressenverbänden während der Verhandlungsphase forderte sowie dem Kongreß die Zustimmung zum Verhandlungsergebnis und die innerstaatliche Implementierung durch Bundesgesetz vorbehielt. Aufgrund der Konsultationspflichten und dem Zustimmungs- und Implementierungsvorbehalt für beide Häuser des Kongresses sowie der Einbeziehung von einer Vielzahl von Interessenvertretern hat es eine breitere demokratische Legitimation und Transparenz als das von den Verfassungsvätern vorgesehene Verfahren für den Abschluß von Verträgen i.S.d. Vertragsabschlußklausel. Angesichts der Politisierung der Außenhandelspolitik werden Befürworter der Handelsliberalisierung zukünftig sorgfältig begründen müssen, warum regionale und multinationale Handelsabkommen erforderlich sind. Durch die Möglichkeit eines innerstaatlichen Widerrufs der Zustimmung hat sich der Kongreß ein Druckmittel gegen den Präsidenten gesichert, um Einfluß auf das Verhalten der Regierung in der WTO zu behalten.

Das Zustimmungs- und Implementierungsgesetz zur Uruguay-Runde, die *Uruguay Round Agreements Act (1994)*, regelt die Einarbeitung der Verhandlungsergebnisse in das innerstaatliche Recht der USA. Das Gesetz läßt allerdings auch noch Raum für die innerstaatliche Geltung der WTO-Übereinkommen selbst. Die innerstaatliche Geltung folgt für Verträge aus der Vorrangklausel, die sie neben der Verfassung und den Bundesgesetzen zum 'obersten Recht des ganzen Landes' erklärt. Verträge im verfassungsrechtlichen Sinn sind nur solche nach der Vertragsabschlußklausel, die mit Zustimmung von Zweidrittel der Mitglieder des Senats abgeschlossen werden. Hingegen gelten für die innerstaatliche Wirkung von Regierungsabkommen nach *US v. Belmont* (1937) die selben Erwägungen, die hinter der Vorrangklausel stehen, so daß ihre innerstaatliche Geltung wie auch ihre Abschlußbefugnis aus ungeschriebenen Kompetenzen in auswärtigen Angelegenheiten abgeleitet wird. Eine rechtsstaatlich saubere Lösung bietet sich an, wenn man die Regierungsabkommen für ihre innerstaatliche Geltung unter den Begriff der Bundesgesetze ("laws of the United States") in der Vorrangklausel subsumiert. Als weitere ungeschriebene Voraussetzungen für eine innerstaatliche Geltung bedarf es der Proklamation der Vereinbarung durch den Präsidenten und nach dem Grundsatz der Publizität einer amtlich autorisierten Veröffentlichung des Norminhalts in der amtsüblichen Sprache Englisch. Die WTO-Übereinkommen sind erst teilweise amtlich veröffentlicht. Nicht veröffentlichte Teile und die bereits veröffentlichten Länderlisten in französischer und spanischer Sprache können erst nach ihrer amtlichen Veröffentlichung in englischer Übersetzung innerstaatliche Geltung beanspruchen.

Bei der Frage der unmittelbaren Anwendbarkeit von völkerrechtlichen Vereinbarungen hat sich noch keine einheitliche Formel in der Rechtsprechung herausgebildet. Das GATT 1947 war nicht unmittelbar anwendbar, weil das *Protokoll über die provisorische Anwendung* (1947) von den Vertragsparteien Umsetzungsakte erforderte und das Allgemeine Zoll- und Handelsabkommen zu viele Ausnahmeregelungen enthielt. Ausnahmsweise war eine unmittelbare Anwendbarkeit möglich, wenn in innerstaatlichen Rechtsakten auf Vereinbarungen aus dem GATT 1947 verwiesen wurde, wie z.B. in Proklamationen auf die Zollisten (Schedules). Demgegenüber sind die WTO-Übereinkommen, insbesondere das TRIPS-Abkommen, inhaltlich äußerst bestimmt und der erhöhte Normbestand wird durch eine verrechtlichte Streitbeilegung abgesichert. Die *Uruguay Round Agreements Act (1994)* erlaubt jedoch nur eine Berufung der Bundesregierung auf die WTO-Übereinkommen, nicht hingegen der Privaten oder Gliedstaaten.

Für die Bestimmung der Rangwirkung von völkerrechtlichen Vereinbarungen wird von deren Gleichwertigkeit mit Bundesgesetzen (*Acts of Congress*) ausgegangen. Aus diesem Grunde geht nach der "lex posterior"-Regel die spätere Norm der früheren vor. Zur Anwendung kann aber auch die "lex specialis"-Regel kommen, wonach die speziellere der allgemeineren Norm vorgeht. Nach der "clear intent"-Regel muß der Kongreß den Willen klar zum Ausdruck bringen, eine völkerrechtliche Vereinbarung innerstaatlich zu beeinträchtigen, ansonsten bleibt der Regelungsbereich der Vereinbarung vom Bundesgesetz unberührt.

Im Verhältnis zum Recht der Gliedstaaten genießen unmittelbar anwendbare Vereinbarungen Vorrang. Bei Verträgen ergibt sich der Vorrang direkt durch die Vorrangklausel, bei Regierungsabkommen nach *US v. Belmont* (1937) aufgrund der ungeschriebenen Kompetenzen des Bundes im Bereich der auswärtigen Angelegenheiten oder durch eine Subsumtion unter den Begriff des Bundesrechts ("laws of the United States") in der Vorrangklausel.

Das GATT 1947 konnte als nicht unmittelbar anwendbare Vereinbarung keine Rangwirkung entfalten, allerdings gilt auch für solche Vereinbarungen der Grundsatz der völkerrechtsfreundlichen Auslegung von Bundesgesetzen und Gesetzen der Gliedstaaten. In bezug auf die WTO-Übereinkommen bestimmt die *Uruguay Round Agreements Act (1994)* einen Vorrang des Bundesrechts und eine Anwendungsvermutung zugunsten des Rechts der einzelnen Gliedstaaten, die durch eine ausdrückliche Nichtigkeitsklage der USA zerstört werden kann. Panel-Berichte aus der WTO-Streitbeilegung entfalten dabei allerdings keine Wirkung.

Die Gliedstaaten dürfen nach der Kompaktatsklausel selbst Abkommen mit Zustimmung des Kongresses schließen. Der Kongreß ist zum Hüter der nationalen Einheit berufen. Das Zustimmungserfordernis besteht jedoch nur, wenn durch die Vereinbarung die Stellung der Gliedstaaten gestärkt und dadurch jene des Bundes beeinträchtigt wird. Aus dem Verfassungsgefüge ergeben sich weitere Beschränkungen, wonach die Gliedstaaten Rücksicht auf nationale Interessen nehmen müssen. Die *Uruguay Round Agreements Act (1994)* errichtet für die Gliedstaaten ein innerstaatliches Konsultations- und Mitwirkungsverfahren zwischen dem Präsidenten, USTR und Kongreß, das den Gliedstaaten erlauben soll, ihre Interessen wahrzunehmen.

Stichwortverzeichnis

STUDIEN ZUM ÖFFENTLICHEN RECHT, VÖLKER- UND EUROPARECHT

Herausgegeben von Prof. Dr. Eckart Klein

Band 1 Ulrike Suchsland-Maser: Menschenrechte und die Politik multilateraler Finanzinstitute. Eine Untersuchung unter völkerrechtlichen Gesichtspunkten an den Beispielen der Weltbank, des Währungsfonds und regionaler Entwicklungsbanken. 1999.

Band 2 Jean Angelov: Grundlagen und Grenzen eines staatsbürgerlichen Informationszugangsanspruchs. 2000.

Band 3 Norman Weiß: Objektive Willkür. Zu einem Prüfungskriterium im Verfahren der Urteilsverfassungsbeschwerde. 2000.

Band 4 Eva Tanuschev: Entwicklung, Stand und Perspektiven eines freien Personenverkehrs in Europa. 2001.

Band 5 Heiner Baab: GATT und WTO im Recht der USA. Die Integration des Völkervertragsrechts in die Rechtsordnung der USA am Beispiel der GATT-Abkommen und der WTO-Übereinkommen. 2001.

Peter Hilpold

Die EU im GATT/WTO-System

Aspekte einer Beziehung „sui generis"
2., durchgesehene Auflage

Frankfurt/M., Berlin, Bern, Bruxelles, New York, Oxford, Wien, 2000. 394 S.
Europäische Hochschulschriften: Reihe 2, Rechtswissenschaft. Bd. 2559
ISBN 3-631-36755-4 br. DM 98.–*

Die Beziehungen zwischen der Europäischen Gemeinschaft und der Welthandelsorganisation WTO werfen zahlreiche rechtliche Fragestellungen auf, die in dieser Arbeit analysiert werden. Aus der Perspektive des GATT/WTO-Systems stellt sich die Europäische Gemeinschaft als eine regionale Präferenzzone nach Art. XXIV des Allgemeinen Abkommens dar. Das Verhältnis zwischen Regionalismus und Multilateralismus ist im Verfassungssystem der Welthandelsorganisation aber nach wie vor ungeklärt. Aus der Perspektive der Europäischen Gemeinschaft handelt es sich bei der WTO um eine Freihandelsordnung, die auf eine weitere Öffnung des Binnenmarktes nach außen ausgelegt ist. Der Verfassungskompromiß, auf welchem die Europäische Gemeinschaft ruht, beinhaltet jedoch zahlreiche protektionistische Elemente im Außenhandelsbereich. Konflikte auf der Völkerrechtsebene sind damit geradezu vorprogrammiert (Stichwort Bananen-Problematik). Breiter Raum wird der Aufteilung der außenhandelspolitischen Vertretungsbefugnis zwischen Gemeinschaft und Mitgliedschaften infolge des Gutachtens 1/94 sowie der Frage der unmittelbaren Anwendbarkeit des GATT/WTO-Rechts gewidmet. Dabei wird geprüft, inwieweit das WTO-Recht nunmehr eine unmittelbare Anwendung voraussetzt bzw. ob alternative Ansätze (beispielsweise eine völkerrechtskonforme Auslegung) vergleichbare Ergebnisse liefern können. Besonderes Augenmerk wird dem Reziprozitätsprinzip sowie dem Transparenzgrundsatz gewidmet.

FSC
www.fsc.org
MIX
Papier | Fördert gute Waldnutzung
FSC® C083411

Kolibri 360 GmbH
Ferdinand-Jühlke-Straße 7
99095 Erfurt, Deutschland
produktsicherheit@kolibri360.de

Druck:
CPI Druckdienstleistungen GmbH
im Auftrag der
Kolibri 360 GmbH
Ferdinand-Jühlke-Str. 7
99095 Erfurt